지경학의 부활

Copyright ⓒ ACORN-ON Co., 2025. All rights reserved.

이 책은 ㈜에이콘온이 저작권자 주현준과 정식 계약하여 발행한 책이므로
이 책의 일부나 전체 내용을 무단으로 복사, 복제, 전재하는 것은 저작권법에 저촉됩니다.
저자와의 협의에 의해 인지는 붙이지 않습니다.

지경학의 부활

미국 제재 정책의 트릴레마와 한국의 선택

주현준 지음

에이콘

일러두기

이 책은 국제 질서의 변화 속에서 경제제재의 실효성과 한계를 다층적으로 분석하고자 기획되었습니다. 독자의 이해를 돕기 위해 다음과 같은 사항을 미리 안내해 드립니다.

1. 용어 사용

본문에서는 '제재(sanctions)', '수출 통제(export control)', '경제 압박(economic coercion)' 등 유사 개념이 혼용될 수 있으나, 문맥에 따라 그 차이를 설명하거나 구분하고자 하였습니다. 또한 전체주의 국가, 권위주의 국가 등은 정치체제 분류상의 개념으로 사용되며, 특정 국가에 대한 가치 판단은 아님을 밝힙니다.

2. 자료 출처

본문에서 인용한 통계 및 사례는 가능한 한 1차 자료에 기반하여 인용하였으며, 학술적 논거를 갖춘 연구 및 국제기구의 공식 보고서 등을 우선적으로 참고하였습니다. 주요 참고 문헌은 주석에 따라 정리하였습니다.

3. 날짜 및 표기 방식

특별한 경우를 제외하고는 모든 연도 표기는 서기 기준이며, 금액 단위는 달러(USD) 기준입니다. 인명 및 지명 표기는 독자의 이해를 고려해 국문 표기 후 원어를 병기하였습니다.

4. 출간 의도

이 책은 제재의 효과성과 의도치 않은 결과를 균형 있게 조명하려는 시도를 담고 있으며, 정책 입안자뿐만 아니라 일반 독자도 이해할 수 있도록 서술에 신중을 기했습니다. 한편, 관련 국가들이나 이들의 제재 정책에 대한 해설 등은 기존에 공개된 자료, 언론 기사 등을 바탕으로 이해를 돕기 위해 서술한 것이며, 특정 이해관계에 기반한 비평 등을 의도한 바 없음을 알려드립니다.

5. 책, 논문, 언론사 표기 방식

책, 논문은 『 』로, 언론사는 《 》로 표기하였습니다. 『 』 뒤에 오는 ( )는 가독성을 위해 한 칸 띄어쓰기를 했습니다.

추천사

지정학과 경제가 맞물린 시대, 제재는 이제 세계 질서를 형성하는 새로운 언어가 되었다. 특히 금융 시스템과 글로벌 자본의 흐름이 '안보'라는 이름으로 분절화되고 있는 오늘날의 국제 질서 속에서, 제재는 더 이상 비상 수단이 아니라 가장 일상적인 정책 수단이자 국제금융 질서의 핵심 축이 되었다.

이 책은 이러한 시대적 흐름 속에서 미국의 경제제재 정책을 제도적·역사적·이론적 관점에서 심층 분석하고, 법적 구조와 실행 메커니즘, 국제금융에 미치는 영향까지 매우 체계적이고 설득력 있게 정리한 보기 드문 역작이다.

기획재정부에서 근무하며 국제 제재와 금융 시스템에 깊이 있는 식견을 쌓아온 저자는 미국의 제재 정책이 직면한 트릴레마^{Trilemma} 상황을 분석하여 어떠한 제재가 유효할지, 부작용은 무엇일지, 미·중 간 패권 전쟁의 미래가 어떠할지에 대한 탁월한 인사이트를 제시한다. 이처럼 입체적이면서도 체계적인 서술은, 지금까지 국내외 어디에서도 쉽게 접하기 어려운 수준의 분석이며, 이 책을 단순한 해설서가 아니라 통찰이 담긴 정책 전략서로 만들어주는 핵심 능력이다.

· 추천사

　　지경학Geoeconomics이 부활한 시대에 나침반이 필요한 기업, 금융기관, 학계뿐만 아니라 정부 정책의 최전선에서 복잡한 외교·경제 전략을 수립해야 하는 후배·동료 공무원들에게 꼭 일독을 권하고 싶다.

— **최종구** | 기획재정부 국제금융협력대사(前 금융위원장)

　　기획재정부에서 함께 근무하며, 저자의 탁월한 분석력과 깊이 있는 정책적 통찰력을 직접 경험한 바 있다. 특히 2020년 팬데믹 당시, 저자의 헌신적인 업무 태도와 국제금융 분야에서 보여준 전문성은 본인이 저술한 책 《격변과 균형》(2022)에도 일부 담겨 있다.

　　이 책은 미국의 제재 정책을 결정하는 주요 요인을 체계적이고 신도 있게 분석한 저작이다. 상충되는 정책 목표 사이의 균형점을 '제재 정책의 트릴레마'라는 명확한 분석 프레임으로 제시한 점은, 이 책이 지닌 독보적인 강점이다. 지금까지 우리 학계나 정책 실무 현장에서 미국의 제재 정책을 이만큼 구조적이고 이론적으로 접근한 연구는 찾아보기 어려웠다. 그런 점에서 이 책에서 제시하는 분석 틀은 향후 미국과의 협상 전략 수립에 있어 깊이 있는 지적 기반을 제공할 것이다.

　　2025년 현재 미·중 간 패권 경쟁이 더욱 격화되고, 미국의 제재 정책이 한국의 경제와 외교에 중대한 영향을 미치고 있는 상황에서, 이 책이 갖는 중요성은 매우 크다.

　　저자의 통찰력은 정책 담당자와 기업인들이 복잡한 국제적 현실 속에서 한국의 국익을 보다 정교하게 구현해 나가는 데 전략적 좌표가 되어줄 것이다.

한국이 마주한 냉엄한 현실을 명확히 인식하고, 글로벌 불확실성 속에서 우리 국가의 생존과 번영을 고민하는 모든 정책 결정자와 기업인에게 이 책을 강력히 추천한다.

― **김용범** | 해시드오픈리서치(HOR) 대표(前 기획재정부 1차관)

경제제재의 역사는 인류의 역사와 맞닿아 있다고 해도 과언이 아니다. 그러나 과거의 무역 봉쇄나 물리적 제재는 그 효과가 제한적이었으며, 의도치 않은 부작용을 초래하기도 했다. 그에 반해 오늘날의 경제제재는 글로벌 금융 시스템이라는 핵심 인프라를 정밀하게 겨냥하는 방식으로 진화했으며, 민간 금융기관이 그 중심이 되어 보다 정교하고 강력한 제재가 가능해졌다. 이 책은 이러한 현대 경제제재의 구조와 전략을 깊이 있게 조망할 뿐만 아니라, 이를 통해 '지경학geoeconomics'이라는 신흥 학문 분야가 왜 오늘날의 국제 질서에서 중요한 분석 틀이 되었는지를 명확히 보여준다. 또한, 단순한 사례 소개를 넘어, 제재가 국가 간 힘의 균형과 외교 전략에 어떤 방식으로 작동하는지를 체계적으로 설명함으로써, 지경학이라는 분야의 개념적 토대를 공고히 다지고 있다는 점에서 주목할 만하다. 따라서 주요 정책 결정 기관 종사자는 물론, 경제 외교에 관심 있는 독자들, 더 나아가 국제 통화 시스템과 국제관계의 흐름을 이해하고자 하는 이들이라면 반드시 읽어야 할 필독서라고 할 수 있다.

― **신현송** | BIS(국제결제은행) 국장

지금 세계 질서는 지정학과 경제가 불가분의 관계로 얽힌 격동의 시대로 진입하고 있다. 미국의 대외경제제재 정책은 단순한 외교 수단을 넘어, 글로벌 공급망, 투자 흐름, 산업 정책에까지 깊은 영향을 미치고 있다. 이러한 변화를 정확히 이해하지 못한다면, 기업은 전략적 기회를 잃고 국가는 경쟁력을 상실하게 될 것이다.

이 책은 미국 제재 정책의 제도적 기반과 진화 과정을 분석하고, 그 정책이 초래하는 국제 질서의 지형 변화를 치밀하게 추적하고 있다. 저자는 학술적 분석 위에 실무 경험을 더해, 우리가 직면한 위기의 본질을 생생하게 드러내고 있다. 특히 한국과 같은 중견국이 선택해야 할 전략적 방향성을 깊이 있게 탐구했다는 점에서, 이 책은 단순한 해설서가 아니라 전략적 사고를 유도하는 지침서로 기능하고 있다.

이 책은 단순한 경제학서도 아니고 외교론도 아니다. 오히려 이 둘의 경계를 넘나들며, 다가올 10년을 준비해야 할 정책 입안자, 기업인, 학자 모두에게 강력한 경고와 동시에 실천적 통찰을 제공하고 있다. 지경학의 대전환기를 살아가는 우리 모두에게, 이 책은 반드시 읽고 깊이 고민해야 할 필독서이다.

— **최영상** | AT커니 코리아 회장

이 책은 21세기 미·중 전략 경쟁의 심화와 지정학적 역학 구도의 재편이라는 격변의 시대 속에서, 경제제재를 중심으로 한 미국의 경제안보 전략을 심층적으로 분석하고 있다. 저자는 25여 년간 국제경제 및 글로벌 금융 정책 분야에서 축적해 온 지식과 실무 경험을 바탕으로,

경제제재라는 적대적 외교 수단이 국제 질서에 미치는 영향을 설득력 있게 설명한다.

  정책 실무자는 물론, 학문적 연구자와 경제안보의 미래에 관심 있는 일반 독자들에게도 이 책은 점점 더 복잡해지는 국제경제 환경을 이해하고 대응하기 위한 중요한 지침서가 될 것이다.

— **신성호** | 서울대학교 국제대학원 원장

어제의 동지가 오늘의 적이 될 수 있다. 미국의 전방위적 관세 부과는 세계 경제 전반에 큰 충격을 안겼다. 무엇보다 국익을 최우선으로 삼아야 하는 우리나라로서는, 단순히 미국의 관세 정책에서 제외해 달라고 요구하는 것만으로는 부족한 상황이다. 미국의 제재 시스템과 그 이면에 담긴 전략적 의도를 정확히 이해하고, 이에 대한 주도적 대응책을 마련하는 일이 절실하다. 이 책은 그 갈증을 해소하는 것을 넘어, 시원한 해답을 제시하는 탄산수와도 같다. 새 정부에서 미국과의 경제 협상에 나설 이들이라면 이 책을 반드시 정독하길 권한다.

— **최중락** | MBN 앵커

"'확실한 비용과 불확실한 편익'을 야기하는 무기." 트럼프 정부의 관세 정책을 이보다 더 정확히 표현할 말은 없을 것이다. 저자는 기획재정부에서, 그리고 워싱턴 D.C. 파견 중에 미국이 '제재'라는 전가의 보도를 어떻게 휘둘러왔는지를 직접 목격했다.

추천사

　이 책에는 이러한 현실에 체계적으로 대응하기 위해 저자가 오랫동안 품어온 고민이 고스란히 담겨 있다. 특히 트럼프와 같은 돌발 변수에 직면한 오늘날, 한국만의 '지경학적 레버리지'를 적극적으로 활용해야 한다는 창의적인 해법도 함께 제시한다. 아울러 현재 가장 뜨겁게 논의되고 있는 '미란 보고서'의 핵심 내용 역시 상세히 소개하고 있다. 항상 최전선에 있어 온 저자의 눈을 통해 이러한 국제경제 및 금융 이슈들에 대한 해석을 들을 수 있다는 점도, 이 책을 읽는 또 다른 즐거움이다.

— **김필규** | JTBC 기자(前 워싱턴 특파원)

프롤로그

지정학이 경제를 뒤흔드는 시대,
제재를 읽는 눈이 필요하다

"당신은 지정학에 관심이 없을 수 있지만, 지정학은 당신에게 관심이 있다."
You may not be interested in geopolitics, but geopolitics is interested in you.

— 켄 맥컬럼(Ken McCallum), 영국 MI5 정보국장
(미국 《CBS》 프로그램 '60 Minutes', 2023년 10월 23일 방송분 중에서)

    2012년 2월, 덴마크의 한 경찰관이 독일의 시가 업체로부터 쿠바산 시가를 구입하려다 미국 당국에 의해 2만 달러를 압류당한 사건이 발생하였다. 문제가 된 금액은 경찰관이 독일 함부르크에 있는 시가 업체에 결제하려던 대금이었고, 달러로 송금하는 과정에서 미국 금융기관에 의해 적발된 것이다. 전 세계 대부분의 달러 결제는 뉴욕에 위치한 대형 은행을 통해 중개되므로, 이 거래 역시 미국 금융 시스템을 거치며 미국 당국의 통제 아래 들어간 셈이다.
    해당 독일 업체는 쿠바에서 시가를 수입해 판매하고 있었고, 쿠바는 당시 미국의 경제제재 대상국이었다. 이 때문에 이 거래는 제재 대상 품목이 미국의 달러 결제 시스템을 통해 유통되려 한 사례로 간주되었고, 미국 당국에 의해 대금이 압류되었다.

주목할 점은, 덴마크와 독일에서는 쿠바산 시가 거래가 합법이었다는 사실이다. 그 때문에 덴마크 경찰관은 미국에 압류된 자금의 반환을 요구했지만, 미국 당국은 이를 거절했고, 이 사건은 덴마크 외무장관이 "미국의 관할권을 넘어선 법 집행"이라고 항의하면서 외교 문제로까지 번졌다.[1]

미국의 제재라고 하면, 대개 북한이나 이란 같은 소위 '불량국가', 알카에다와 같은 테러 조직, 또는 우크라이나 전쟁을 일으킨 러시아의 정권 실세나 군부 등에만 적용되는 것으로 이해하기 쉽다. 그러나 트럼프 1기 정부 당시 스티븐 므누신Steven Mnuchin 前 재무장관이 자신의 업무 중 절반가량을 제재 관련 업무에 할애했다고 말한 것에서 보듯, 미국은 현재 70여 개의 제재 패키지를 운용 중이며, 이는 전 세계 거의 모든 국가의 약 9,000개에 달하는 개인, 기업, 그리고 산업 부문에 영향을 미치고 있다. 1990년 무렵에는 이미 세계 인구의 절반 이상이 미국의 제재 영향 아래에서 살아가고 있었다는 분석도 있다.[2]

특히 앞서 언급한 덴마크 경찰관의 사례는, 미국의 제재가 단지 미국 국민이나 미국 기업에만 적용되는 것이 아님을 보여준다. 이른바 '2차 제재' 방식에 따라 제3국의 국민이나 기업도 그 대상이 될 수 있으며, 제재 대상자와 직접 거래를 하지 않았더라도 몇 차례를 거친 간

---

1 《ICENEWS》, "US Confiscates Policeman's Cuban Cigar Cash.", (News From the Nordics, March 4, 2012)

2 Agathe Demarais, 『Backfire: How Sanctions reshape the World Against U.S. Interests』, (Columbia University Press, 2022). 한편, 2025년 4월, 트럼프 2기 정부는 전 세계를 놀라게 할 만한 새로운 조치를 발표했다. 바로 모든 국가(협상 중인 일부 국가 제외)를 대상으로 10%의 '보편 관세(Universal tariff)'를 부과하겠다는 것이었다. 이로써 사실상 전 세계 거의 모든 인구가 제재의 영향권에 포함되게 되었다.

접 거래에서 해당 거래의 속성이나 흐름을 인지하고 있었다면, 제재 위반으로 간주되어 패널티를 받을 수 있다.

사실 미국의 제재는 제1차 세계대전 이후 꾸준히 활용되어 온, 미국 외교의 공세적 수단 중 하나였다. 그렇다면 지금, 우리는 왜 다시 미국의 제재에 주목해야 할까?

그 배경에는 미·중 패권 경쟁, 러시아의 우크라이나 침공, 중동 정세의 불안정 등으로 인해 지정학이 경제 활동에 중대한 영향을 미치는 시대가 다시 도래한 현실이 있다.

한때 소련 붕괴 이후, 미국이 주도한 세계 질서 아래에서 자유무역과 국경 없는 투자가 확대되고, 이를 뒷받침하는 국제무역 및 국제금융 기구들이 활성화되며 세계화와 민주주의는 상호 상승 작용을 일으켰다. 프란시스 후쿠야마Francis Fukuyama는 이를 두고 1989년에 '역사의 종말End of history'이라 선언하기도 했다. 그만큼 자유무역과 민주주의가 결합된 '워싱턴 컨센서스'는 영원히 지속될 것으로 여겨졌다.

그러나 이제 경제Economics와 지정학Geopolitics 사이의 기존 균형점이 바뀌고 있다. 냉전 이후 국제관계의 주된 분석 틀은 경제적 관점Economics에 치우쳤고, 지정학이 경제에 영향을 미치는 경우는 일부 개도국이나 분쟁지역에 한정된 것으로 간주되었다. 그러나 미·중 패권 경쟁이 본격화되면서 지정학이 다시 중심축으로 부상하고 있으며, 지정학과 경제학이 결합된 이른바 '지경학Geoeconomics'이 새롭게 조명되고 있다.

전통적인 전쟁의 비용이 지나치게 커진 오늘날, 경제제재는 강대국의 핵심 전략 수단으로 부상하고 있다.

이 책은 두 가지 목적에서 집필하게 되었다.

첫째, 이처럼 강력한 영향을 지닌 제재 정책임에도 불구하고, 일반

대중은 물론 국제금융에 전문성을 갖춘 이들조차 제재를 단편적으로만 이해하거나 낯설어한다는 문제의식에서 출발했다. 이는 현재 기업과 금융기관에서 활동 중인 많은 전문가가 성장해 온 1990년대부터 2010년대까지가 미국이 주도한 세계화와 자유무역의 황금기, 곧 《Financial Times》가 표현한 "a period of global calm"(2023년 8월 16일 자 Market Insight, Saker Nusseibeh) 시대였기 때문이다.

그 시기에는 제재에 관심이 있어도, 주로 지정학적 리스크가 높은 국가와의 교역·투자 시 해당 국가에 적용되는 제재 법령을 파악하는 수준에 머물렀다. 그러나 이제는 다르다. 미·중 패권 경쟁이 격화되고, 제재가 핵심 정책 수단으로 자리 잡은 지금, 제재는 특정 국가를 넘어 제재 당사자와 제3국까지 포함하는 글로벌 변수로 확장되었다.

따라서 이제는 단순히 관세나 제재 목록을 아는 수준을 넘어, 제재 정책이 어떤 역사적 맥락과 배경에서 형성되었는지, 그리고 어떤 제도적 메커니즘으로 작동하는지를 이해하는 것이 기업과 경제 주체들에게 필수적이다.

둘째, 이 책은 기존 제재 관련 서적이나 자료들이 간과해 온 '제재 정책의 결정 요인'에 주목하고자 한다. 제재는 외교·안보 분야 중에서도 고도의 정치적 영역에 속하며, 그 결정 과정은 종종 '블랙박스' 처럼 여겨진다. 그러나 제재의 결정 요인을 파악하지 못한다면, 우리는 제재를 단순히 '주어진 현실'로 수용할 수밖에 없고, 사전적인 대응이나 전략적 예측은 어려워진다.

비록 외부 관찰자로서 한계는 있을지라도, 제재의 실행 여부, 유형, 효과 등을 추정하는 데 도움이 될 수 있는 정책 결정 요인을 체계적으로 분석해 보는 작업은 충분히 의미가 있다.

이 책에서는 그러한 분석을 위해, 노벨 경제학상을 수상한 엘리너 오스트롬Elinor Ostrom 교수의 IADInstitutional Analysis and Development 프레임워크를 원용하여 제재 정책의 결정 요인을 분석하고자 했다. 이론적 틀에 기반한 접근은 향후 이 책의 내용이 확장되거나 보완될 때 체계적인 수정과 다른 연구자들의 후속 연구를 원활하게 하는 토대가 될 수 있을 것이다.

필자는 과거 기획재정부 외환제도과장으로 근무하며, 이란산 석유 수입과 관련된 미국의 제재 정책에 대해 미국 정부와 협의하는 과정에서 이 분야에 깊은 관심을 갖게 되었다. 이후 워싱턴 D.C. 파견 근무를 계기로 현지 세미나에 참석하고 다양한 자료를 조사할 기회를 얻게 되면서 그 내용을 정리하게 되었다.

처음에는 후배 공무원들에게 업무 참고용 자료를 남기고자 하는 마음에서 시작했지만, 여러 지인으로부터 "기업과 연구기관에도 유용할 것"이라는 조언을 들으며 점차 책으로 엮어야겠다는 생각을 하게 되었다.

물론 출간을 결심하기까지는 적지 않은 망설임이 있었다. 부족한 점이 많아 주저하기도 했지만, 조금이라도 더 나은 연구와 정책 수립, 그리고 기업의 의사결정에 도움이 되는 참고 자료가 되기를 바라는 마음으로 이 책을 세상에 내놓기로 했다.

마지막으로, 이 책을 쓰기 위해 미국에서도 마치 한국에서처럼 늦은 시간까지 글을 쓰는 남편을 묵묵히 믿고 응원해준 아내 지윤이, 그리고 새로운 환경에서도 잘 적응해준 사랑스러운 두 딸 유빈이와 수빈이에게 고마움을 전하고 싶다.

— 2025년 5월, 주현준

차례

추천사		5
프롤로그	지정학이 경제를 뒤흔드는 시대, 제재를 읽는 눈이 필요하다	12

1장
미국 제재의 정의와 제도적 기반

제재의 정의	22
제재의 목적	23
미국 제재의 법적 근거	24
지경학 인사이트 ① 러시아 외환보유액 몰수 논란 : 우크라이나 전쟁과 기축통화국의 이해관계	41
지경학 인사이트 ② 미국 제재의 주요 플레이어들 : 미국 대통령, 의회, 행정부의 역할	46

2장
미국 제재의 역사

제재의 기원과 진화	54
제재의 역사	57

3장
미국 제재가 한국에 미치는 영향

국익의 의미와 우선순위의 변화	68
미국의 제재와 한국의 국익	78

4장
제재 정책 결정에 영향을 미치는 요인 1

미국의 제재 정책, 그 이면의 동학	108
IAD 프레임워크로 읽는 미국의 제재 정책	112
1. 물질적 조건	113
2. 공동체의 특성	121
3. 제도/규칙	125

5장
제재 정책 결정에 영향을 미치는 요인 2

1. 제재에 대한 사법적 통제	143
지경학 인사이트 ③ 트럼프 정부 보편 관세의 적법성 논쟁 : 트럼프 관세 조치와 보수적 대법원의 충돌 가능성	148
지경학 인사이트 ④ 무너지는 국제무역의 규칙 : 미·중 관세 전쟁과 WTO의 균열	156

2. 인도주의적 관점에서의 명확한 인권 침해	169
3. 미국의 다른 핵심 국익과의 상충	179
지경학 인사이트 ⑤ 제재의 역풍 : 미국의 소련에 대한 곡물 수출 금지 조치를 포함한 제재의 역효과	182
지경학 인사이트 ⑥ 디커플링의 함정 : 반도체 분야 수출입 통제로 본 미국 제재 정책의 트릴레마	190
지경학 인사이트 ⑦ 달러의 위상과 제재 전략의 한계 : 글로벌 1위 통화 vs. 제재 회피 가능성	196
4. 제재 대상 또는 반미 그룹에 숨겨진 막대한 편익 제공	201
5. 제재의 실효성 논란	204
지경학 인사이트 ⑧ 제재의 실효성 논란 : 미국의 대(對) 중국 제재, 과연 실효성이 있을까?	215
6. 핵심 전략국의 협력	218

6장
중국의 반격

수동적 대상국에서 능동적 행위자로	228
중국의 주요 제재 내용	230
미국의 제재에 맞서는 중국의 선택	240

7장
한국의 선택

제재 대상국으로서의 한국	264
지경학 인사이트 ⑨ 국익과 제재 : 국가의 이익 vs. 기업의 이익	266
한국의 전략	268
1. 한국 국익상 제재의 유불리(有不利) 판단하기	269
2. 미국 제재 정책의 트릴레마를 활용하여 설득하기	270
지경학 인사이트 ⑩ 미국 제재의 트릴레마 : 트럼프 2기 정부 주요 대외 정책 관련 예비적 고찰	272
3. 레버리지를 활용하거나 새로 만들어 협상하기	291
지경학 인사이트 ⑪ 글로벌 제재의 역설 : 안보는 미국이, 비용은 동맹이?	297
4. 제재에 동참하되, 대가 받기	299
5. 제재 대상국(예: 중국)으로부터의 보복 제재 회피하기	302
6. 중장기 전략 수립하고 지속적으로 실행하기	303

에필로그

미·중 제재의 새로운 균형: 자유주의의 귀환?	311
지경학 인사이트 ⑫ 미·중 제재의 미래 : 현실주의적 견해 vs. 자유주의적 견해	315

참고문헌	318

1장

미국 제재의 정의와 제도적 기반

"미국은 1933년 3월 9일 이후 기술적으로 국가비상사태 상태에 있었다."
A Brief History of Emergency Powers in the United States, p.v.
— 미국 의회(1974)

1
미국 제재의 정의와 제도적 기반

제재의 정의

미국 의회 조사국^{CRS, 2024}[1]에 따르면, 제재란 "제재 대상^{Target}의 행동을 변화시키기 위해 가해지는 강압적인 경제적·외교적 조치^{Coercive economic and/or diplomatic measures taken against a target to bring about a change in behavior}"로 정의된다.

제재의 유형에는 교역 금지^{Trade embargoes}, 특정 품목에 대한 수출 및 수입 제한^{Restrictions on particular exports or imports}, 원조·대출·투자 거부^{Denial of foreign assistance, loans, and investments}, 미국 관할 아래에 있는 해외 자산 차단^{Blocking of foreign assets under U.S. jurisdiction}, 미국 시민이나 기업과의 경제적 거래 금지^{Prohibition on economic transactions involving U.S. citizens or businesses}, 미국 입국 거부^{Denial of entry into the United States} 등이 포함된다.

---

[1] Congressional Research Service(CRS), 『U.S. Sanctions: Overview for the 118th Congress』, (Washington, D.C.: CRS, 2024)

이러한 제재는 그 적용 주체에 따라 '1차 제재primary sanctions'와 '2차 제재Secondary sanctions'로 구분된다. 1차 제재는 미국의 관할권 아래 있는 기관이나 개인(예: 미국 시민, 영주권자, 미국 내 법인, 미국에 거주 중인 외국인 등)을 대상으로 하고, 2차 제재는 제재 회피를 돕거나 간접적으로 연루된 제3국의 개인이나 기업에게도 제재를 가하는 것이다. 예컨대, 덴마크 경찰관이 쿠바산 시가 구입 대금을 달러로 결제하려다 압류당한 사례가 바로 이 2차 제재에 해당한다.

제재의 목적

제재의 목적은 매우 다양하다. 세계 제재 관련 데이터를 구축한 글로벌 제재 데이터베이스Global Sanctions Database는 제재 실행국Sender, Sanctioning Country이 제재를 시행하는 목적을 다음과 같이 분류한다.

- 정책 변화 유도Changing policy
- 정권 불안정화Destabilizing regimes
- 영토 분쟁 해결Resolving territorial conflicts
- 테러 대응Fighting terrorism
- 전쟁 방지 및 종결Preventing or ending war
- 인권 및 민주주의 증진Restoring and promoting human rights and democracy

TV나 신문에서 종종 미국이 '국가안보'를 이유로 중국 등에 제재를 가한다고 하지만, 실제로는 위에서 보듯 국가안보 외에도 인권 증진, 민주주의 회복, 타국의 정책 변화 등 다양한 목적을 위해 제재가 실행되고 있다. 이러한 광범위한 목적을 보면, 자연스럽게 의문이 든다. 과연, 이 모든 제재의 목적이 정말 미국 법률에 명시되어 있는가? 또한, 재선된 트럼프 대통령이 비상권한을 활용해 2025년 4월 전 세계에 고율의 관세를 부과하겠다고 발표했는데, 그 법적 근거는 무엇인가? 그리고 2차 제재처럼 미국 관할 밖의 제3국 개인이나 기업에까지 영향을 미치는 조치는 국제법적 근거가 있는 것인가? 이러한 의문들을 해소하기 위해서는 우선 미국 제재의 법적 근거와 그 연원을 이해하는 것이 중요하다.

미국 제재의 법적 근거

미국에서 제재를 시행하는 주요 법적 기반은 '국가긴급조치법 NEA: National Emergencies Act'과 '국제긴급경제권한법IEEPA: International Emergency Economic Powers Act'이다. 이 가운데 국제긴급경제권한법IEEPA은 제재 발동의 근거 요건을 다음과 같이 규정하고 있다.

"전적으로 또는 부분적으로 미국 외부에서 기인한, 미국의 국가안보, 외교정책, 경제에 대한 특이하고 과도한 위협을 처리할 필요가 있을 때(to deal with any unusual and extraordinary threat, which has its source in whole or substantial part outside the United States, to the national security, foreign policy, or economy of the United States.)"

이 조항을 보면 제재 발동 요건이 매우 포괄적임을 알 수 있다. 국가안보뿐만 아니라 외교정책, 경제 영역에서도 '특이하고 과도한 위협'이 존재할 경우, 대통령은 국가비상사태를 선포하고 이를 근거로 제재를 시행할 수 있다. 예를 들어, 어떤 국가에서 민주주의 증진이 미국 외교정책의 핵심 목표로 설정되어 있다면, 그 국가의 정책이 이를 저해하거나 위협할 경우, 미국은 제재를 발동할 수 있다는 해석이 가능하다.

2025년 4월 2일, 트럼프 대통령은 전 세계를 대상으로 보편 관세 10% 부과 및 대미 무역흑자가 큰 국가들에 대한 추가 관세 부과를 발표하였으며, 그 법적 근거로 '국제긴급경제권한법^{IEEPA}'을 활용하였다. (다만, 보편 관세를 제외한 국가별 추가관세에 대해서는 며칠 후 90일간 유예를 발표하였다.)

트럼프 대통령은 국가비상사태를 선언하며, 그 배경으로, 상호 무역관계의 비대칭성, 차별적 관세 및 비관세 장벽, 자국의 임금과 소비를 억누르는 무역 파트너 국가들의 경제정책 등을 지적했다. 이러한 요인들로 지속적인 대규모의 미국의 무역적자가 발생했고, 그 결과 안보와 경제에 '특이하고 과도한 위협이 발생했다[2]'는 것이다. 즉, 무역 파트너 국가들의 관세 또는 비관세 장벽, 해로운 정책(harmful policies, 그 예로 환율조작과 과도한 부가세, 국내 임금 및 소비 억제 정책 등을 제시) 등으로 미국에 지속적인 대규모 무역적자가 발생하여 미국 제조

---

[2] 원문은 다음과 같다 "Underlying conditions, including a lack of reciprocity in our bilateral trade relationships, disparate tariff rates and non-tariff barriers, and U.S. trading partners' economic policies that suppress domestic wages and consumption, as indicated by large and persistent annual U.S. goods trade deficits, constitute an unusual and extraordinary threat to the national security and economy of the United States" (Regulating Imports with a Reciprocal Tariff to Rectify Trade Practices that Contribute to Large and Persistent Annual United States Goods Trade Deficits, Executive Orders, The White House, 2025년 4월 2일)

업의 공동화가 초래되었고, 그 결과 국내 제조업에 대한 투자 및 일자리 감소, 중요 공급망 훼손, 방위산업의 적대국 의존 등과 같은 위협적 상황이 야기되었다는 것이다[3].(이러한 관세를 포함한 트럼프 2기 정부의 대외 제재 정책의 의미와 효과성 등에 대해서는 제재 일반에 대한 논의 이후 7장에서 상세히 논의해 보려 한다).

이러한 일반적인 제재 근거법 이외에도, 의회는 개별법 형태로 북한 인권 위반, 이란의 테러 활동 지원 등에 대해 미 행정부에 제재를 실행할 권한을 부여하고 있고, 이러한 개별법에 근거해서도 국가안보 이외에 대상 국가의 인권이나 민주주의 신장 등의 목표에 의한 제재가 가해질 수 있다.

그런데 앞서 살펴본 바와 같이, 이러한 제재 법령은 발동 요건이 매우 포괄적이고 추상적으로 규정되어 있어, 제재 대상국$^{Target/Sanctioned\ country}$은 물론 한국과 같은 제3국도 제재 관련 법적 불확실성에 지속적으로 노출되어 왔다.

미국 내에서도 이러한 추상성으로 인해 대통령이나 행정부가 과도

---

[3] Fact Sheet: President Donald J. Trump Declares National Emergency to Increase our Competitive Edge, Protect our Sovereignty, and Strengthen our National and Economic Security, (The White House, April 2, 2025)

https://www.whitehouse.gov/fact-sheets/2025/04/fact-sheet-president-donald-j-trump-declares-national-emergency-to-increase-our-competitive-edge-protect-our-sovereignty-and-strengthen-our-national-and-economic-security/

Regulating Imports with a Reciprocal Tariff to Rectify Trade Practices that Contribute to Large and Persistent Annual United States Goods Trade Deficits, Executive Orders, The White House, April 2, 2025

https://www.whitehouse.gov/presidential-actions/2025/04/regulating-imports-with-a-reciprocal-tariff-to-rectify-trade-practices-that-contribute-to-large-and-persistent-annual-united-states-goods-trade-deficits/

한 권한을 행사하게 되는 구조에 대한 우려가 제기되어 왔다. 이에 따라 의회를 중심으로 제재 권한에 대한 감시와 견제를 강화하려는 움직임이 나타났고, 실제로 행정부의 제재 결정에 대해 조사나 청문회 등이 활발히 진행된 사례도 있었다.

이러한 배경 속에서 제재의 근거법 또한 시대의 흐름과 함께 점차 변화해 왔다.

미국 제재법의 변천사는, 미국이 어떠한 법적 연원과 정치적 거버넌스에 기반하여 제재를 결정해 왔는지를 이해하는 데 중요한 기초자료가 되며, 향후 미국의 제재 정책 방향성을 예측하는 데도 의미 있는 단서를 제공한다.

이에 따라, 제재 관련 일반법들인

- 적성국교역법 TWEA: Trading with the Enemy Act
- 국가긴급조치법 NEA: National Emergencies Act
- 국제긴급경제권한법 IEEPA: International Emergency Economic Powers Act

의 제정 배경과 변화 과정을 보다 상세히 살펴보고자 한다.

제재 관련 법령의 변천: 미국의 제재 기본법과 역사적 흐름 [4]

행정부와 의회 간의 견제와 균형은 많은 민주주의 국가에서 중요한 논제로 다루어져 왔다. 특히 전쟁과 같은 긴급상황에서는 대통령을

---

[4] Congressional Research Service(CRS), 『The International Emergency Economic Powers Act: Origins, Evolution, and Use』, (Washington, D.C.: CRS, 2024)의 주요 내용 요약

중심으로 한 행정부의 권한이 대폭 확대되는 것이 불가피한데, 이에 대해 의회가 어떻게 견제할 것인지는 핵심적인 이슈였다. 미국 헌법은 권력 기관 간의 견제 메커니즘을 명확히 규정하고 있지만, 긴급 상황에서의 대통령 권한emergency power에 대해서는 구체적인 기술이 없다. 이로 인해 1900년대 초까지도 미국 대통령은 의회의 승인 없이 긴급권한을 행사하면서, 의회로부터 탄핵되거나 민사적 법적 책임Personal civil liability을 질 위험을 무릅쓰고 정책을 집행해 왔다. 이에 따라 20세기에 들어서면서, 의회는 긴급상황에서 행정부가 행사할 수 있는 권한을 미리 법률로 규정함으로써, 긴급권한을 입법 영역 내로 포함시키려는 시도를 본격적으로 시작하게 되었다.

1. 미국 제재법의 시작, 적성국교역법TWEA: Trading with the Enemy Act과 그 역사적 진화

제1차 세계대전이 한창이던 1917년, 미국 의회는 전시 대통령의 긴급권한을 규정하는 22개의 법률을 통과시켰고, 이 중 하나가 바로 적성국교역법TWEA이다. 당시 미국은 1차 대전에 처음부터 참전하지 않았기 때문에, 전쟁에 참여하기 이전에 대통령(당시 우드로 윌슨)이 전시에 필요하다고 판단한 권한들을 의회와 협의를 거쳐 입법화할 여유와 유인이 있었다. 유럽의 참전국들은 여전히 의회의 승인 없이 행정부가 무역과 경제활동 등을 통제했지만, 미국은 입법적 정당성을 확보한 상태에서 전쟁에 참여한 셈이다.

적성국교역법TWEA은 대통령에게 전쟁이라는 비상 상황 하에서 국제무역, 투자, 이민, 통신 등 광범위한 분야에 대해 조사, 규제, 금지 등의 권한을 부여했다. 구체적으로 대통령이 행사할 수 있는 핵심 권한을 요약하면 다음과 같다(CRS, 2024, pp. 7~8).

A. 외환, 은행 이체, 동전, 금괴, 통화, 증권 등과 관련된 규제 권한
B. 외국 정부 또는 외국 국적자의 자산과 관련된 규제 권한
C. 외국 정부나 국적자의 자산이나 이익을 미국 정부 소유로 귀속 vest시킬 수 있는 권한
D. 미국의 이익을 위해 해당 자산이나 이익을 보유, 사용, 관리, 청산, 매각하거나 기타 방식으로 처리할 수 있는 권한

특히 대통령이 '적국과 연관된 자'라고 판단할 경우, 적국이 아닌 국가나 개인 등에 대해서도 조사 및 자산 귀속vest 조치를 취할 수 있다. 자산 귀속은 원래 법 제정 당시 포함되지 않았던 권한이지만 제2차 세계대전 중 추가된 것이다. 이러한 대통령 권한에 대해 의회의 사후 승인, 정당성 검토, 행사 기간 등에 대한 통제 장치가 없다는 점에서, 적성국교역법의 제정 취지는 의회의 견제를 강화하려는 것이라기보다는 전쟁이라는 특수한 상황에서 긴급권한을 단지 입법적으로 승인한 것에 가까웠다고 볼 수 있다. 하지만 명확히 전시 상황에서만 적용되도록 한 적성국교역법은 이후 평시에도 적용될 수 있는 법적 근거를 얻게 된다. 그 계기는 바로 1929년 시작된 대공황이었다.

대공황은 미국과 유럽을 비롯한 서방국가에 전시에 버금가는 경제적 위기를 초래했으며, 루즈벨트 대통령은 이를 "국민의 군대가 맞서 싸워야 할 대상"이라 언급하며, 대공황을 전쟁에 비유하였다. 미국 대법원 또한 대공황을 "전쟁보다 심각한 비상 상황an emergency more serious than war"으로 인정하였다(CRS, 2024, p. 4).

서방 국가들은 전시에 준하는 권한을 행정부에 부여하여 경제위기에 대응했고, 미국 의회 역시 적성국교역법에 근거한 대통령 권한을

평시 국가비상사태National emergency에도 적용할 수 있도록 허용하게 된다. 당시 루즈벨트 대통령은 적성국교역법TWEA을 근거로 모든 은행 거래를 4일간 정지시키는 '은행 휴업령Bank holiday'을 내렸는데, 이는 의회가 법률을 개정하기 전에 내려진 조치였다. 따라서 대통령이 적성국교역법을 근거로, 평시에, 외국과의 거래가 아닌 미국 내 금융 거래에까지 비상권한을 행사한 것이 타당한가에 대한 의문이 제기되었다. 이에 따라 대통령령 포고 3일 후, 의회는 긴급은행구제법Emergency Bank Relief Act을 통과시켰고, 이를 통해 대통령이 '국가비상사태'로 선언한 시기During any other period of national emergency declared by the President에도 적성국교역법상의 비상권한을 행사할 수 있도록 법을 개정하였다.

이후 루즈벨트 대통령은 적성국교역법을 활용해 대공황 대응을 위한 경제·금융 정책을 지속적으로 추진했다. 제2차 세계대전 발발 이후에는 적성국교역법의 활용 범위가 더욱 확대되었으며, 민간 자산을 몰수압류할 뿐만 아니라 귀속시킬 수 있는 'Vesting power'도 추가되었다.

2차대전이 끝난 이후에도 적성국교역법은 '냉전'이라는 새로운 형태의 갈등 상황 속에서 다시 비(非)전시 상황에서도 경제제재 수단으로 적극 활용되었다. 예컨대, 1950년 트루먼 대통령은 북한과 중국에 대해 경제제재를 부과했으며, 이후 베트남, 쿠바, 캄보디아 등에 대한 제재도 모두 적성국교역법을 근거로 실행되었다. 또한 포드 대통령은 수출관리법Export Administration Act의 효력이 만료되자 수출 통제를 지속하기 위해 적성국교역법을 발동하기도 했다.

통화 및 환율정책의 수단으로도 적성국교역법은 적극 활용되었다. 아이젠하워 및 케네디 대통령은 루즈벨트 대통령이 선포한 국가비상사태와 적성국교역법을 근거로 금 수출과 보유에 대한 규제를 지속하였으며, 1968년 존슨 대통령은 영국 파운드화 절하로 인한 미국의 경상수지 위기를 완화하기 위해 미국 기업의 해외 투자를 규제하는 데 적성국교역법을 활용하였다. 1971년 닉슨 대통령은 금 태환 중지를 선언한 후, 적성국교역법에 근거한 국가비상사태를 선포하고, 미국으로 수입되는 모든 관세 대상 상품에 대해 추가 관세를 부과하는 조치를 취하기도 했다.

2. 적성국교역법TWEA의 한계와 국가긴급조치법NEA, 국제긴급경제권한법IEEPA의 탄생

1970년대 중반, 베트남전 참전, 외국 지도자 암살에 대한 CIA의 개입, 워터게이트 사건 등 일련의 사건을 통해 미국 행정부의 권한 남용이 드러나면서, 의회는 행정부 권한에 대한 보다 강력한 통제의 필요성을 인식하게 되었다. 이러한 문제의식에 따라, 대통령의 비상시 긴급권한에 대한 조사를 위한 양원합동위원회가 구성되었고, 조사 과정에서 1933년 이후 조사 시작 시점까지 미국은 기술적으로 국가비상사태가 계속 유지되고 있었다는 사실이 확인되었다.

당시 양원합동 조사 보고서[5]는 당시 대외경제제재의 주요 법적 근거였던 '적성국교역법Trading with the Enemy Act, TWEA'의 여러 문제점을 지적하였다.

첫째, 대통령이 국가비상사태를 선포하거나 비상권한을 행사함에 있어 의회와의 사전 협의나 사후 보고 의무가 존재하지 않았다.

---

5 U.S. Congress, 『A Brief History of Emergency Powers in the United States』, (Washington, D.C.: U.S. Government Printing Office, 1974)

둘째, 비상조치의 존속 기간에 대한 제한이 없으며, 의회가 이를 심의하거나 종료시킬 수 있는 메커니즘도 부재하였다.

셋째, 법률이 부여한 경제적 권한의 범위나 행사 가능한 상황에 대한 명확한 제한 규정이 없었다.

넷째, 적성국교역법에 따라 채택된 조치들 대부분이 실제로는 비상사태와 직접적인 관련성이 없었다.

이러한 문제를 해결하고자 미국 의회는 대통령의 비상조치권에 대한 의회의 통제를 강화하기 위해 '국가긴급조치법National Emergencies Act, NEA'과 '국제긴급경제권한법International Emergency Economic Powers Act, IEEPA'을 제정하였다.

1976년 제정된 국가긴급조치법NEA은 국가비상사태 선포 및 그 관리에 대한 보다 명확한 절차적 규범을 도입하였다. 주요 내용은 다음과 같다.

첫째, 대통령이 국가비상사태를 선포할 경우, 이를 즉시 의회에 통보하도록 의무화하였다.

둘째, 매년 두 차례에 걸쳐 의회가 해당 비상사태의 존속 필요성을 심의하고, 상·하원의 각기 독립된 표결을 통해 결정할 수 있도록 하였다. 국가긴급조치법 제정 초기에는 '상·하원 동시결의Concurrent resolution'를 통해 비상사태 종료가 가능하다고 규정했으나, 이는 법적 구속력이 없는 정치적 선언에 불과하여 대통령의 거부권이 적용되지 않았다. 이에 대해 미국 대법원은 이러한 조항이 삼권분립 원칙에 위배된다고 판시하였고, 그 결과 비상사태 종료 결정은 이후 '공동결의Joint resolution'를 통해 이루어지도록 개정되었다. 공동결의는 상·하원에서 각각 통과되어야 하며, 대통령에게 거부권이 인정된다는 점에서 더욱 엄격한 입법 절차를 요구한다.

셋째, 의회가 공동결의를 통해 국가비상사태를 종료할 수 있는 권한을 명확히 부여하였다.

한편, 의회는 적성국교역법TWEA이 전시뿐만 아니라 평시에도 적용될 수 있었던 점을 문제시하여, 해당 법률을 개정하여 전시 상황에서만 적용되도록 그 적용 범위를 제한하였다. 대신, 평시 비상사태 상황에 대응하기 위한 법적 수단으로 '국제긴급경제권한법IEEPA'을 1977년에 제정하였다. 국제긴급경제권한법IEEPA은 적성국교역법TWEA보다 대통령에게 부여되는 권한의 범위를 좁히고, 그 권한의 발동과 집행에 있어 국가긴급조치법NEA에서 규정한 절차적 요건—예컨대 비상사태 선포, 의회 통보, 연례 심의 등—을 따르도록 하여 의회의 실질적인 통제가 가능하도록 설계되었다.

3. 국제긴급경제권한법IEEPA의 구조와 한계

국제긴급경제권한법은 대통령이 국가비상사태를 선포할 수 있는 요건을 다음과 같이 규정하고 있다. 즉, 미국의 국가안보, 외교정책, 또는 경제에 대해 전부 또는 상당 부분 그 원인이 해외에 있는, 특이하고 과도한 위협이 존재할 경우, 대통령이 이를 처리할 필요가 있다고 판단하여 국가비상사태를 선포할 수 있다("to deal with any unusual and extraordinary threat, which has its source in whole or substantial part outside the United States, to the national security, foreign policy, or economy of the United States, if the President declares a national emergency with respect to such threat").

이러한 비상사태가 선포되면, 대통령은 즉시 의회에 이를 통보하고 연방등기소Federal Register에 이를 공표publish해야 한다. 이 절차는 본래 국가긴급조치법NEA에 규정된 것이나, 국제긴급경제권한법IEEPA은 이를 준용하고 있기 때문에 동일한 절차를 따르게 된다. 또한, 국가긴급조치법에는 명시되어 있지 않지만, 국제긴급경제권한법은 대통령이 국가비상사태를 선포할 때 다음 내용을 포함한 문서를 의회에 제출할 것을 별도로 요구한다.

1. 권한 행사의 필요성을 야기한 상황(the circumstances which necessitate such exercise of authority)

2. 대통령이 미국의 국가안보, 외교정책 또는 경제에 특이하고 과도한 위협이라고 판단한 이유(why the President believes those circumstances constitute an unusual and extraordinary threat, which has its source in whole or substantial part outside the United States, to the national security, foreign policy, or economy of the United States)

3. 해당 상황을 처리하기 위해 행사할 권한 및 실행될 조치(the authorities to be exercised and the actions to be taken in the exercise of those authorities to deal with those circumstances)

4. 그러한 조치가 필요한 이유(why the President believes such actions are necessary to deal with those circumstances)

5. 조치가 적용될 해외 국가 명단 및 해당 국가에 조치를 취해야 하는 이유(any foreign countries with respect to which such actions are to be taken and why such actions are to be taken with respect to those countries)

국가비상사태가 선포된 이후에는 대통령이 어떤 조치를 취했는지 6개월 간격으로 의회에 보고해야 하며, 양원의 공동결의Joint Resolution, 연방 등기소에 매년 등록하지 않을 경우, 또는 대통령 스스로의 판단에 의해 해당 비상사태는 종료된다.

그렇다면 국제긴급경제권한법은 대통령에게 어떤 권한을 부여하는가? 이 법은 비상사태 시 다음과 같은 조치를 가능하게 한다. (법률상 대통령은 가능한 한 모든 경우 의회와 사전에 협의할 것을 명시하고 있으나, 실제로는 비상 상황의 특성상 사전 협의가 생략되는 경우가 많다.)

1. 외환 거래, 해외 국가 또는 그 국민의 이익과 관련된 금융 거래 (신용 이전, 지급결제, 통화나 증권의 수출입 등)를 조사, 규제 또는 금지할 수 있다. (investigate, regulate, or prohibit: (i) any transactions in foreign exchange, (ii) transfers of credit or payments between, by, through, or to any banking institution, to the extent that such transfers or payments involve any interest of any foreign country or national thereof, (iii) the importing or exporting of currencies or securities)

2. 외국 또는 그 국민이 이해관계를 가진 재산(미국 관할권 내)에 대한 모든 취득, 보유, 사용, 이전, 수입·수출, 거래 등에 대해 조사하고 필요 시 차단하거나 규제, 무효화할 수 있다. (investigate, block during the pendency of an investigation, regulate, direct and compel, nullify, void, prevent or prohibit, any acquisition, holding, withholding, use, transfer, withdrawal, transportation, importation or exportation of, or dealing in, or exercising any right, power, or

privilege with respect to, or transactions involving, any property in which any foreign country or a national thereof has any interest by any person, or with respect to any property, subject to the jurisdiction of the United States)

3. 미국이 무력 충돌에 관여하거나 외국 또는 외국 국민으로부터 공격을 받은 경우, 대통령은 그에 관여한 외국인, 단체, 국가의 미국 내 재산을 몰수할 수 있다. 몰수된 재산은 대통령이 지정한 기관이나 인물에게 귀속되며, 미국의 이익을 위해 사용, 관리, 매각될 수 있다. 초기에는 적성국교역법과 달리 민간 재산을 몰수하거나 미국 정부에 귀속시키는 조항이 없었지만, 9·11 테러 이후 제정된 테러 억제법$^{PATRIOT\ Act}$을 통해 무장 적대 행위에 관여하거나 외국으로부터 공격받은 경우, 예외적으로 이를 허용하게 되었다. (when the United States is engaged in armed hostilities or has been attacked by a foreign country or foreign nationals, confiscate any property, subject to the jurisdiction of the United States, of any foreign person, foreign organization, or foreign country that he determines has planned, authorized, aided, or engaged in such hostilities or attacks against the United States; and all right, title, and interest in any property so confiscated shall vest, when, as, and upon the terms directed by the President, in such agency or person as the President may designate from time to time, and upon such terms and conditions as the President may prescribe, such interest or property shall be held, used, administered, liquidated, sold, or otherwise dealt with in the interest of and for the benefit of the United States, and such

designated agency or person may perform any and all acts incident to the accomplishment or furtherance of these purposes)

이처럼 적성국교역법^{TWEA}이 지녔던 평시 적용 가능성, 의회의 통제 부재 등 한계를 보완하기 위해 국제긴급경제권한법^{IEEPA}이 제정되었으나, 법 제정 이후에도 실질적인 제재 발동의 억제 장치로는 기능하지 못하였다.

냉전, 테러, 중국의 부상 등으로 인해 미국은 지속적으로 외부 위협에 직면하고 있으며, 이는 행정부의 비상 권한 유지 필요성을 약화시키지 못하고 있는 것이다.

또한 의회는 평시에 외국 정부 등을 제재할 필요가 있을 때, 대통령이 국제긴급경제권한법^{IEEPA}의 권한을 활용할 수 있도록 법안을 설계하는 경우도 종종 있다. 예컨대, 1985년 아이티 前 정부가 해외로 빼돌린 재산의 회수를 지원하기 위해, 대통령의 비상사태 선포 의무를 면제하고 국제긴급경제권한법^{IEEPA} 권한을 활용하도록 한 바 있다.

또한, 2018년 제정된 니카라과 인권 및 반부패법 역시 대통령이 국제긴급경제권한법^{IEEPA} 권한을 적극 행사할 수 있도록 규정하였다.

국제긴급경제권한법^{IEEPA}과 비상권력의 두 얼굴

1. 추상적 요건과 대통령 재량의 위험성

국제긴급경제권한법^{IEEPA}에서는 국가비상사태의 요건을 추상적으로 규정하고 있다. 물론, '특이하고 과도한 위협'이라는 표현을 통해 일상적이거나 경미한 위협에 대해 남용을 방지하려는 의도는 확인된다.

그러나, 해당 용어 자체의 추상성과 판단 기준의 부재로 인해 대통령의 재량이 지나치게 넓다는 비판이 제기되어 왔다. 실제로 국제긴급경제권한법IEEPA 제정 이후 비상사태 선포 횟수는 점차 증가했으며, 평균 존속기간은 9년 이상인 것으로 나타났다. 1979년 이란 관련 최초의 비상사태 선포는 아직도 해제되지 않은 채 유지되고 있다.

2024년 1월 기준, 39개의 국가비상사태가 여전히 유효하며, 이는 1930년대 적성국교역법TWEA 제정 이후 기술적으로 미국이 계속 국가비상사태 하에 있었던 점을 문제 삼았던 1970년대 의회조사 당시 상황과 크게 다르지 않음을 시사한다.

이러한 문제를 해결하기 위해 요건을 세분화하거나, 외국간첩법 Foreign Intelligence Surveillance Act처럼 법원의 사후 심사를 도입해야 한다는 견해도 있으나, 현재까지 의회는 관련 개혁에 적극 나서지 않고 있다. 특히, 중국이나 러시아와의 대결 구도가 심화되는 현 시점에서 대통령 권한을 제한하는 조치는 미국의 대응력을 약화시킬 수 있다는 우려로 인해, 단기간 내에 입법적 변화가 이루어질 가능성은 낮은 것으로 평가된다.

2. 국제긴급경제권한법IEEPA상 권한 범위의 모호성

국제긴급경제권한법IEEPA은 기본적으로 '외국과의 거래Foreign transactions'와 관련된 미국 정부의 긴급조치 권한을 규정한 법률이다. 따라서 '국내 거래Domestic transactions'에는 원칙적으로 적용되지 않는다. 그러나 오늘날과 같은 글로벌화된 경제 및 정치 환경에서는 순수한 국내 거래 자체를 찾기 어려운 실정이다. 이에 따라 국제긴급경제권한법IEEPA에 의해 부여된 대통령의 강력한 권한이 사실상 미국 내 많은 국내 거래에도 영향을 미치고 있으며, 이는 당초 외국 기업이나 외국 국가 등 미국 외부의 거래 주체를 주요 대상으로 상정했던 입법 취지에서 벗어난 것이라는 지적이 제기되고 있다.

또한, 대통령의 긴급권한이 과거 달러의 금태환 중단에 따른 경상수지 위기를 타개하기 위해 관세 부과 등에 활용된 사례에서도 확인할 수 있듯, 국제긴급경제권한법^{IEEPA}의 목적과 적용 범위는 국가안보, 외교상 국익 수호, 미국 경제 이익 보호 등으로 매우 광범위하게 설정되어 있다.

이처럼 포괄적인 권한 행사와 관련하여 가장 논란이 되는 부분은, 관련자의 자산을 단순 동결하는 수준을 넘어 미국 정부가 이를 몰수^{Confiscate}하거나 귀속^{Vest}시킬 수 있는지 여부이다.

국제긴급경제권한법^{IEEPA}은 본래 적성국교역법^{TWEA}과 달리 자산을 귀속시킬 수 있는 권한은 부여하지 않았다. 이는 단순한 자산 동결만으로도 해외의 불량 정권이나 그 협력자들에게 상당한 압박을 가할 수 있으며, 향후 협상 과정에서도 중요한 레버리지로 활용될 수 있다고 판단했기 때문이다.

실제로 미국 정부는 이란, 파나마, 베네수엘라 등에 대한 제재 시, 해당 국가 최고 지도층에 가장 강력한 압박 수단으로 자산 동결 조치를 활용해 왔으며, 북한의 경우에도 방코델타아시아$^{Bangko\ Delta\ Asia}$ 은행에 예치된 북한 관련 자산을 동결함으로써 핵 협상에 있어 상당한 진전을 이루었다는 평가를 받기도 했다.

그러나 2001년 9·11 테러 이후, 관련자의 자산을 단순 동결하는 수준을 넘어 몰수^{Confiscation}하거나 귀속^{Vest}시킬 수 있도록 하는 규정이 추가되었으며, 조지 W. 부시 前 대통령은 이를 이라크에 적용한 바 있다. (당시 유엔 역시 이라크에 대한 제재를 시행하고 있던 시기였다.)

최근에는 2022년 러시아의 우크라이나 침공 이후, 러시아 정부와 국부펀드 등이 외환보유액 형태로 보유한 자산 중, 미국과 EU 등에 의해 동결된 자산을 우크라이나의 전비 지원 및 전후 재건 자금으로 활용할 수 있을지를 둘러싸고 활발한 논의가 이어졌다. 이 논의의 결과, 자산 원금은 유지하되 운용 과정에서 발생한 이익금 일부를 몰수하는 절충안이 도출되었으며, EU는 2024년 7월 실제로 약 15억 유로 규모의 수익금을 귀속시키는 조치를 단행하였다.

국제적으로 유사한 선례가 존재하고, 침공이라는 명백한 국제법 위반 행위에 대해 실질적인 정의를 집행하는 차원에서, 또한 우크라이나에 대한 군사적·경제적 지원으로 재정적 압박을 받고 있는 미국과 EU 정부의 부담을 줄이기 위해서도 이러한 제재 조치의 정당성은 확보될 수 있는 것이다. 그러나 이러한 조치가 실제로 시행될 경우, 기축통화국인 미국의 중앙은행에 자국 외환보유액을 예치하고 있는 각국 정부 및 중앙은행의 신뢰를 훼손할 우려가 있으며, 이는 미국 국채 시장과 달러 통용 시스템 등 전반적인 글로벌 금융 질서에 심각한 부정적 영향을 미칠 수 있다는 지적도 지속적으로 제기되어 왔다.

결국, 원금은 몰수하지 않고 수익금만 귀속하는 방식으로 정책이 절충되었으며, 2025년 4월 현재에도 러시아 외환보유액 운용 자산의 구체적 처분 방안은 미국 및 EU 내부에서 계속 논의 중인 것으로 알려져 있다.

지경학 인사이트 ① 러시아 외환보유액 몰수 논란

우크라이나 전쟁과 기축통화국의 이해관계

러시아가 우크라이나를 침공하기 직전, 러시아 중앙은행이 보유한 외환보유액은 약 6,000억 달러에 달했다. 침공 직후 미국, EU, 일본 등은 일제히 금융제재를 시행하여, 자국 금융기관 및 금융상품에 예치되어 있던 러시아의 외환보유액 운용 자산을 동결하였다.

이러한 조치만으로도 러시아 경제에는 상당한 타격이 가해졌다. 외환보유액은 국가가 경제 위기 상황에 처했을 때, 자국 기업이나 금융기관의 대외 채무 상환 불능, 또는 외국인 투자자들의 자금 회수 등에 대응하여, 보유한 달러 등 기축통화를 시중에 공급함으로써 지급불능 상태를 방지하는 핵심적 역할을 수행하기 때문이다. 따라서 전쟁 장기화로 불확실성이 급격히 높아진 러시아 경제에서 외환보유액 운용의 제약은 그 자체로 러시아의 대외 신인도 하락 요인으로 작용하였다.

전쟁이 장기화되자, 미국과 EU는 우크라이나 전쟁 지원에 막대한 재정을 투입해야 했고, 이에 따라 국제법을 위반한 침략국에 대한 대응조치^{Countermeasure}이자, 피해국에 대한 배상^{Reparation} 차원에서 러시아의 외환보유액 일부를 우크라이나 전비 지원 또는 재건 자금으로 활용하자는 방안이 본격적으로 논의되기 시작하였다.

미국의 저명한 경제학자 로렌스 서머스$^{\text{Lawrence Summers}}$는 후세인 정권의 자산을 미국이 몰수한 사례와 제2차 세계대전 이후 소련이 독일과 일본에 대해 유사한 방식으로 배상을 요구한 전례를 언급하며 이러한 방식이 미국 등 서방 국가들의 재정적자 확대를 억제하면서도, 러시아로 하여금 전쟁 도발과 유지에 따른 실질적 비용을 감당하게 하는 효과가 있다고 평가하며 적극 지지하였다.

그러나 이에 대해 국제법적 반론도 제기되었다. 대항조치Countermeasure6는 원칙적으로 가해국(러시아)이 불법적 또는 부당한 국제 행위를 철회하거나 시정할 경우, 해당 조치를 원상회복할 수 있어야 한다는 요건을 충족해야 한다. 하지만 자산의 귀속은 일단 실행되면 회복이 사실상 불가능하기 때문에, 국제법상 인정되는 대항조치 요건에 부합하지 않는다는 반대 견해가 제기되었다. 이러한 주장의 이면에는 국제법적인 논리 외에도 기축통화국들의 전략적 이해관계가 작용하고 있다는 해석도 존재한다. 즉, 만약 미국이나 EU가 보유한 러시아 자산을 실제로 몰수하거나 귀속시킬 경우, 달러나 유로로 표시된 금융자산을 보유 중인 개도국 중앙은행, 국부펀드 등의 보유 자산 분산 심리가 자극될 수 있다. 이는 이들이 제재 가능성이 있는 통화를 회피하여[7] 다른 통화나 자산군으로 자산을 이동하게 만들 수 있으며, 그 결과 미국과 EU의 국채 수요 감소, 국채 금리 상승, 재정 부담 확대, 대외 신인도 하락 등 부정적 파급효과가 발생할 수 있다는 우려로 이어진 것이다.[8] 이러한 맥락에서 유럽중앙은행ECB의

---

6   일반적으로는 외국의 국가나 기관 등이 소유하는 자산은 주권면제(Sovereign immunity)가 적용되어 다른 나라의 사법기관 등이 몰수할 수 없다. 그러나 그러한 외국의 국가 등이 국제법적으로 불법/부당한 행위를 해서 피해국이 생겼을 때, 해당 피해국은 가해국의 자산 등에 대해 대항조치(Countermeasures)를 하는 것은 국제법적으로 인정된다고 알려져 있다.

7   현재 적지 않은 국가들이 미국에 호혜적이지 않거나, 중국과의 관계를 고려하여 미국 등에 중립적인 포지션을 유지하고 있는데, 미국 등 서방이 자신들의 외환보유액을 향후 볼모로 잡을 수도 있는 정책을 시행할 경우, 이러한 국가들은 서방국가들의 금융상품 위주로 구성된 외환보유액의 구성을 변경할 유인(예: 금으로 대체)이 있는 것이다.

8   일각에서는 러시아 외환보유액을 몰수할 경우, 러시아가 보복 조치로 서구에서 러시아에 투자한 금융상품이나 공장 등을 압류하는 등의 부작용이 야기될 수 있다는 논리를 펴기도 한다.

크리스틴 라가르드Christine Lagarde 총재는 자산 귀속에 대해 공식적인 반대 의사[9]를 표명하였고, 미국 재무부 역시 초기에는 신중한 입장을 취하였다. 그러나 전쟁의 장기화로 인한 주요국들의 재정 부담이 가중됨에 따라, G7을 중심으로 보다 전향적인 접근이 검토되기 시작했다.

이에 따라 2024년 4월, 미국 의회는 '우크라이나 경제번영 및 기회재건법REPO Act'을 제정하여, 러시아 자산 몰수를 위한 법적 근거를 마련하였다. EU 또한 러시아 자산 원금은 유지하되, 자산이 압류됨에 따라 이를 보관·운용한 Euroclear Bank에 발생한 '초과이익extraordinary profit'에 대해 일종의 '횡재세windfall tax'에 준하는 방식으로, 수익금을 회수하여 우크라이나를 지원하는 방안을 2024년 7월경 결정하였다.

다만, 2025년 트럼프 대통령의 재선으로 트럼프 2기 행정부가 출범한 이후, 미국 정부는 우크라이나의 광물자원에 대한 투자 기회를 통해 자국의 전쟁 지원 비용을 보상받는 방안을 진행하고 있으며, 러시아의 외환보유액 운용자산에 대해서는 명확한 공식 입장을 내놓지 않고 있는 상황이다.

이러한 미국의 정책 변화에 불안을 느낀 EU는, 2025년 4월 현재, 유엔 산하의 국제배상위원회UN Compensation Commission 등을 통해, 러시아의 침략행위에 대한 국제적 배상을 확보하는 방안으로서, 러시아 자산 몰수를 추진할 수 있는 법적·제도적 수단을 검토 중인 것으로 알려져 있다.

---

9 러시아 외환보유액의 50% 정도인 3,000천억 달러가 유럽의 금융 상품 및 금융기관 등에 투자 또는 예치되어 있다.

3. 국가비상사태 종결에 대한 판단 문제

국가긴급조치법^{NEA} 및 국제긴급경제권한법^{IEEPA}의 주요 개정 내용 중 하나는, 대통령이 선포한 국가비상사태를 의회가 양원의 공동결의$^{Joint\ Resolution}$를 통해 종료시킬 수 있도록 한 점이다. 앞서 언급했듯이, 입법 초기에는 양원의 동시결의$^{Concurrent\ Resolution}$만으로도 종료가 가능하다고 규정하였으나, 대법원이 이 조치가 삼권분립 원칙에 위배된다고 판단함에 따라, 대통령의 거부권 행사가 가능한 양원 공동결의 방식으로 수정되었다.

이러한 법적 근거에 따라, 국가긴급조치법^{NEA} 기반의 국가비상사태 중 허리케인 카트리나에 따른 비상사태, 남부 국경 상황과 관련된 비상사태 등에 대해 의회는 실제로 공동결의 절차를 진행한 바 있다. 그러나 최근까지 국제긴급경제권한법^{IEEPA}을 근거로 선포된 국가비상사태에 대해 의회가 종료 결의 절차를 밟은 사례는 없다.[10] 이는 대외관계 및 외교정책에 있어 대통령의 재량을 상대적으로 폭넓게 인정하는 정치적 분위기가 작용한 결과로 해석된다.

일부 전문가들은 이러한 상황에 대해 의회가 대외정책과 관련한 대통령의 비상사태 선포에 수동적으로 대응하고 있음을 지적하며, 그

---

10 2025년 4월, 트럼프 2기 정부가 국제긴급경제권한법(IEEPA)에 근거하여 캐나다에 부과한 관세의 효력을 무력화하기 위해 미 상원에서 해당 관세의 법적 근거가 된 국가비상사태를 종료하자는 결의안이 통과된 사례가 있었다. 이 결의안은 상원의 다수당이 공화당이었음에도 불구하고, 일부 공화당 의원들이 동맹국인 캐나다에 대한 관세 부과가 초래할 외교·경제적 부작용 등을 이유로 들어, 민주당 의원들과 함께 긴급상황 종료에 찬성표를 던졌다는 점에서 의회가 대통령의 비상권한을 견제한 중요한 사례로 평가된다. 그러나 해당 결의안은 하원에서 통과되지 않아 양원의 공동결의로 이어지지 못했으며, 설사 하원까지 통과되었더라도 트럼프 대통령이 거부권을 행사했을 가능성이 높아, 결국 국가비상사태의 종료는 실현되지 못했을 것이다. 이 사건은 대통령의 비상권한에 대한 의회의 견제가 실질적으로는 매우 제한적일 수밖에 없음을 보여주는 또 하나의 사례로 해석될 수 있을 것이다.

결과 무역 및 금융 거래는 물론 미국 기업과 국민의 재산권에 심각한 제약이 장기적으로 가해질 수 있음에도 불구하고 민주적 통제가 제대로 작동하지 않고 있다는 비판을 제기한다. 이러한 관점에서 제재 정책의 질이 오히려 저하될 수 있다는 우려도 제기된다.

예를 들어, Demarais(2022)[11]에 따르면, 2019년 미국 정부회계감사원GAO: Government Accountability Office이 실시한 조사에서 미 재무부와 상무부는 제재를 시행하기 전은 물론 시행 이후에도 제재의 효과성에 대한 평가를 제대로 수행하지 않았다는 사실이 확인되었다. 특히, 긴급한 인도주의적 피해immediate humanitarian damage 여부만을 제한적으로 사전에 점검했을 뿐, 제재가 실제로 어떠한 효과를 발휘했는지에 대한 평가 시스템은 사실상 존재하지 않았다고 평가하였다. (Demarais, 2024, p. 38)

이와 같은 문제점에 대한 개선책으로는 일정 기간이 지나면 자동으로 비상사태가 종료되는 '일몰sunset 제도'의 도입, 혹은 '국가안보권한법National Security Powers Act'과 같이 일정 기간이 경과한 뒤 비상사태를 연장하려면 체계적인 효과 평가 후 의회의 승인 투표를 받아야 하는 제도의 도입 등이 제안되고 있다.

한편, 비상사태에 따른 조치가 국민의 재산권 제한, 절차적 정당성 논란, 통신 및 언론의 자유 침해, 다른 국가에 대한 치외법권적 조치의 정당성 문제 등과도 직결된다는 점에서 국내외 법체계 및 사법 원칙과의 조화 역시 대통령의 긴급권한과 관련된 핵심 쟁점으로 부각되

---

11 『Backfire: How Sanctions reshape the World Against U.S. Interests』, (Columbia University Press, 2022)

고 있다. 이와 관련된 내용은 제재결정 요인을 다루면서 더욱 상세히 서술할 예정이다.

지경학 인사이트 ② 미국 제재의 주요 플레이어들Players

미국 대통령, 의회, 행정부의 역할[12]

미국의 제재 관련 법령을 설명하면서 대통령과 의회의 역할을 간접적으로 서술하였다. 대통령은 의회가 제정한 국가비상사태법NEA, 국제긴급경제권한법IEEPA, 북한인권법 등과 같은 개별법에 근거하여, 해당 사안이 국가비상사태 요건에 해당하는지를 판단한다. 요건에 부합한다고 판단되면 대통령은 국가비상사태를 선포하고, 이에 대해 의회에 통보할 의무가 있으며, 동시에 연방등기소Federal Register에 등록해야 한다. 이후, 국제긴급경제권한법IEEPA 등에서 허용하는 권한 범위 내에서 대통령은 경제제재 등의 조치를 취할 수 있다. 이 과정에서 국가안보와 외교라는 사안의 특성상 대통령에게는 상당히 광범위한 재량이 부여된다.

의회는 행정부가 제재를 활용할 수 있도록 관련 법령을 통해 요건과 목적을 정의defining the objectives하는 역할을 한다. 다시 말해, 의회는 입법을 통해 외교정책이나 국가안보 관련 사안에 대해 대통령에게 대응 권한을 부여하거나, 경우에 따라 대응 의무를 부과하기도 한다. 예를 들어, 군사 쿠데타, 대량살상무기 확산, 국제테러, 불법 마약거래, 인권유린, 지역안보 저해, 사이버 테러, 부패, 자금세탁 등의 사안이나, 러시아, 북한, 이란 등 특정 국가와 관련된 사건에 대응하기 위한 제재 입법을 마련하는 것이 의회의 핵심 역할 중 하나이다. 다만,

---

12 『U.S. Sanctions: Overview for the 118th Congress』, (CRS Reports, 2024)의 주요 내용 요약

의회가 제정한 다양한 제재 법률들도 실제 집행 시에는 기본법인 국제긴급경제권한법IEEPA나 국가비상사태법NEA 등의 비상사태 프레임워크에 근거하여 집행되는 경우가 많다.

실제 제재 정책의 실무 단계에서는 어떤 제재를, 누구를 대상으로, 어느 정도의 강도로 시행할지를 결정하는 행정부 내 각 부처의 역할이 매우 중요하다. 이 과정에서 국무부, 재무부, 상무부가 중심적인 역할을 수행한다. 각 부처의 주요 기능은 다음과 같다.

- 국무부Department of State: 무기거래, 외교 관계, 비자 발급, 군사 및 기타 대외원조 등을 담당
- 재무부Department of the Treasury: 미국 기반 자산에 대한 접근과 거래, 달러화 및 미국 금융 시스템 이용, 국제금융기구 내 미국의 입장 반영 등을 담당
- 상무부Department of Commerce: 수출 통제export licensing와 파트너 국가들과의 수출 통제 조율 등을 담당
- 기타: 법무부DOJ는 제재 회피 및 위반, 수출 관련 법령 위반에 대한 기소 등을 담당/ 국토안보부DHS는 통관customs과 국무부의 비자 발급 업무 지원/ 에너지부DOE는 국제 원자력 협정하의 의무 이행 모니터링 등을 수행

한편 제재 위반에 대한 적발 및 처벌에서는 재무부 산하 해외자산통제국OFAC과 법무부가 경제제재의 핵심 집행기관으로 기능한다.

국제긴급경제권한법IEEPA에 의한 제재 실행 절차Imposition of Economic Sanctions

국제긴급경제권한법IEEPA에 따른 조치를 취할 때, 대통령은 일반적으로 행정명령Executive Order을 통해 국가비상사태를 선포한다. 동시에 재무부 장관이나 국무부 장관 등에게 특정 외국인을 제재 대상으로 지정할 수 있는 권한을 부여하고, 이들에게 적용할 거래 금지나 제한 등의 유형을 정한다. 예컨대, 러시아의 유해한 외국 활동에 대응하기 위해 발령된 행정명령 14024에 따르면, 제재 대상자의 미국 내 자산이나 미국인이 보유 또는 통제하는 자산과의 거래를 중지시키거나 금지할 수 있다.

이러한 제재 대상의 선정은 정보기관의 첩보, 행정부 내 관련 부처의 분석 등을 통해 이루어지며, 이후 재무부는 해당 인물을 특별지정국민 및 차단인물 리스트Specially Designated Nationals and Blocked Persons List, SDN List에 등재한다. SDN 리스트에 등재된 경우, 미국인과의 거래가 일반적으로 금지되며, 자산도 차단blocked된다. 이 외에도, Non-SDN 리스트에 등재될 경우 자산은 차단되지 않지만 미국과의 거래는 여전히 제한된다. 이러한 리스트는 해외자산통제국OFAC에 의해 통합되어 통합제재리스트Consolidated Sanctions List로 관리된다.

제재 위반 조사 및 처벌 절차Enforcement of Economic Sanctions

해외자산통제국OFAC(Office of Foreign Assets Control)

해외자산통제국은 특정 인물이나 기관이 제재를 위반한 정황이 있을 경우, 집행절차enforcement proceedings를 개시한다. 조사 결과에 따라 해외자산통제국은 다음과 같은 조치를 취할 수 있다.

- 위반 없음No violation
- 정보 보완 요청Request for further information
- 경고 서한Cautionary letter

- 위반 발견Finding of a violation
- 민사적 금전 벌금 또는 형사 기소 요청을 동반한 위반 발견
- 중단 명령Cease-and-desist order

해외자산통제국OFAC은 위반자에게 민사적 배상을 부과할 수 있으며, 여기서 중요한 판단 기준은 위반의 고의성 여부egregious violation이다. 위반의 정도, 프로그램 훼손 여부, 위반의 성격(상업적 정교함 등), 위반 이후의 시정 노력이나 조사 협조 여부 등의 요인을 종합적으로 고려하여 최종 벌금액을 결정한다. 형사벌이 필요하다고 판단될 경우에는 법무부에 사건을 이관한다.

법무부DOJ(Department of Justice)

법무부는 제재 관련 법률의 형사벌 집행을 담당한다. 특히, 제재 위반과 함께 자금세탁 등 금융범죄가 동반될 경우, 이를 종합적으로 조사하고 처벌한다.

- 제재 법령 위반: 법무부 국가안보국National Security Division이 주관하며, 국제긴급경제권한법IEEPA 위반 등 경제제재 관련 범죄를 다룬다.
- 기타 금융 범죄: 제재 회피 목적의 자금세탁, 금융기관의 고객 확인 의무KYC 위반 등을 함께 집행한다. 예를 들어, 러시아의 우크라이나 침공 이후 법무부는 'KleptoCapture 태스크포스'를 구성하여 제재 위반, 자금세탁, 불법 수익의 자산 압류 등을 수행하고 있다.

자산 압류는 일반적으로 세재 권한이 아니라, 민사 또는 형사 몰수 규정에 따라 수행된다. 미국 법률은 자금세탁, 사기 등 불법행위로 획득한 자산의 몰수를 허용하고 있으며, 대법원은 다음과 같은 기준을 제시한 바 있다.

- 형사 몰수: 형벌 수준이 과도할 경우 헌법상 '과도한 벌금 금지 조항Excessive Fines Clause'에 위배될 수 있음

- United States v. Bajakajian, 524 U.S. 321(1998): 벌금은 위반의 중대성과 비례해야 함
- 민사 몰수: 단순히 교정 목적이 아닌, 처벌적 성격이 존재해야 정당화됨
- Austin v. United States, 509 U.S. 602 (1993): 몰수는 실질적으로 처벌적 목적을 가져야 헌법적으로 허용 가능

기타 연방기관
- 재무부 산하 금융범죄단속네트워크 FINCEN(Financial Crimes Enforcement Network)는 '은행비밀법 Bank Secrecy Act'에 근거하여 의심스러운 거래를 모니터링하고, 필요시 법무부에 정보 제공
- 상무부 산하 산업안보국 BIS(Bureau of Industry and Security)은 민·군 이중용도 품목의 수출 통제를 담당하며, 해외자산통제국 제재 대상에게 해당 품목의 수출을 금지

지금까지 제재의 의미와 목적, 관련 법률과 조직 등 제재에 관한 제도적 기반을 살펴보았다. 이제부터는 이러한 체계를 바탕으로 미국의 제재가 역사적으로 어떻게 적용되고 변화해 왔는지를 살펴보고자 한다. 어떤 정책이든 그 의미와 중요성, 파급 효과를 제대로 이해하려면 역사적 흐름과 시대적 배경을 함께 파악하는 것이 필수적이다. 이러한 분석이 뒷받침되지 않으면 해당 정책의 향후 방향을 예측하기란 매우 어려울 것이다. 이러한 문제의식을 바탕으로, 제1차 세계대전을 계기로 미국이 글로벌 리더로 부상하기 시작한 시점부터, 제2차 세계대전, 냉전, 1990년대의 포스트 냉전기, 그리고 9·11 테러 이후까지의 주요 세계사적 사건들을 중심으로 미국의 제재 정책이 어떻게 변화하고 진화해 왔는지를 기존 연구 자료들을 참고하여 정리해 보고자 한다.

1   Morgan, T. Clifton, Syropoulos, Constantinos, Yotov, Yoto V., 『Economic Sanctions: Evolution, Consequences, and Challenges』, (Journal of Economic Perspectives, Volume 37, pp. 3~30, 2023), 『미국의 제재 외교: 피 흘리지 않는 전쟁, 그 위력과 어두운 이면』, (스키타 히로키 지음, 이용빈 옮김, 한울출판사, 2021) 참조

2장

미국 제재의 역사[1]

"이러한 경제적이고, 평화로우며, 조용한 죽음의 치료제(제재)를 적용하라, 그러면 무력을 동원할 필요가 없다. 이것은 무서운 치료제이다. 이는 보이콧 당하는 나라 이외에서는 하나의 생명도 희생을 치르지 않으면서도, 내 판단에는, 어떤 현대국가도 견디기 힘든 압박감을 해당국에 부여한다."
Apply this economic, peaceful, silent, deadly remedy and there will be no need for force. It is a terrible remedy. It does not cost a life outside of the nation boycotted, but it brings a pressure upon that nation which, in my judgement, no modern nation could resist.

— 우드로 윌슨(Woodrow Wilson), 미국 제28대 대통령(1919)

2
미국 제재의 역사

제재의 기원과 진화

제재의 기원은 정확히 밝혀지지 않았지만, 문헌상 가장 오래된 사례는 약 2,500년 전 고대 그리스 아테네와 메가라^{Megara} 간의 갈등에서 찾을 수 있다. 당시 메가라가 아테네의 승인 없이 아테네 영토를 경작하고 전령을 살해하자, 아테네는 메가라와의 무역을 금지하고 자국 항구 이용을 차단하는 제재를 단행했다(Morgan et al(2023)). 이 조치는 결국 펠로폰네소스 전쟁의 원인 중 하나로 언급된다. 흥미로운 점은 이 사례에서는 제재가 전쟁을 하지 않고 상대를 굴복시키려는 전쟁의 대체 수단^{alternative}으로서의 본래의 목적을 달성하지 못하고 전쟁으로 이어졌다는 점이다.

이후에도 로마 제국의 골^{Gaul} 지방에 대한 금·은 수출입 금지, 종교전쟁 중의 상호 무역 제한, 나폴레옹의 대륙봉쇄령^{Continental System} 등 경쟁국이나 적대국을 압박하기 위한 수단으로 제재는 반복적으로 활용되어 왔다. 특히 교통수단의 발달과 신대륙 발견, 글로벌 교역의 확대에 따라 국제적으로 경제 상호 의존성이 높아지면서, 역설적으로 무역 제한 등의 경제제재 효과는 더욱 커졌고, 그 빈도 역시 증가한 것으로 보인다.

미국의 경우, 제재의 시작은 영국 식민지 시절로 거슬러 올라간다. 당시 식민지 주민들은 영국이 부과한 조세에 반대하여 영국 제품의 수입을 금지하는 방식으로 대응했다. 이후 독립전쟁 시기에는 영국이 오히려 미국에 대한 수출을 금지하는 제재를 시행하기도 했다. 이러한 경험을 바탕으로 독립 이후 미국은 남북전쟁, 스페인과의 전쟁 등 주요 국면에서 제재를 적극적으로 활용하였으며, 점차 외교·안보 전략의 핵심 수단으로 자리 잡았다.

제2차 세계대전 이전까지는 제재와 관련된 글로벌 통계가 체계적으로 집계되지 않아 당시 제재의 빈도와 범위를 정확히 파악하기 어렵다. 다만 많은 연구자는 제1·2차 세계대전을 기점으로 국제사회에서 제재 활용이 급격히 증가했다고 본다. 1950년 이후에는 제재의 수단과 범위가 점차 다양해지기 시작하였고, 제재 사례가 데이터화되면서 다양한 학술 연구의 기초가 되었다.

2차 대전 이후에도 냉전 체제의 형성, 인권·민주주의 등 인류 보편적 가치의 침해, 국제 테러조직의 등장 등으로 인해 제재는 주요 외교 수단으로 더욱 빈번히 활용되었다. Morgan et al(2023)에 따르면, 1950년대와 비교하여 2022년에는 제재 건수가 10배 이상 증가하였다고 한다(미국 제재 빈도 증가 그래프 참조). 이 시기 대부분의 제재는 미국이 주도했으며, 이에 대응해 대상국들이 보복성 제재Countersanctions를 취하는 사례도 늘어났다. 제재의 파급 효과는 동맹국과 파트너국으로까지 확산되면서 점차 복합적인 양상을 보였다.

제재의 유형 또한 변화했다. 과거에는 국가 전체를 대상으로 한 무역금지Trade embargo 형태가 일반적이었으나, 2000년대 이후, 특히 9·11 테러를 기점으로 특정 개인, 단체, 기업, 권력자를 정밀하게 표적Targeting으로 삼는 '스마트 제재Smart sanctions'가 주류를 이루게 되었다. 이는 제재의 정밀성과 정치적 수용 가능성을 동시에 높이려는 시도로 평가된다.

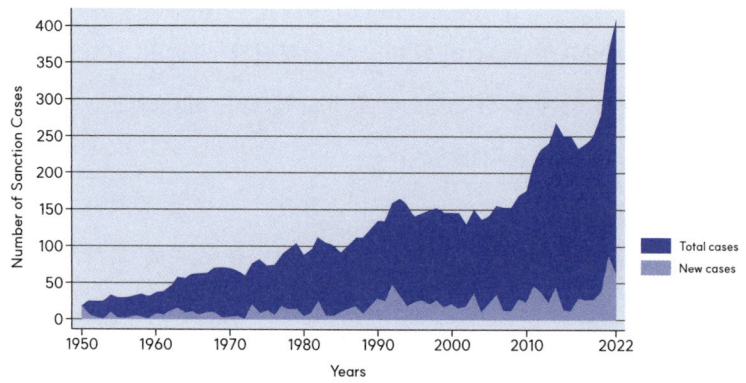

미국 제재 빈도 증가, 1950-2022(출처: Morgan et al, 2023, 5페이지)

이제 1, 2차 대전부터 최근까지 제재에 대한 간략한 역사를 살펴보자.[2]

---

2 Morgan, T. Clifton, Syropoulos, Constantinos, Yotov, Yoto V., 『Economic Sanctions: Evolution, Consequences, and Challenges』, (Journal of Economic Perspectives, Volume 37 pp 3-30, 2023), 『미국의 제재 외교: 피 흘리지 않는 전쟁, 그 위력과 어두운 이면』, (스기타 히로키 지음, 이용빈 옮김, 한울출판사, 2021) 참조

제재의 역사

1. 1차/2차 세계대전 시기의 제재: 국제 제재의 본격화

글로벌 차원의 제재가 본격적으로 활용되기 시작한 것은 제1차 세계대전 시기부터였다. 이전까지는 국가 간의 제재가 양자 간 또는 제한된 지역 내에서 이루어졌다면, 1차 대전은 다자간 국제 분쟁에서 제재가 전략적으로 활용된 첫 사례로 평가된다.

1차 세계대전 발발 후 영국은 독일의 전쟁 수행 능력을 약화시키기 위해 독일과의 모든 무역을 금지하였다. 특히 독일과 거래 중이던 제3국의 기업들에게도 거래 중단을 사실상 강제하였다. 이때 영국은 제3국 기업에 직접 제재를 부과한 것이 아니라, 자국 기업들에게 독일과 거래하는 제3국 기업과의 거래를 금지함으로써 간접적인 압박을 가하는 방식을 택했다. 이는 오늘날 미국이 광범위하게 활용하고 있는 '국외 적용Extraterritorial application' 또는 '2차 제재Secondary sanctions'의 원형이라고 볼 수 있다. 그러나 아이러니하게도 당시 미국은 중립국의 입장을 고수하며 이러한 영국의 조치에 반대했다. 명분상으로는 주권국가 간의 자유무역과 주권 침해에 대한 원칙적 반대였지만, 실질적인 이유는 미국 기업들이 이러한 조치로 인해 손해를 입게 되었기 때문이었다. 오늘날 미국이 2차 제재의 주요 실행국이라는 점에서 보면, 시대의 변화가 극명하게 드러나는 부분이다. 그러나 미국은 이후 전황의 변화에 따라 적성국교역법Trading with the Enemy Act, TWEA을 제정하고 1차 대전에 참전하면서, 영국과 함께 독일과의 무역을 단절하고, 제3국 기업에 대해서도 간접적으로 제재를 부과하는 정책에 동참하게 되었다. 이러한 정책은 독일의 대외무역에 상당한 타격을 입히는 데 성공하였다.

1차 대전 이후 경제제재는 국제정치의 주요 도구로 자리잡기 시작했다. 대표적인 사례는 이탈리아의 에티오피아 침공(1935)에 대한 국제연맹League of Nations의 제재다. 그러나 이 제재는 실질적 효과를 발휘하지 못했다. 당시 국제연맹은 회원국에 대한 강제력이 부족했고, 영국과 프랑스는 독일의 팽창주의에 대응할 전략적 견제로 이탈리아와의 관계를 유지하고자 제재에 소극적이었기 때문이다.

또 다른 사례는 일본의 동아시아 팽창에 대응한 미국의 대일 무역 제재였다. 미국은 군수 물자 및 석유 수출을 제한하며 일본의 군사적 확장을 억제하고자 하였다. 그러나 이러한 제재는 오히려 일본이 1941년 진주만을 공격하는 결정적 동기를 제공했다는 해석도 있다. 이와 같이, 제재가 본래의 목적을 달성하지 못하고 오히려 갈등을 격화시키는 경우가 종종 발생되었다.

이러한 결과는 정부 정책의 비효율성과 예기치 못한 파급 효과에 대한 이론적 분석과도 연결된다. Wolf(1979)[3]는 정부 정책 실패의 원인을 "목적함수가 상이한 이해관계자들의 개입"과 "단기적 정치 평가에 노출된 의사결정자들"로 지적하며, 이로 인해 '파생적 외부성Derivative externality(시장 실패를 바로잡기 위한 정부의 개입으로 나타나는, 의도하지 않은 효과나 부작용)'이 발생한다고 보았다. 이는 제재가 전쟁을 막기 위한 수단으로 사용되었음에도 오히려 전쟁을 유발하는 결과를 초래한 역

---

3 Wolf Jr, Charles, 『A Theory of Nonmarket Failure: Framework for Implementation Analysis』, (Journal of Law and Economics 22 (1): 107 – 139, 1979)

사적 사례에 그대로 적용될 수 있는 개념이다.

2차 세계대전 발발 이후 미국은 자국의 경제력을 바탕으로 더욱 광범위하고 체계적인 제재를 실행하였다. 독일, 이탈리아, 일본을 대상으로 전면적인 금수 조치와 해상 봉쇄를 실시하였으며, 전략 물자의 적성국 수출을 제한하는 간접적 제재 조치를 제3국 기업에게도 적용하였다. 이러한 조치는 적국의 군수 자원 확보를 방해함으로써 전쟁의 장기화 방지에 기여했다는 평가가 있는 반면, 특히 일본의 경우 석유 제재가 동남아시아 침공 및 태평양 전쟁으로의 확전을 초래했다는 비판도 제기된다.

이처럼 1·2차 세계대전은 경제제재가 국제 분쟁의 핵심 수단으로 부상하게 된 결정적 전환점이었으며, 제재의 형태와 전략도 이 시기를 거치며 급격히 진화하였다.

2. 냉전기~탈냉전기의 제재: 권력 정치와 인권 담론의 이중 구조

초기 냉전기(1950~1975): 패권의 도구로서의 경제제재

제2차 세계대전이 종식되면서 국제사회는 평화와 복구를 기대했으나, 곧바로 자본주의와 공산주의 간의 이념 대립이라는 새로운 형태의 국제 질서, 곧 냉전이 도래하였다. 이는 전면전을 수반하지 않으면서도 상대방에 실질적 피해를 가할 수 있는 수단으로 경제제재가 지속적으로 활용되는 배경이 되었다.

이 시기 경제제재에 대한 이론적 기초는 Albert O. Hirschman이 1945년에 출간한 『National Power and the Structure of International

Trade』에서 명확히 제시되었다. 그는 무역이 상호 이익을 창출하는 동시에, 무역으로 인한 교역 관계에서의 비대칭성asymmetry이 외교적 지렛대로 작동할 수 있다고 분석하였다. 즉, 상대국이 무역에 더 의존할수록, 덜 의존하는 국가는 제한적 무역 정책을 통해 상대국에 압박을 가할 수 있다는 것이다.

제2차 세계대전의 주요 전장이 유럽과 아시아였던 데 반해, 미국은 비교적 적은 경제적 피해를 입었으며, 전후 세계무역 질서에서 절대적인 비중을 차지하게 되었다. 이로 인해 전체 글로벌 제재 중 3분의 1 이상이 미국에 의해 시행되었고, 그 대부분은 무역제재 형태를 띠었다.

냉전기 미국의 제재 대상은 주로 소련과 동유럽 위성국가, 그리고 지리적으로 인접한 쿠바 등이었다. 이들은 모두 미국이 궁극적으로 정권 전복regime change을 염두에 둔 대상들이었다. 또한, 중국에 대해서는 국제경제 체제 편입을 봉쇄하는 경제적 고립정책이 지속되었다.

이 시기 가장 주목할 만한 제재체제는 CoComCoordinating Committee for Multilateral Export Controls이었다. 이는 미국과 서방 동맹국들이 공산권에 대한 전략물자 수출을 통제하기 위해 구성한 다자 제재 체제로, 오늘날 미국의 대중 제재에서 나타나는 기술·전략물자 수출 통제 정책의 전신으로 볼 수 있다. 그러나 유럽국가들은 경제적 이유로 소련과의 무역을 유지하려 했고, 이에 따라 미국과 유럽 간 정책 이견이 자주 표출되었다.

냉전 후반기(1975~1990): 인권과 테러 대응의 명분화

1970년대 이후, 미국의 글로벌 패권은 점차 약화되기 시작했다. 이는 서유럽과 일본의 경제 회복, 닉슨 대통령의 금본위제 폐지와 달러-금 연동 종료, OPEC의 석유 수출 제한과 유가 폭등, 그리고 베트남 전쟁의 후유증 등 복합적인 요인들이 맞물린 결과였다.

이 시기는 또한, 서구 제국에서 독립한 신생 국가들과 민주주의 체제를 막 도입하던 신흥국들 가운데 군부가 집권하거나 독재 정권이 등장하는 사례가 늘어나며, 인권 탄압과 정치적 박해가 심화된 시기이기도 했다. 동시에, 게릴라 활동과 테러리즘이 전 세계적으로 확산되면서, 이러한 변화에 대응하기 위해 제재의 성격 역시 점차 변화하기 시작했다.

우선, 미국은 여전히 제재의 주요 실행국 역할을 유지했지만, 유럽과의 공조 사례가 점차 늘어나기 시작했다. 또한 제재의 명분 역시 기존의 정권 전복에서 인권 보호와 민주주의 증진으로 점차 전환되었다. 냉전 후반에는 특히 테러 활동 억제를 목적으로 한 제재가 급격히 증가하였으며, 이에 따라 무역 조치보다는 금융 제재나 무기 거래 제한과 같은 수단이 더 많이 활용되었다. 이는 테러조직이나 비국가 행위자Non-state actors에 대응하기 위한 제재 수단이 점차 정교화되고 있음을 보여준다.

한편, 같은 시기 미국 내에서는 베트남전 참전의 후유증과 맞물려 정부 정책의 투명성과 윤리성에 대한 요구가 높아졌다. 이러한 사회적 분위기를 반영하여, 1977년에는 '국제긴급경제권한법IEEPA'이 제정되었다. 이 법은 기존의 '적성국교역법TWEA'이 지닌 한계를 보완하기 위해 마련되었으나, 앞서 살펴본 바와 같이 제재를 억제하기보다는 오히려 이를 보다 체계적이고 제도적으로 실행할 수 있는 기반을 마련하는 데 그쳤다는 평가를 받고 있다.

포스트 냉전기(1990~2000): 국제질서 재편과 제재의 다자화

1991년 소련의 해체와 함께 냉전이 종식되자, 국제사회는 민주주의와 자유시장 체제를 중심으로 한 새로운 국제질서 New World Order가 형성될 것으로 기대하였다. 이러한 분위기 속에서 제재의 목적과 수단에도 중요한 변화가 나타났다.

우선, 미국 주도의 제재가 UN 등 다자기구의 틀 안에서 공동 대응으로 확장되었으며, 인권과 민주주의 증진, 평화 유지라는 명분이 제재의 전면에 부각되기 시작하였다. 또한, GATT 체제를 대체한 WTO 체제가 출범하면서 자유무역이 국제사회의 기본 질서로 강화되었고, 이에 따라 무역제재의 명분이 점차 약화되었다.

대신, 금융 제재와 특정 인물 targeted sanctions을 중심으로 한 보다 정밀하고 제한적인 제재가 증가하였다. 특히 권위주의 국가의 엘리트 계층이나 테러 조직에 대한 금융망 차단 조치가 주요 수단으로 부상하였다. 이러한 변화는 제재의 목표가 국가 전체보다는 특정 집단이나 개인으로 이동하고 있음을 보여준다.

한편, 중국에 대해서도 미국은 점차 포용정책으로 선회하여, 2001년 WTO 가입을 허용하는 등 글로벌 시장으로의 편입을 용인하게 된다. 이는 이후 미·중 관계에 결정적 전환점을 제공하였다.

3. 9·11 테러 이후 현재: 테러 대응에서 전략적 경쟁으로의 제재 전환

2001년 9월 11일, 알카에다에 의한 미국 본토 테러가 발생하면서 제재 건수는 기하급수적으로 증가하였다. 제재의 목적 또한 민주주의 및 인권 증진보다는 테러 방지에 무게가 실리기 시작했으며, 공식적인 제재 사유로 '민주주의 신장Democratization'보다 '국익 보호Nationalism' 라는 표현이 더욱 자주 사용되었다. 테러 조직에 대한 제재는 국가를 상대로 하는 제재보다 타겟팅이 어려웠기 때문에, 개별 거래에 대한 감시가 용이한 금융기관을 활용한 금융 제재가 크게 강화되었다. 금융기관 자체가 제재 준수의 핵심 역할을 맡게 되었고, 고객의 거래 목적을 스스로 파악해야 하는 의무가 부과되었으며, 외국 금융기관 역시 미국 달러화 및 달러 결제 시스템을 사용하는 한, 동일한 의무를 부담하게 되었다. 이와 함께 제3국의 기업 등에 대한 2차 제재Secondary sanctions의 실제 집행 사례도 점차 증가하였다.

2010년대 이후로는 지적재산권 탈취와 기술 도용 등 중국의 '반칙적' 성장 전략과 군사력 증강에 대응하기 위해, 미국은 중국에 대해 고율 관세 부과, 핵심 기술의 수출 통제 등 다양한 무역 규제를 다시금 본격화하였다. 심지어, 중국이 WTO 체제를 악용하고 있다고 판단하여, 미국은 WTO 항소기구 판사의 임명에 비협조하는 등 자국의 이익을 방어하기 위해 스스로 설계하거나 지지했던 국제 규범조차 필요에 따라 외면하는 경향을 보이기 시작했다. 이러한 변화의 배경에는 세계화로 인한 혜택보다는 실업과 구조조정 등 피해를 경험한 미국 내 대중의 반(反)세계화 정서와, 이를 지지하는 정치 세력의 부상이 자리 잡고 있다.

최근에는 러시아의 우크라이나 침공을 계기로 러시아와 중국 간의 협력이 심화되고, 이란과 북한이 이에 편승하면서 반미 성향 국가들의 연대가 공고해지고 있다. 과거와 달리 중국 등의 경제력 향상으로 인해 이들 국가 간의 연대가 미국의 제재 실효성을 약화시키고 있다는 의문도 제기되고 있다. 이에 대응하여 중국은 자국의 제재 정책을 제도화하며 미국 제재에 대응하려는 움직임을 보이고 있다(중국의 제재 정책 변화는 6장에서 상세히 설명할 예정이다).

반면, 미국은 첨단 산업 분야에서 중국에 대한 우위를 지키기 위해 제재에 더욱 의존하고 있으며, 동맹국들에게도 제재 참여를 강하게 요구하고 있는 실정이다. 그러나 과거와 달리, 동맹국들 역시 중국과의 경제적 연계가 심화된 상태이기 때문에 미국의 요청에 적극적으로 동참하기 어려운 현실에 직면해 있다. 특히 트럼프 2기 정부에서는 동맹국이라 하더라도 미국에 대한 무역흑자가 크면 고율 관세를 부과하는 등 동맹과의 갈등도 심화되고 있다. 이에 따라, 미국이 동맹국과의 공조를 통해 중국을 견제하려는 전략이 지속 가능할지에 대한 회의론도 고조되고 있다. 이는 냉전 시기의 공산권과 자유진영 간 대결 구도보다 훨씬 복잡한 과제를 미국과 그 동맹국들에게 던지고 있으며, 제재의 역사에 있어 또 다른 전환점에 접어들었음을 의미한다.

지금까지 미국을 중심으로 제재의 간략한 역사에 대해 살펴보았다. 이제 우리는 앞서 살펴본 역사적 배경을 바탕으로, 제재가 실제로 어떤 방식으로 글로벌 경제에 영향을 미치고 있는지를 살펴볼 필요가 있다. 특히 이 책에서는 제재의 실행국이나 대상국이 아닌 제3국이 어떻게 영향을 받는지를 분석함으로써 제재의 글로벌 파급 효과를 보다 생생하게 전달하고자 한다. 이를 위해 제3국 중에서도 대외무역 의존도가 높고, 미국과 중국 양측과 모두 활발한 교역 관계를 맺고 있는 한국의 사례를 중심으로 제재의 영향을 구체적으로 살펴보려 한다.

1 이 장에서는 한국이 제재 실행국도 아니고 제재 대상국도 아닌, 제3국의 입장에 있는 상황을 전제로 논의를 전개한다. 예컨대, 미국의 한국에 대한 관세 부과와 같이 한국이 명시적으로 제재 대상이 되는 경우는, 그 자체로 한국 국익에 불리하게 작용하는 것이 명백하므로 이 장에서는 다루지 않았다. 다만, 이 장에서 제시하는 국익의 하위 개념별 분석 방법론은 향후 한국이 제재 대상국이 되는 경우에도 적용 가능하며, 국익에 미치는 부정적 영향 요인을 더욱 정밀하게 분석하는 데 유용한 틀을 제공할 수 있다.

2 U.S. Department of Commerce, 『US Space Industry 'Deep Dive' Assessment: Impact of the US. Export Controls on the Space Industrial Base』, (pp. 35-36, February 2014) https://www.bis.doc.gov/index.php/documents/technology-evaluation/898-space-export-control-report/file

3장

미국 제재가
한국에 미치는 영향

– 한국이 제재 대상국이 아닌 제3국이라는 전제 하에[1]

"우주산업 관련 물품에 대한 국제무기거래(ITAR) 규제가 미국 기업들은 경쟁하지 못하게 만든 반면, 경쟁력 있는 제품을 생산하는 미국 이외 기업들의 글로벌 네트워크를 성공적으로 창출시켰다. ... (중략) ... 만약 ITAR 규제가 존재하지 않았고 이처럼 제한적이지 않았다면, 유럽의 우주 산업이 이처럼 빠르게 의미 있는 수준으로 성장하기는 어려웠을 것이다."
ITAR(International Traffic in Arms Regulation) regulation of our space products has been very successful in creating a global network of companies making competing products while ensuring U.S. companies cannot compete. ... (중략) ... had ITAR not been in place and so restrictive, it is unlikely that the European space industry would have grown so significantly, so quickly.

— 미국 상무부 보고서[2] 「우주산업에 대한 수출 통제의 영향」, (2014)

3

미국 제재가
한국에 미치는 영향

국익 National Interest의 의미와 우선순위의 변화

제재는 본질적으로 제재를 실행하는 국가와 제재의 대상이 되는 국가의 정치·경제적 이해관계에 직접적인 영향을 미친다. 그러나 오늘날처럼 글로벌 공급망과 국제 금융 체계가 복잡하게 얽힌 국제 경제 구조에서는 제재 실행국이나 대상국이 아닌 제3국 또한 직·간접적으로 그 영향을 받을 가능성이 적지 않다.

더구나 미국의 많은 제재는 그 효과를 극대화하기 위해 제3국에게도 제재 동참을 요구하고 있다. 이는 국제법의 원칙이나 자유무역 규범과 충돌할 여지가 있음에도 불구하고, 미국의 시장 규모, 달러 기반 국제금융 시스템에 대한 접근성, 그리고 미국의 군사적 영향력 등을 감안하여 다수의 제3국 정부와 기업들이 이러한 요구를 수용하는 경우가 많다.

제재가 제3국에 미치는 영향을 분석할 때, 그 '영향'이라는 것이 구체적으로 무엇을 의미하는지를 보다 세부적이고 구조화된 하위 개념으로 나누어 살펴보는 것이 체계적인 분석을 위해 필요하다. 또한 명시적으로 제재 대상이 된 산업 외에도, 공식적으로 언급되지 않은 분야에 제재가 파급하는 간접적 영향을 분석하는 것도 중요하다. 그러나 실제로 제재가 발표되면 많은 언론은 주로 명시적 대상 산업에 미치는 영향에 집중하여 보도하는 경향이 있으며, 특히 해당 산업이 제재 대상국에서 경제적으로 중요한 위치를 차지하는 경우 이러한 보도는 더욱 두드러진다.

하지만 한 국가의 국익이라는 것은 특정 산업에 국한된 것이 아니라, 다양한 분야에 걸친 복합적 요소로 구성된다. 따라서 제재 대상 산업 이외의 산업에 미치는 영향, 산업계 이익 외의 소비자 이익, 그리고 국가안보 등 비경제적 요소에 대한 영향까지 포함하여 국익 전반에 대한 종합적 분석이 필요하다. 이는 국가 차원의 대응 전략 수립에 있어 기본적이면서도 핵심적인 첫걸음이 되어야 한다.

실제로 일부 산업이 피해를 보더라도 국가 전체의 국익 차원에서 긍정적인 효과가 더 크다면, 해당 산업에는 별도의 보완책을 마련하되, 제재 정책 자체는 지지해야 하는 상황이 발생할 수도 있다. 미국처럼 제재를 실행하는 국가도 자국 산업계의 반발이나 손실에도 불구하고, 국가안보 또는 외교적 헤게모니 유지 등 국가적 차원의 전략적 목표를 고려하여 제재를 결정하는 경우가 대부분이다.

제3국이 미국의 제재에 대응하는 전략을 구상하고 이를 바탕으로 협상에 임할 때, 특정 산업의 손익에만 매몰되는 것은 전체 그림을 놓치는 것과 같다. 이는 마치 다양한 전략 카드를 보유하고 있음에도 하나의 카드만을 이용해 협상 게임에 임하는 것과 다를 바 없다.

이에 따라 제재가 국가의 국익에 미치는 영향을 체계적으로 분석하기 위해서는, 먼저 '국익'이라는 개념을 어떻게 정의하고 구조화할 것인가에 대한 정리가 선행되어야 한다.

국익National interest은 국제정치학과 외교학에서 자주 언급되는 개념으로, 학술적으로도 어느 정도 연구가 진행되어 왔다. 그러나 국익을 체계적으로 분류하거나 이러한 분류를 실증적으로 검증한 연구는 상대적으로 많지 않은 편이다. 그럼에도 불구하고 국익이라는 다소 추상적인 개념을 분석의 틀로 활용하기 위해서는 보다 세분화된 구성 요소로의 구조화가 필수적이라 판단된다.

기존 연구들을 종합하면, 국익은 대체로 다음 세 가지 하위 개념으로 분류된다.[3]

- 국가안보 확보 National Security
- 경제적 이익 증진 Economic Welfare
- 공동체 유지 Community Interest

흥미로운 점은 이 세 가지 요소 간 우선순위 설정 방식에 따라 학파가 나뉘어진다는 점이다.

- 현실주의Realist 학파는 국토 보전이나 국민의 안전을 국가 존재의 핵심 가치로 간주하며, 국가안보를 최우선 국익으로 본다.
- 반면, 자유주의Liberal 학파는 국민 개개인의 경제적 복지 향상이 국가 전체의 이익이라고 보고, 경제적 이익을 국익의 중심축으로 본다.

---

3 『Understanding the Structures and Contents of National Interests: An Analysis of Structural Equation Modeling』, (The Korean Journal of International Studies Vol.15, No.3 pp. 391-420, Charles Chonghan Wu, 2017)

이러한 학파 간 견해 차이는 구체적인 정책에서도 뚜렷하게 드러난다.[4] 현실주의 계열은 국제 질서를 힘의 논리에 따라 작동하는 약육강식의 구조로 이해하며, 군사력과 억지력 중심의 평화 유지 전략을 강조한다. 반면, 자유주의 계열은 자유로운 무역과 경제 교류를 통해 각국의 상호 보완적인 이익을 증대시킬 수 있다고 보며, 호혜적 교역과 교류에 기반한 경제적 번영을 추구한다.

냉전기(1990년 이전)에는 현실주의의 시각이 국제정치와 외교정책에 더 큰 영향력을 행사해 왔지만, 냉전 종식 이후에는 자유주의의 영향력이 확대되었다. 특히 자유주의 학파는 경제 교류 활성화가 각국 내부에 관련 이익집단의 형성/강화를 촉진하고, 이는 경제 교류 중단 등을 일으킬 수 있는 국가 간 충돌로 인한 기회비용을 증가시켜 결국 평화를 촉진한다는 가설을 지지해 왔다. 이 가설은 1990년대 이후 학계에서도 점차 정설로 자리잡았고, 경제적 관점 중심의 외교정책은 경제는 물론 안보 전략에도 중심축으로 자리잡게 되었다.

이러한 흐름의 대표적인 사례는 WTO 체제를 통한 글로벌 자유무역 질서 구축, 그리고 중국의 WTO 가입에 대한 미국의 적극적인 지지 정책이다. 1990년대 미국 정부와 의회의 공식 보고서에서도 '중국의 개혁개방 유도 및 WTO 가입 추진'이 미국 외교정책의 최우선 국익 과제로 명시되어 있었다.

아이러니하게도, 당시 클린턴 정부의 이같은 정책은 중국이 세계시장에 빠르게 접근하고 성장하는 토대를 마련해 주었고, 그 결과 오늘날 중국이 미국과의 패권 경쟁에 나설 수 있는 기반을 제공한 셈이 되

---

4 『ECONOMIC SANCTIONS: THEORY, POLICY, MECHANISMS』, (Baltic Journal of Economic Studies 69 Vol. 6, No. 2, A Filipenko, O Bazhenova, R Stakanov, 2020)

었다. 그러나 이러한 중국의 급속한 성장은 미국으로 하여금 자유무역을 통한 경제 번영과 안보 위협 감소라는 전략에 대해 재검토할 필요가 있다는 인식을 확산시키게 만들었다. 이러한 흐름은 트럼프 행정부는 물론, 바이든 前 행정부에서도 공통적으로 나타났으며, 이들은 이른바 '워싱턴 컨센서스'에 기반한 세계화 정책에 대한 수정을 시도하게 된다.

바이든 前 행정부 당시 국가안보보좌관이었던 제이크 설리번Jake Sullivan의 2023년 4월 브루킹스연구소 강연은 이러한 시도의 배경을 잘 설명하고 있다. 그는, 워싱턴 컨센서스를 기반으로 한 세계화 정책이 전세계적인 빈곤 탈출, 생산비용 절감, 경제 성장이라는 명백한 성과를 가져온 것은 사실이라고 전제하면서도, 이 정책이 과도하게 단순화된 시장 효율성Oversimplified market efficiency 논리에 기반하고 있다고 비판하였다.

이 같은 정책은 미국의 제조업 공동화, 중산층의 쇠퇴 및 양극화 심화, 전략물자에 대한 해외 의존도 증가를 초래하였고, 나아가 국제 평화 유지라는 측면에서도 중국의 팽창주의나 러시아의 우크라이나 침공을 막지 못했다는 점에서 한계를 드러냈다고 평가하였다.

그의 발언을 보다 현실감 있게 이해하기 위해, 그의 발언 일부 원문[5]을 직접 살펴보는 것도 의미 있을 것이다.

"… much of the international economic policy of the last few decades had relied upon the premise that economic

---

[5] Remarks by National Security Advisor Jake Sullivan on Renewing American Economic Leadership at the Brookings Institution, (The White House, April 27, 2023) https://bidenwhitehouse.archives.gov/briefing-room/speeches-remarks/2023/04/27/remarks-by-national-security-advisor-jake-sullivan-on-renewing-american-economic-leadership-at-the-brookings-institution/

integration would make the nations more responsible and open, and that the global order would be more peaceful and cooperative" "It didn't turn out that way" "economic integration didn't stop China from expanding its military ambitions in the region, or stop Russia from invading its democratic neighbors. Neither country had become more responsible or cooperative" "ignoring economic dependencies that had built up over the decades of liberalization had become really perilous -from energy uncertainty in Europe to supply-chain vulnerabilities in medical equipment, semiconductors and critical minerals that could be exploited for economic or geopolitical leverage."

이러한 제이크 설리번의 연설에서 나타난 바와 같이, 세계화나 개방적 무역 정책이 미국의 전반적인 국익을 실제로 훼손해 왔는지 여부는 엄밀한 분석이 필요한 문제다. 그럼에도 불구하고, 미·중 간 패권 경쟁이 심화됨에 따라 미국의 대외정책은 자유로운 교역과 시장 개방을 중시하던 기조에서, 국가안보 확보 및 이를 위한 국내 산업 육성에 더 큰 비중을 두는 방향으로 빠르게 전환되고 있다는 점은 분명해 보인다.

한편, 국가안보와 경제적 이익이라는 전통적인 국익의 구성 요소 외에도, 공동체 유지Community interest라는 제3의 요소가 점차 중요한 국익 기준으로 인정받고 있다. 얼핏 보기에는 이 개념이 마치 안보와 경제 이익이라는 두 축을 보완하는 보조적 개념이나, 이들에 포함되지 못한 국익들을 포섭하는 잔여remainder 개념처럼 생각될 수도 있다. 하지만 공동체 유지는 사실상 한 국가와 그 국민이 다른 국가에 예속되지 않고 독립적인 주권 체계를 유지해야 할 근본적 이유와 긴밀하게 연관된 핵심 요소이다.

역사적 사례를 통해 이를 살펴보면 그 중요성이 더 명확해진다. 1774년 보스턴 차 사건 이후, 영국 정부의 무역 통제 및 세금 부과에 반발하여 북미 대륙 식민지의 지역 대표들이 필라델피아에 모여 대륙회의Continental Congress를 처음 개최하였다. 이후 1776년 7월 4일, 미국의 독립선언이 발표되기까지, 이들 대표들은 향후 투쟁의 방향을 두고 오랜 시간에 걸쳐 열띤 토론을 이어갔다.

이 논의의 본질은 다음과 같았다. 영국 국민으로서의 지위를 유지하며, 국왕에게 불합리한 정책을 철폐해 달라고 청원할 것인가, 아니면 영국으로부터 완전히 독립하여 새로운 국가를 수립할 것인가를 결정하는 문제였다. 국가안보나 경제적 이익만을 기준으로 판단하였다면, 당시 미국 식민지 주민들은 불합리한 세금만 철폐된다면 굳이 독립할 이유는 없었다고 볼 수도 있다.

실제로 당시 대륙회의에서는 영국 국왕에 대한 충성을 표명하면서, 정책 변경을 요구하는 공식 청원서를 수차례 제출하기도 했다.[6] 안보 측면에서 볼 때, 만약 영국으로부터 독립하게 된다면, 당시 인디언이나 스페인, 프랑스 등으로부터 공격을 받고 있던 미 대륙 정착민들은 영국의 군사적 지원이 사라지게 되어 안보에 큰 공백이 생길 우려가

---

6 영국 국왕 역시 몇몇 예외는 있었지만, 미 대륙 거주민들의 반복된 반발에 따라 조세 정책을 여러 차례 수정한 바 있다. 따라서, 안보나 경제적 측면에서 영국과의 관계를 유지하는 것이 유리함에도 불구하고, 단지 영국 국왕이 세금 정책을 철회할 가능성이 없다는 이유만으로 독립을 선택했다는 주장은 설득력이 떨어진다.

있었다. 이는 곧 자신들의 생명과 재산이 위협받을 수 있다는 현실적인 리스크로 작용했다. 경제적 측면에서도, 세계 최강대국이었던 영국과의 교역이 단절되는 것은 막대한 손실을 의미했다. 실제로 영국은 보스턴 등 자신들에게 반기를 든 지역에 대해 무역 중단 등의 제재를 가했고, 만약 식민지 전체가 독립을 선언할 경우 미 대륙이 영국과의 교역 제재 대상이 될 가능성이 매우 컸다.

그럼에도 불구하고, 토머스 페인Thomas Paine이 저술하여 미 대륙 전역에 큰 반향을 불러일으킨 저서 『상식Common Sense』에서 지적하듯, 국왕과 귀족 중심의 권위주의 체제에 대한 복종, 대표성 결여 및 불투명한 의사결정 구조를 특징으로 하는 영국의 체제는, 미 대륙 주민들이 새롭게 정착한 대륙에서 추구하던 민주주의, 개인의 자유, 행복(재산)의 추구라는 가치와 양립하기 어려운 구조였다. 이러한 이유로 영국으로부터의 독립은 당시 아메리카 대륙의 정착민들에게 있어 상식이자, 공동체의 핵심 가치로 받아들여졌다.

이러한 원칙은 미국의 건국의 아버지들Founding Fathers에 의해 미국 건국 이념의 핵심이자 헌법의 기초로 자리 잡았으며, 결국 1776년 미국의 독립선언서 발표로 이어지게 되었다. 이와 같은 미국 헌법의 정신에 따라, 미국의 외교정책에서도 이러한 공동체 가치와 원칙의 전파는 지속적으로 중대한 과제로 인식되어 왔으며, 외교정책의 우선순위 상단에 위치해 왔다.[7]

---

[7] 이러한 '가치 중심'의 미국 외교정책에 대해 일부 국가는 주권을 침해하는 선민의식적 접근이라고 비판하기도 한다. 그러나 역설적이게도, 이러한 반발조차도 해당 국가들이 자국의 공동체 유지라는 국익을 지키기 위한 노력으로 해석할 수 있다. 즉, 이는 공동체 가치가 각국에서 얼마나 중요한 외교적/국익적 고려사항인지를 보여주는 사례로 볼 수 있다.

따라서 한 국가가 중시하는 가치 준수, 정체성Identity 유지, 구성원 간 연대 강화 등을 포괄하는 '공동체 유지' 목표는 결국 "왜 우리는 하나의 국가로 존재해야 하며, 타국과 구분되는 정체성을 가져야 하는가"라는 국가의 존재 이유와 밀접하게 연결되는 개념이다. 이처럼 국가 정체성은 국익 논의에서 결코 배제될 수 없는 핵심 요소로 인식되고 있다.

실제로 미국은 2023년, 중국과의 갈등 심화에 대응하여 가치 공유를 기반으로 하는 민주주의 국가 연대를 구축하였다. 이는 '공동체의 가치를 공유하는 국가들끼리 연대하자'는 접근으로, 공동체 가치의 중요성을 중시하는 외교 기조에서는 오히려 당연한 정책 방향으로 해석될 수 있다. 물론 일각에서는, 이러한 '가치' 담론이 실제로는 안보 및 경제적 패권 유지라는 전략적 목표를 위한 외피에 불과한 것 아니냐는 비판도 제기된다. 그러나 공동체 가치를 중시하는 시각에서는 이러한 가치는 단지 추상적인 이념이 아니라, 자신은 물론 후손의 삶에도 실질적인 영향을 미치는 핵심 생활 철학이다. 미국 서민들main street 입장에서, 자유무역을 통한 경제 효율성 제고나 부의 축적은 미국의 전통이기보다는, 월가wall street와 다국적 기업 엘리트들이 자신들의 이익을 위해 확산시킨 담론으로 인식되며, 이는 과잉 경쟁, 빈부 격차 확대, 지역간 불평등 심화 등 반(反)공동체적 결과로 이어진 것으로 받아들여지고 있다.

이제 세계화와 중국의 부상이 어떻게 미국민들에게 공동체 가치의 붕괴로 인식되는지 한 가지 예를 통해 살펴보자.

가령, 중국과의 갈등 이유 중 하나가 중국이 인권을 탄압하고, 개인의 자유를 억압하며, 노동권을 경시하는 권위주의적 국가라는 점에 있다는 전제를 해보자. 이런 '가치의 침해'가 미국의 대중에게 어떤 의미로 다가오는가? 인권이나 자유를 탄압하는 국가와도 자유무역을 허용하는 구조에서는, 저임금·저인권 환경을 활용한 생산비 절감 효과로 해당 국가들이 더 많은 이익을 얻게 되고, 이로 인해 값싼 상품이 대량으로 미국에 유입되며 미국 내 노동자들의 권익은 침해되고, 중산층은 쇠락하게 된다. 그 결과 미국의 공동체적 기반은 약화되고 붕괴되는 상황이 초래된다는 것이다.

지금까지는 이와 같은 현상에 대해 국제 분업과 비교우위에 기반한 효율적 생산 체계 구축 및 소비자 편익 증대라는 경제적 국익의 관점에서 정당화가 이루어졌지만, 오늘날에는 '공동체 유지'라는 국익 기준에서 이를 수용하기 어려운 수준에 도달했다는 지적이 나오는 것이다. (자유무역에 반감을 가진 미국 서민층의 지지에 힘입어 트럼프 대통령이 재선될 만큼 정치적 영향력을 확보한 것도, 주류 정치·경제계가 이러한 '공동체 국익'의 측면을 간과하고 세계화로 인한 소외계층의 문제를 단순한 낙오자의 불만으로 치부한 데에 상당한 원인이 있다고 볼 수 있다.)

이러한 현실 속에서, 제3국인 한국이 미국과의 협상이나 협의를 진행하면서 오로지 안보나 경제적 이익만을 중심으로 접근한다면, 성공적인 결과를 도출하기 어렵고, 설사 합의에 도달한다 하더라도 협상의 지속 가능성이 낮아지는 결과를 초래할 수 있다. (물론, 여기서 미국의 공동체 가치를 무조건 수용해야 한다거나, 경제적 이익보다 공동체 가치를 우선하는 미국의 정책이 합리적이라는 의미는 아니다. 다만, 상대방이 우선순위로 두는 가치와 제약 요인을 정확히 파악한 상태에서 협상 전략을 수립해야 함을 의미한다.)

지금까지 국익을 세 가지 하위 개념 — 안보, 경제적 이익, 공동체 가치 — 으로 나누어 살펴보았다. 이제 다음으로는, 미국이 특정 국가를 제재할 경우, 제3국인 한국의 국익에 이 제재가 어떤 영향을 미치는지를 앞서 정리한 세 가지 국익 요소의 관점에서 구체적으로 분석해 보고자 한다.[8]

미국의 제재와 한국의 국익

1. 국가안보 National Security 확보 차원에서의 영향

미국의 제재 대상국은 대부분 미국의 국가안보에 위협이 된다고 판단되는 국가들이다. 미국은 한국과 안보동맹을 맺고 있을 정도로 안보 분야에서 긴밀하게 연결되어 있으므로, 미국의 안보에 대한 위협은 종종 한국에도 직간접적인 위협으로 작용하는 경우가 많다. 대표적인 사례로는 북한에 대한 미국의 제재가 있다. 이러한 경우에는 제재를 통해 제재 대상국의 위협 행위가 억제된다면, 한국의 국가안보에도 긍정적인 영향을 줄 수 있다.

---

[8] 제재 대상 국가, 제재 유형, 제재 당시 한국의 상황 등 여러 조건에 따라 국익에 미치는 영향은 달라질 수 있다. 따라서 미국의 특정 제재가 한국의 국익에 미치는 영향을 일반론적으로 서술하는 것만으로는 엄밀한 분석을 도출하기 어렵다. 그럼에도 불구하고, 주제의 중요성을 고려하여 본문에서는 일반적인 상황을 가정하고 저자의 판단에 따라 분석을 시도하고자 한다. 한편, 이러한 분석에 앞서 사회과학의 여타 기준들과 마찬가지로, 국익을 구성하는 세 가지 요소는 명확히 분리되거나 상호 배타적인 개념이 아니라는 점을 인지할 필요가 있다. 실제로 이들은 종종 중첩되거나 상호 영향을 주고받는다. 예를 들어, 경제적 번영은 확고한 국가안보 없이는 달성되기 어렵고, 공동체의 가치 역시 튼튼한 경제적 기반 없이는 지속되기 어렵다. 또한, 공동체의 가치를 무시하는 안보나 경제 시스템은 구성원의 비협조로 인해 장기적으로 유지되기 힘들 수 있다. 이처럼 세 가지 국익 요소는 때때로 중첩되며 상호 보완적 특성을 지니므로, 이를 종합적으로 이해하는 시각이 필요하다.

그러나 미국의 제재는 본질적으로 미국의 안보 및 전략적 이익을 중심으로 결정되기 때문에, 한국의 국가안보에 실질적인 영향을 미치지 않는 경우도 적지 않다. 예를 들어, 미국의 제재 대상인 베네수엘라 정권의 행위가 한국의 안보에 직접적이거나 실질적인 위협이 되는 경우는 흔치 않을 것이다.

이러한 경우, 한국이 미국의 제재에 동참할 경우 오히려 외교적 부담이나 안보상 불이익을 초래할 가능성도 존재한다. 제재 대상국과 특별한 적대 관계가 없었던 한국이 미국의 제재에 참여함으로써 새로운 외교 갈등을 유발할 수 있기 때문이다.

이란에 대한 미국의 제재가 대표적인 사례다. 오바마 행정부 시기, 미국과 이란은 포괄적 공동행동계획JCPOA: Joint Comprehensive Plan of Action을 체결하면서 관계 개선의 기미를 보였다. 그러나 트럼프 행정부가 들어서면서 미국은 일방적으로 포괄적 공동행동계획JCPOA을 탈퇴하고 대이란 제재를 재개하였다.

한국은 당시 이란산 원유를 수입하고 있었는데, 미국 제재에 따라 달러로 거래할 수 없게 되자, 한국 정부는 특수한 금융구조를 설계했다. 즉, 이란이 한국에 원유를 수출하면 그 대금은 이란 중앙은행 명의의 원화 계좌(예: 우리은행)에 예치되고, 이후 이란이 한국에서 물품을 수입할 경우 해당 예치금에서 한국 수출업체에 원화로 대금을 지급하는 방식이었다. 그러나 미국이 이란 중앙은행을 제재 대상에 포함시키고, 이란산 원유 수입 자체를 금지함에 따라 이 계좌와의 어떠한 금융 거래도 불가능해졌다. 이에 따라 한국 내 이란 대사관의 운영비조차 지급하기 어려운 상황에 직면하게 되었고, 이란은 한국이 미국의 일방적 제재에 따르고 있다며 강하게 반발하였다.

그 결과, 2021년 1월 이란 혁명수비대는 한국 유조선을 호르무즈 해협에서 나포했고, 이는 사실상 한국과 이란 간 긴장이 고조된 사례로 볼 수 있다.[9]

이와 같은 외교적·경제적 불이익에도 불구하고 한국이 미국의 제재에 동참하는 국가안보상의 이유는 무엇일까?[10]

그 배경에는, 한국이 다른 국가들과는 달리 미국과의 특수한 안보 관계를 맺고 있다는 점이 있다. 미국은 주한미군을 통해 한국의 안보에 핵심적인 역할을 수행하고 있으며, 이는 한반도 안보체제의 근간이 되고 있다.

북한이라는 호전적 국가를 바로 인접 국가로 두고 있음에도 불구하고, 한국이 매년 300억 달러 이상의 외국인 투자를 유치할 수 있는 '안정된 투자처'로 인식되는 데에는 주한미군의 주둔이 결정적인 역할을 한다는 점을 간과할 수 없다.

물론 미국이 한국의 안보를 오로지 한국의 이익을 위해서만 보장하고 있는 것은 아니다. 만약 미국이 단지 동맹국의 국방비를 절감하거나 경제를 보호하려는 목적만으로 한국에 군대를 주둔시킨 것이라면,

---

9 2023년 미국이 이란과의 미국인 인질 석방 협상을 진행하면서, 한국 내에 동결되어 있던 이란 자금은 인도주의적 용도로만 사용한다는 조건 하에 두바이 소재 은행으로 이전되었다. 이로 인해 한국과 이란 간의 동결 자금 문제로 인한 갈등은 일단락된 것으로 보인다. 그러나 이후 이스라엘과 하마스 간의 가자지구 충돌 등 중동 정세의 악화로 인해, 미국은 두바이 은행으로 이전된 자금을 다시 동결하였고, 이에 대해 이란은 강하게 반발하고 있다.

10 앞서 살펴본 바와 같이 미국은 '2차 제재(secondary sanctions)'라는 수단을 통해 제재 대상국과 거래하는 제3국, 민간 기업 또는 금융기관 등에 대해서도 제재를 가함으로써 제재 동참을 압박하는 방식을 자주 사용한다. 이 경우, 한국이 미국의 제재에 동참하지 않을 경우 경제적 불이익을 감수해야 할 수 있다. 하지만 본 논의에서는 경제적 불이익 회피 차원보다는 국가안보적 관점에서 미국의 제재에 동참하는 것이 한국에 어떤 이익 또는 불이익을 가져올 수 있는지를 중심으로 살펴보고자 한다.

미국 의회가 수십 년간 대규모 주한미군 예산을 지속적으로 승인하기는 어려웠을 것이다.

보다 근본적인 이유는, 한국이 중국과 러시아를 견제하기에 유리한 지정학적 요충지에 위치해 있기 때문이다. 미국은 이러한 전략적 입지를 활용하여 동북아시아에 미군 전력을 선제적으로 배치해 두는 데 주한미군의 주둔 목적을 두고 있다고 보아야 한다.

주한미군의 비용 부담에 있어서도, 한국은 방위비 분담금 등을 통해 전체 주둔 비용의 약 50~70% 수준을 부담하고 있다. 또한, 일부 미국 군 관계자 및 동북아 전략 전문가들의 분석에 따르면, 현재의 주한미군 유지비(미국 측 부담분)가, 이를 미국 본토로 철수시켜 '로테이션 체계Rotation system'로 운용할 경우보다 오히려 더 저렴하다는 평가도 존재한다.[11] 즉, 필요시 한국에 단기적으로 미군을 배치하고 복귀시키는 방식은 비용·효율 측면에서 오히려 더 비효율적일 수 있다는 것이다. 이러한 맥락에서 흔히 한국이 중국·러시아·일본·미국 등 강대국 사이에 끼여 있다는 이유로 지정학적 위치를 '불리한 조건'으로 해석하는 경우가 많지만, 사실 이러한 지정학적 특성 덕분에 한국은 경제성장기에 미국 등으로부터 원조, 시장 접근 혜택, 군사적 지원 등을 강하게 받아왔다는 점도 주목할 필요가 있다. 전쟁이나 무력 충돌과 같은 분쟁 상황이 발생하지 않는 한, 지정학적 요충지로서의 한국은 분명 일정한 편익도 누려왔다고 평가할 수 있다. 즉, 한국의 국익과 미국의 국익이 상호 보완적으로 작용하는 상황에서 주한미군 주둔의 지속은 양국 모두에게 이익이 되는 전략적 선택이라 해석할 수 있다.

---

11 《CNN》, "Cheaper to keep troops in South Korea than U.S." (2016년 4월 21일), STRRS AND STRIPES, "Study: Basing soldiers in Europe, South Korea would be cheaper than rotations.", (2017년 6월 28일)

요약하자면, 한국과 미국은 안보 차원에서 상호 이해관계가 긴밀히 얽혀 있는 특수한 상황에 처해 있기 때문에, 한국이 미국의 안보 위협에 공동 대응할 유인을 갖는 것은 사실이다. 그러나 그렇다고 해서 한국이 미국으로부터 일방적인 도움만을 받는 상황은 아니므로, 개별 사안별로 판단하는 신중한 접근이 필요하다. 특히 한미 간 안보 협력은 당대의 안보 환경, 국제 정세, 미국 내 정치·경제 여건 등 복합적인 요소에 따라 달라질 수 있다. 물론 경우에 따라, 미국은 주한미군 주둔을 넘어 북한 핵에 대한 대응 능력 향상 등 추가적인 안보 지원을 한국에 제공할 수 있으며, 이러한 상황에서는 미국의 제재에 대한 한국의 협조가 국가안보 차원에서 더욱 합리적인 선택이 될 수 있다.

정리하자면, (미국이 2차 제재 등을 통해 한국에 제재 동참을 강제하고 있지 않다는 전제 하에서) 미국의 제재에 한국이 국가안보 차원에서 따르는 것이 유리한 경우는 다음 세 가지로 정리될 수 있다.

- 미국의 제재 대상국이 한국의 안보에도 직접적인 위협이 되는 경우
    - 예: 북한에 대한 제재
- 미국의 제재에 동참하지 않을 경우, 미국의 안보상 혜택이 축소될 가능성이 있는 경우
    - 단, 미국이 실제로 안보 지원을 축소할 가능성은 미국 정부의 핵심 의사결정자 성향, 다른 분쟁지역 동향, 미국의 재정 여건, 미국 내 여론 등 복합적인 요소에 따라 판단해야 한다.
- 미국의 제재에 동참함으로써 미국이 한국에 추가적인 안보 혜택을 제공할 가능성이 있는 경우

― 예: 전략자산 전개, 미사일방어 협력 강화 등

단, 이 세 가지 경우 모두에서 중요한 점은, 제재 대상국(예: 이란)이 한국에 가할 수 있는 안보적 위협 및 보복 조치와의 비교를 통해, 한국의 안보에 실질적으로 어떤 순편익이 발생하는지를 분석해야 한다는 점이다.

2. 경제적 이익Economic welfare 증진 차원에서의 영향

일반적으로 대외경제제재가 제재 실행국(예: 미국)의 기업 및 소비자 후생에 미치는 영향을 분석할 때는 다음과 같은 논리에 근거한다.

정적 효율성Static Efficiency의 측면

무역의 비교우위 또는 규모의 경제를 통한 시장 확대 효과에서 비롯되는 정적 효율성이 제재로 인해 저해된다. 예를 들어, 미국이 이란에 제재를 가할 경우, 양국 간 교역이 제한되면서 미국 기업의 이란 수출이 급감하게 된다. 이는 제재 대상 품목이 아닌 경우에도 '평판효과reputational effect' 등으로 인해 분쟁국가와 관련된 물품의 수출입이 전반적으로 위축되는 경향이 있기 때문이다. 일반적으로 수출기업은 고임금을 제공하는 양질의 일자리를 창출하는 것으로 알려져 있으며, 이러한 기업이 제재로 인해 타격을 입을 경우 국내 고용과 산업 경쟁력에도 부정적인 영향을 미칠 수 있다. 또한 제재 대상국으로부터의 수입이 제한될 경우, 관련 품목의 조달 비용이 증가하거나 공급망이 교란되어 생산비용이 상승하고, 이는 궁극적으로 소비자의 후생 감소로 이어진다.

동적 효율성Dynamic Efficiency의 측면

시장 축소나 경쟁 약화는 기업의 투자 감소와 혁신 유인 저하를 초래해 산업 전반의 생산성이 장기적으로 낮아지는 결과를 낳는다. 특히 제재 대상국의 시장 규모가 크거나 기술 수준이 높은 경우, 제재 실행국의 이러한 부작용은 더욱 심화될 수 있다. 시장 접근의 제약은 단순한 현재 손익뿐만 아니라 미래 성장 가능성까지 제한할 수 있다.

경쟁 우위 상실Loss of Competitive Advantage의 측면

제재는 단순히 상품을 판매하는 기회를 차단하는 것뿐만 아니라, 미국 기업이 제재 대상국과의 교역을 통해 누려왔던 다양한 학습 기회를 차단하는 결과를 낳을 수 있다. 이러한 교류의 중단은 미국 기업의 기술적·조직적 경쟁력 약화로 이어질 수 있다. 동시에, 제재로 인해 생긴 시장의 공백을 제3국 기업들이 빠르게 대체할 경우, 미국 기업은 향후 그 시장에 재진입하는 데 더욱 불리한 환경에 처하게 된다. 아울러, 미국의 빈번한 제재는 글로벌 시장에서 '미국산 제품은 언제든 공급이 중단될 수 있다'는 인식을 형성시켜, 제재 대상국뿐만 아니라 일반 국가들로부터도 미국 기업의 '공급 안정성Reliability of supply'에 대한 신뢰를 약화시키는 결과를 초래할 수 있다.

새로운 무역패턴에 적응하는 비용 측면

수출 또는 수입의 급격한 축소는 해당 산업 종사자들의 이직, 해고, 또는 다른 산업으로의 전환 비용을 수반한다. 동시에, 기업들은 기존 교역 상대국(제재 대상국)을 대체할 제3국의 기업을 탐색하고 새로이 협력 구조를 구축하는 데 상당한 시간과 비용을 들여야 한다. 이와 함께 무시할 수 없는 부분이 규제 준수 비용 compliance cost이다. 제재가 확대되면서, 기업이나 금융기관은 이를 준수하기 위해 상당한 인적·물적 자원을 투입해야 한다. 예를 들어, 금융기관은 '고객 확인 Know Your Customer' 원칙에 따라 외환 거래 등에서 모든 거래 주체에 대한 사전 검증을 요구받고 있으며, 이를 위한 전산 시스템 및 인력 구축에 막대한 비용이 소요된다. 일부 경우에는 제재 규제의 복잡성을 이유로, 제재 당국이 제재 관련 전직 관료를 내부 감독 부서에 채용하도록 요구하기도 한다. 특히, 제재 위반 시 부과되는 벌금은 대형 기업이나 글로벌 금융기관의 경우 수천억 원에 이르는 등 천문학적 수준에 달하는 사례가 빈번히 발생하고 있다.

  이러한 네 가지 미시적 효과로 인해 직·간접적으로 영향을 받는 산업 비중 등이 제재 실행국 내에서 클 경우, 거시적으로는 실업 증가, 물가 상승, 성장률 둔화 등의 부정적인 영향이 나타날 수 있다.
  한편, 제재 실행국이 아닌 한국과 같은 제3국도 해당 제재에 동참할 경우, 제재 실행국의 기업이나 소비자와 유사한 경제적 비용을 부담하게 된다. 이처럼 제재 실행국 외의 국가에서도 제재가 준수되면서 나타나는 영향을 '역외 extraterritorial 채널'이라고 한다. 반면, 제3국이 제재에 참여하지 않을 경우, 제재 대상국의 시장에서 제재 실행국의 기업이 배제됨에 따라 제3국 기업에게는 시장 확장의 기회가 주어질 수 있다. 이는 '일반균형 general equilibrium 채널'이라 불린다. 대표적인 사례로는, 러시아의 우크라이나 침공에 대응해 서방 국가들이 러시아를 제재하면서 서방 기업들이 철수한 틈을 타, 중국과 인도 기업 등이 러시아 시장을 대신 잠식한 경우를 들 수 있다.

한국의 경우, 미국이 제재를 실행하면 동맹국이라는 외교적 맥락뿐만 아니라, 달러 결제 제한으로 인한 대금 수급상 어려움 등이 발생하며 자연스럽게 교역이 감소하는 경향이 있다. 따라서 한국은 일반적으로 역외 채널을 통해 영향을 받는 경우가 많다.

다만, 한국 경제에서 특정 산업이 제재 대상국과의 수출 비중이 크고, 미국이 제3국에 일부 예외를 인정하거나 2차 제재를 엄격히 적용하지 않는 경우에는 일반균형 채널을 통해 편익을 얻을 가능성도 존재한다. 예를 들어, 미국이 중국 첨단 산업에 대한 제재의 일환으로 자국 반도체 기업의 대(對) 중국 수출을 통제하면서, 한국 반도체 기업에는 (미국 내 투자 확대 등의 조건을 붙여) 예외를 허용하는 경우가 그러하다. 이는 한국 반도체 기업이 중국 시장에서 점유율을 확대할 수 있는 기회가 될 수 있다. 그러나 이러한 미국 기업의 공백을 한국 기업이 메우는 현상(통상적으로 '백필링Backfilling'이라 불림)에 대해, 미국 의회 등에서는 미국 정부의 보조금을 받는 기업 — 예를 들어 미국 공장 투자로 보조금 대상이 된 한국 반도체 기업 — 이 이런 방식으로 제재 효과를 무력화하는 것을 제한해야 한다는 움직임도 있다. 따라서 미국의 관여를 받는 산업의 경우, 이러한 기회가 지속 가능할지는 불확실하다.

그럼에도 불구하고, 만약 한국이 미국의 제재에 참여하지 않아 중국과 같은 주요 시장과의 교역을 계속 유지할 수 있다면, 해당 기업들은 상당한 편익을 누릴 수 있을 것이다.

한편, 역외Extraterritorial 채널에서는 추가적인 리스크가 존재한다. 앞서 설명한 제재 실행국의 네 가지 피해 경로에서는 간과된 요소가 바로 제재 대상국의 보복 가능성이다. 앞의 분석은 제재 실행국이 자국의 제재 조치로 인해 겪는 피해에만 초점을 맞추었을 뿐, 제재 대상국의 대응 제재로 인한 피해는 포함하지 않았다. 그러나 제재의 역사에서 확인할 수 있듯, 제재 대상국은 많은 경우에 제재 실행국에 대한 보복 제재를 실시해 왔다. 따라서 제재 실행국의 피해를 분석할 때에는 제재 대상국의 대응 제재로 인한 추가적인 영향을 반드시 함께 고려해야 한다.

특히 최근 상황은 과거와는 매우 다르다. 미국의 제재가 주로 북한이나 이란처럼 경제 규모가 작고 국제 거래 비중이 낮은 국가들을 대상으로 했던 1990년대와 달리, 현재는 러시아나 중국 등 경제적 위상이 높고 글로벌 공급망에서 중요한 역할을 차지하는 국가들이 제재의 주요 대상이 되고 있기 때문이다. 이는 미국의 제재에 대한 대응으로서 이들 국가의 보복 제재가 실행국, 나아가 제3국에도 상당한 파급 효과를 미칠 수 있음을 의미한다.

한국과 같은 제3국이 미국의 제재에 동참할 경우, 제재 대상국이 미국뿐만 아니라 한국을 상대로도 대응 제재를 취할 가능성이 있다. 이 경우, 앞서 언급한 네 가지 경로에서 나타나는 피해의 범위와 규모는 더욱 확대될 수 있다. 제재 실행국의 제재와는 직접적인 관련이 없던 산업조차 제재 대상국의 보복 제재로 인해 피해를 입을 수 있으며, 특히 대체 수입처 확보가 어려운 품목이 제재 대상이 될 경우 피해는 장기화될 수 있다. 예를 들어, 중국의 희토류 수출 제한과 같은 보복 조치는 한국 산업에 심각한 영향을 줄 수 있다.

2023년 하반기 국제통화기금IMF은 보고서 ('아시아태평양 지역 경제 전망 보고서')를 통해, 미국과 중국을 중심으로 한 블록 간 상호 교류 축소 또는 블록 외 국가와의 교류까지 감소하는 '블록형 자급경제Blockbased autarky'로 전환될 경우, 양 시장 모두에 높은 수출의존도를 가진 한국의 GDP는 약 10% 감소할 수 있으며, 이는 OECD 회원국 중 가장 높은 감소폭이라고 분석한 바 있다. 따라서 미국의 제재에 동참 여부를 결정할 때에는 단순히 미국의 제재 내용만을 검토해서는 안 된다. 제재 대상국의 보복 가능성과 그 강도, 그리고 한국에 미칠 잠재적 피해까지 종합적으로 고려해야 한다. 또한, 보복 제재가 예상되는 산업에 대한 선제적 대응 전략 마련도 필요하다.

아울러, 제재 동참이나 지지 결정이 불가피하더라도, 한국이 제재 대상국의 직접적인 대응 제재 대상이 되지 않도록 신중한 접근이 요구된다. 제재 동참의 시기와 방식, 범위를 전략적으로 조절하고, 다른 제3국과의 공조 체계를 구축하며, 제재 대상국과의 별도 외교 채널을 통해 조율하는 등의 노력이 병행되어야 할 것이다.

물론 제재를 실행하는 국가나 이에 동조하는 제3국의 경우에도 경제적 측면에서 반드시 비용 증가만 발생하는 것은 아니다. 일부 산업에서는 다음과 같은 방식으로 일정한 경제적 편익이 증대될 가능성도 존재한다. 예를 들어, 제재로 인해 제재 실행국과 제재 대상국 간의 무역이 축소되면, 기존에 제재 대상국으로부터 수입하던 상품의 공급이 줄어들게 된다. 이 경우, 제재 실행국 내 동일 산업의 국내 기업들이 시장 점유율을 확대하는 기회를 얻게 될 수 있다. 단, 이러한 효과는 제재 대상국의 수입 감소분을 제3국 기업으로부터의 수입 증가가 대체하지 않는다는 전제가 필요하다.

그러나 이러한 전제는 제재 외에도 관세 인상 등 보호무역적 조치를 병행하고 있는 미국과 같은 제재 실행국의 정책 방향과 관련된다. 이와 같은 보호무역 조치가 과연 경제적 편익을 실질적으로 증가시키는지는 별도의 평가가 필요하다. 보호받는 산업이 고용과 투자를 확대하여 단기적으로 성장할 수는 있으나, 다음과 같은 부정적 효과가 병존할 수 있기 때문이다.

- 보호산업의 경쟁력 저하로 인한 상품 가격 상승 및 품질 저하. 이에 따른 소비자 편익 감소
- 보호 산업의 제품을 중간재로 사용하는 다른 산업의 생산비 증가로 인한 경쟁력 약화
- 타국의 보복성 보호무역 조치로 인해 제재 실행국의 수출이 축소될 가능성 존재

결과적으로 국내 보호산업의 고용·투자 증가라는 긍정적 효과와 수출 산업의 위축, 소비자 편익 감소, 생산비 증가에 따른 경쟁력 하락이라는 부정적 효과가 상충하게 되며, 순편익이 실질적으로 존재하는지는 복합적 검토가 필요하다.

한편, 해외 투자 측면에서도 제재가 새로운 기회 요인을 제공할 수 있다는 주장도 있다. 예컨대, 중국과 같은 제재 대상국에 생산시설을 보유한 다국적 기업이 중국에서 철수하고 제재 실행국, 예컨대 미국 내로 투자를 확대할 경우, 미국으로서는 해당 산업 내 고용 증가와 국내 투자의 확대 등 긍정적 효과를 기대할 수 있다.

그러나 이러한 투자 재배치는 중국 철수가 곧바로 미국 내 투자로 이어질 것이라는 보장이 없다는 점에서 한계가 있다. 많은 경우, 미국 내 높은 인건비, 공급망 불안, 환경 규제 등으로 인해 기업들은 중국 철수 이후 베트남, 인도 등으로 생산거점을 이전할 가능성이 높다. 이

때, 미국 정부는 기업들이 미국으로 회귀하도록 유도하기 위해 대규모 보조금 정책을 병행해야 하며, 이는 바이든 前 행정부가 추진한 인플레이션감축법^{IRA}이나 반도체지원법$^{CHIPS\ Act}$ 등의 정책에서도 확인할 수 있다.

이러한 보조금 정책 역시 대표적인 보호무역 수단으로, 그 자체의 경제적 순편익 역시 별도의 분석이 필요하다. 보조금을 받은 기업이 미국 내에서 생산을 하게 되면 고용이 증가할 수 있으나, 같은 제품을 베트남이나 인도에서 생산할 때보다 단가가 상승할 경우, 소비자 편익이 감소할 수 있다. 나아가, 기업의 생산비용 상승분을 상쇄하기 위해 정부가 지속적으로 대규모 보조금을 지급할 경우, 이는 재정적자를 유발하고, 궁극적으로는 다음과 같은 부작용을 초래할 수 있다.

- 국민의 세금 부담 증가
- 국채 발행 증가에 따른 금리 상승 및 금융 비용 증가
- 해당 제품을 사용하는 타 산업의 비용 증가 및 경쟁력 저하
- 보조금을 지급받지 못한 산업의 투자 및 고용 감소

또한, 미국이 보조금을 통해 중국을 대체한 공급망을 자국으로 유치하더라도, 이는 베트남·인도 등 제재 대상국(예: 중국)이 아닌 제3국으로부터의 투자를 빼앗는 결과가 될 수 있으며, 이에 따라 이들 국가로부터 무역 보복이나 상응하는 보조금 지급 정책이 발생할 경우, 글로벌 보조금 경쟁의 격화로 인해 미국 정부의 재정 부담은 더욱 커질 수 있다. 또한 이 과정에서 보조금을 받지 않는 산업의 고용이나 투자

가 축소될 가능성 역시 높다.[12]

앞서 살펴본 수입대체용 관세나 보조금 정책 외에도, 제재 실행국과 제재 대상국 간에 글로벌 시장에서 산업 패권을 두고 경쟁하는 산업이 존재할 경우, 제재 실행국이 제재 대상국 기업에 대한 제재를 가하는 것만으로도 해당 기업의 성장을 억제하여 자국 기업의 산업 경쟁력을 반사적으로 향상시키는 효과를 기대할 수 있다.

특히 제재 대상국 기업이 막대한 국가 보조금 지원이나 기술 탈취 등 반칙적 행위를 통해 성장해 온 경우, 이에 대한 제재는 시장 질서 회복과 공정 경쟁 환경 조성이라는 측면에서도 정당화될 수 있다.

그러나 이러한 산업 패권 경쟁형 제재가 실제로 미국 기업의 산업 경쟁력 향상으로 이어지는지는 다소 불확실하다. 앞서 살펴본 바와 같이, 제재 조치는 일반적으로 다음과 같은 비용을 수반한다.

- 정적 효율성 Static efficiency 저하
- 동적 효율성 Dynamic efficiency 저하
- 경쟁 우위 상실 Loss of competitive advantage
- 전환 비용 Transition cost 발생

---

[12] 트럼프 행정부 2기에서는 2025년 초반부터 모든 국가에 대해 일률적인 10%의 보편관세(Universal tariff)를 부과하고, 철강, 자동차 등 품목별로 추가 관세를 부과하는 정책을 시행 중이다. 이는 앞서 언급한 관세를 통한 수입대체 정책의 강화를 시사하는 조치로 이해될 수 있다. 한편, 바이든 행정부는 '인플레이션 감축법(IRA, Inflation Reduction Act)' 등을 통해 보조금 지급을 통한 국내 투자 유도 정책을 추진해 왔다. 두 정책 모두 보호무역주의(Protectionism)에 기반한 정책이라는 점에서는 공통점을 가지지만, 재정적 효과와 경제적 귀착점에서는 차이를 보인다. 즉, 보조금 정책은 정부의 재정지출 확대를 초래하여 재정적자 증가 요인으로 작용하는 반면, 관세 정책은 정부 재정에 직접적인 부담은 주지 않는다. 그러나 관세는 물가 상승을 유발함으로써 소비자의 실질소득을 감소시키는 부작용을 초래할 수 있다. 특히 관세는 소비세와 유사한 성격을 지니며, 역진적 조세 특성을 통해 저소득층의 부담을 상대적으로 증가시켜 소득 불평등을 확대시킬 수 있다는 비판도 제기된다.

이 중 미국의 해당 기업의 경쟁력 부분을 고려하면 제일 큰 것이, 바로 제재 대상국의 시장을 접근할 수 없게 됨에 따른 시장 축소(매출 축소)와 제재 대상국과의 기술 협력 제한, 중국과 같은 제재 대상국이 미국 해당 기업의 생산에 필수적인 중간재 등을 공급하지 않는 등의 보복 조치, 그리고 중국 등의 시장을 제3국의 경쟁 기업이 차지하게 됨에 따른 제3국 기업과의 경쟁에서 뒤쳐지는 효과 등이다.

이러한 점을 감안하면, 단지 제재를 통해 제재 대상국 경쟁 기업의 성장을 억제한다고 해서, 그것이 자동적으로 자국 산업의 경쟁력 향상으로 이어진다고 보기는 어렵다. 물론, 중국 기업과 같이 빠르게 성장하며 미국 기업을 단기적으로 시장에서 밀어내고 있는 상황이라면, 이들의 성장을 일시적으로 억제함으로써 미국 기업에 준비할 시간을 벌어주는 효과는 기대할 수 있을 것이다.

그러나 이러한 제재가 미국 경제 전체의 순편익을 증가시키는지에 대해서는 보다 신중한 평가가 필요하다. 예컨대, 로렌스 서머스Lawrence Summers 前 재무장관 등 민주당 계열의 대표적 경제학자들은, 이러한 제재가 다음과 같은 부작용을 야기할 수 있다고 지적한다.

- 글로벌 경쟁을 저해하여 혁신 유인 및 생산성 저하
- 국제 분업을 통한 효율성 증대 기회의 축소
- 특정 산업 보호를 위한 정책 로비 증가
- 소비자 편익 저하
- 제재 대상국의 보복 조치로 인한 미국 기업 전반의 글로벌 경쟁력 저하

이러한 요소들을 종합할 때, 제재를 통한 산업 경쟁력 향상 전략은 단기적으로는 효과가 있을 수 있으나, 중장기적 관점에서 미국 전체의 경제적 편익 증대로 이어지기는 어렵다는 비판[13]이 제기되고 있다.

이제 한국 사례로 시선을 돌려보자. 한국과 같은 제3국에게도 제재로 인한 경제적 비용 외에 일정 수준의 경제적 편익이 발생할 수 있을까?

먼저, 수입대체 측면에서 살펴보면, 제재 대상국으로부터의 수입이 감소할 경우 한국 내 일부 기업이 그 수입을 대체하여 성장할 수 있는 기회가 생길 수 있다. 그러나 줄어든 수입이 다른 국가로부터의 수입으로 대체될 경우, 한국 기업의 성장이 보장되지는 않는다. 미국은 이러한 상황에서 국내 산업을 보호하기 위해 관세 부과 정책을 병행할 수 있다. 그러나 한국은 미국과 달리 수출의존도가 매우 높은 구조이기 때문에, 유사한 방식으로 비(非)제재국에 대해 관세를 부과할 경우 보복 관세에 따른 피해가 클 수 있으며, 이로 인해 그러한 정책을 실행하기는 현실적으로 쉽지 않다.

다만, 미국이 중국산 제품에 대한 관세 부과를 통해 미국 국내 기업을 보호하기보다는, 동맹국인 한국 등으로부터의 수입을 확대하는 전략으로 전환할 경우, 한국 기업에게는 분명한 기회가 될 수 있다. 마찬가지로, 중국이 미국산 제품 수입을 축소하는 상황에서 한국산 제품 수입을 허용한다면, 이 역시 한국 기업에 유리한 시장 기회로 작용

---

13 특히 주목할 점은 미국 내 제조업이 전체 GDP에서 차지하는 비중이 7% 미만에 불과하다는 것이다. 그 중에서도 반도체나 전기차 산업이 차지하는 비중은 이보다 더욱 낮을 것으로 추정된다. 이러한 산업의 주주나 노동자 보호를 명분으로, 해당 산업을 중간재로 활용하는 여타 산업에 비용 증가를 초래하고, 이로 인해 관련 산업의 고용 감소, 소비자 편익 저하 등이 발생할 경우, 이러한 보호정책이 미국 경제 전체의 순편익을 증가시키는 결과로 이어질 수 있을지는 신중하게 판단할 필요가 있다.

할 수 있다.

 다음으로, 투자 회귀 측면에서는 제재 대상국에 진출해 있던 한국 기업이 철수하여 국내로 투자가 회귀될 경우, 국내 고용과 투자 증진 등의 긍정적 효과를 기대할 수 있다. 그러나 현실적으로 이들 기업이 한국이 아닌 베트남이나 인도 등 제3국으로 재배치되는 경우가 많다. 이러한 기업의 국내 회귀를 유도하기 위해 미국과 유사한 수준의 보조금을 지급할 경우, 대규모 재정 부담이 발생할 수 있다. 게다가 보조금으로 유지되는 산업이 장기적으로 국가 전체 경쟁력과 국민 후생에 얼마나 기여하는지는 산업의 특성과 지속 가능성을 면밀히 평가한 뒤 결정해야 할 사안이다.

 한편, 미국의 대중 제재로 인해 중국에서 철수하는 미국 기업이 한국 투자를 확대할 가능성도 존재한다. 그러나 미국이 자국 내 투자 기업에 대규모 보조금을 지급하는 상황에서, 한국은 동일한 수준의 보조금 제공이 어렵기 때문에, 한국은 자체적인 장점을 바탕으로 미국 기업의 투자를 유치할 수 있도록 전략을 마련해야 한다. 이를 위해 어떤 산업에서 어떤 장점으로 유인할지에 대한 전략적 고민이 필요하다.

 또 다른 가능성으로는, 중국 기업이 미국에 대한 직접투자를 줄이고 우회 경로로 한국을 통해 미국 시장에 접근하려는 시도가 있을 수 있다. 실제로 중국은 미국과 자유무역협정을 체결한 멕시코에 대한 투자를 확대하며, 미국 시장 접근을 유지하려는 전략을 구사하고 있다. 이와 유사한 방식으로 한국을 활용하려는 경우도 예상된다. 물론, 미국이 민감하게 여기는 제재 관련 핵심 산업이라면 신중하게 접근해야겠지만, 그렇지 않은 산업이라면 중국 기업이라는 이유만으로 소극적으로 대응할 필요는 없을 것이다. 기본적으로 어느 나라 기업이든 한국 내에서 자본을 투입하고 고용을 창출하며 국내 규범을 준수한다면, 국익에 부합하는 방향에서 공정하게 대우하는 것이 타당하다.

다만, 트럼프 2기 정부가 멕시코를 통한 중국산 제품의 우회 수출에 대해 관세를 부과하고, 그 대상을 확대하려는 움직임을 보이고 있다는 점에서, 한국이 유사한 경로로 우회 플랫폼으로 활용되는 데에는 한계가 따를 수 있다. 따라서 이러한 전략은 미국과의 추가 협의나 사전 조율이 전제되어야 할 것으로 보인다.

이상의 논의를 종합하면, 한국은 수입대체나 투자 회귀 측면 모두에서, 교역 의존성과 재정 여건의 제약으로 인해 미국처럼 대규모 관세나 보조금 정책을 추진하기 어려운 상황이다. 반면, 미국은 바이든 정부의 보조금 정책, 또는 트럼프 정부의 관세 정책 등을 통해 보다 공격적으로 자국 산업을 보호하고 있다. 이러한 차이는 한국의 입장에서 실질적인 경제적 편익 확대에 제약 요인으로 작용할 수 있다는 것을 함의한다.

다만, 제재산업에서 한국과 중국 기업이 경쟁하는 구조라면 상황은 달라질 수 있다. 만약 중국이 한국 기업에 보복하지 않거나, 미국이 한국 기업의 미국 시장 접근은 물론 중국 시장 수출도 허용한다면, 한국 기업은 미·중 간 상호 제재의 반사이익을 누릴 수 있는 구조가 형성될 수 있다. 그러나, 미국과 중국 모두 이러한 상황을 그대로 용인할 가능성은 높지 않다.

따라서 한국은, 중국에 대한 의존도를 줄이는 미국 기업이 한국에 투자를 늘리거나, 미국이 중국산 제품 수입을 줄이면서 그 대체 수입처로 한국을 선택할 수 있도록 하기 위한 제도적·정책적 기반을 마련하는 것에 정책적 역량을 집중하는 것이 합리적일 것이다. 예컨대,

- 중국과 FTA를 체결하고 있는 점을 활용하여 한국에 투자한 미국 기업이 일정 수준의 중국 시장 접근권을 확보할 수 있도록 중국과 협상하거나,
- 중국산을 대체할 수 있는 한국산 제품에 대해 미국이 관세를 면제하거나 낮춰줄 수 있는 조건을 이끌어내는 협의
- 반도체 및 배터리 산업 허브 조성 등 한국이 산업 및 기술 경쟁력을 확보한 산업에 대한 외국 기업의 투자 등을 유인하기 위한 정책적 노력을 강화하는 방식 등이 바로 그것이다.

아울러, 미국과의 외교적 협력을 통해, 제재에 동참하는 동맹국에 대해 과도한 보조금 경쟁이나 관세 부과를 지양하도록 요청할 필요가 있다. 그렇지 않을 경우, 미국의 제재 정책에 협조하지 않는 국가들이 오히려 경제적 이득을 누리게 되고, 이는 궁극적으로 제재 정책의 연대와 정당성을 약화시키는 결과로 이어질 수 있다.

지금까지 논의된 경제적 국익에 미치는 영향에 대해 종합적으로 정리하면 다음과 같다.

첫째, 제3국이 미국의 제재에 동참하지 않는다면, 소위 일반균형General equilibrium 채널을 통해 제재 대상국의 시장 확대 기회를 누릴 수 있어 경제적 편익이 발생할 수 있다. 그러나 현실적으로 한국은 대부분 미국의 제재에 동참하거나 이를 지지해 왔으며, 미국이 관세나 보조금 정책 등을 통해 제3국의 이익을 자국의 이익으로 전환하고 이를 성공적으로 실행하는 경우, 역외extraterritorial 채널이 적용될 것이다.

둘째, 역외extraterritorial 채널이 제3국인 한국에 적용될 경우, 제재 실

행국인 미국의 기업과 소비자들이 피해를 입는 것과 유사하게, 한국 기업 등도 피해를 볼 수 있다. 특히 제재에 동참하지 않은 다른 제3국이 제재 대상국의 시장을 선점하게 될 경우, 그 피해는 더 커질 수 있다.

예컨대, 한국이 이란산 석유 수입을 중단한 반면 중국 정유업체는 저렴한 이란산 석유를 공급받아 경쟁력을 강화하게 된 경우가 대표적이다.

셋째, 제재 대상국의 산업이 한국 산업과 국제 시장에서 직접 경쟁하는 상황이라면, 제재로 인해 대상국 산업의 성장이 저해될 경우 단기적으로는 한국 기업이 반사이익을 얻는 특수한 상황도 있을 수 있다.

넷째, 이러한 모든 효과는 제재 대상국이 제3국인 한국에 대해 별도의 대응조치를 취하지 않는다는 전제하에 가능한 것이다. 한국과 교역 규모가 큰 제재 대상국이 한국에도 보복성 제재를 가할 경우, 그 피해는 제재의 유형과 범위에 따라 상당할 수 있다.

다섯째, 따라서, 제재 대상국이 한국에 보복 제재를 하지 않도록 상황을 관리하고, 필요 시 별도 협의를 진행할 필요가 있다. 또한, 미국에도 제재 대상국의 보복 제재로 인한 미국 자체의 국익 훼손 가능성, 제재로 인한 미국 산업 경쟁력 향상의 불확실성 등의 논리를 통해, 제재 실행을 자제하거나, 합리적 수준에서 실행하도록 설득하는 노력 등을 병행해야 한다. 만약, 상당수준의 제재 실행이 불가피할 경우, 미국의 제재에 참여하는 동맹국에게는 최소한 미국의 시장 접근성은 확대할 수 있도록, 관세 감축이나 보조금 지급 대상 포함 등으로 중국 시장을 희생한 대가(예: 한국 제품 전반에 대한 관세 경감, 또는 중국산을 대체할 수 있는 한국산 제품에 관세 면제, 한국에 투자한 미국 기업 제품에 대한 관세 경감 등)¹⁴를 받아내는 정책적 노력과 협상이 긴요할 것이다(미국을 설득할 수 있는 구체적 논리 및 제재 정책 결정 요인 등은 4장과 5장에서 상세히 설명할 예정이다).

결론적으로, 미국이 보조금 지급, 관세 감축 등 혜택을 집중적으로 제공하는 핵심 산업 중, 한국이 주요 공급망 구축에 기여하는 동시에 미·중 양국 시장 접근성에 제약이 적은 일부 산업의 경우, 제재로 인한 미·중 갈등 국면에서 상당한 이득을 얻을 수 있다.¹⁵ 그러나 그 외 산업, 일반 소비자 후생, 국내 고용 등의 측면에서는 손실이 더 클 가능성이 높다.

따라서 한국의 정책 결정자는 이러한 산업별 혜택과 손실의 규모를 잘 따져보고, 정책적 대응을 통해 전체적인 경제적 순편익을 증가시킬 수 있는 전략을 면밀히 고민해야 할 것이다.¹⁶

3. 공동체 유지 기준 차원에서의 영향

'공동체 유지 기준'에 의한 제재란, 한 국가의 국민들이 중시하는 가

---

14 만약, 한국과 같이 제재에 동참한 국가보다 인도, 베트남 등 제재에 동참하지 않은 국가의 기업이 누리는 반사적 이익이 확대될 경우 제재 동맹의 결속력은 크게 약화될 것이다.

15 예를 들어, 미국에 공장을 보유한 기업의 경우, 미국 시장 접근성이 보장되는 이점이 있다. 또한 해당 기업의 제품이 중국 공급망에서 핵심적인 가치를 지닌 경우, 중국 역시 이 기업의 중국 시장 진출을 제한하지 않을 가능성이 크다.

16 이러한 정책에는 미국 이전을 통한 한국 산업의 공백화를 방지하기 위한 한국 내 글로벌 산업 클러스터 형성 지원과 핵심 산업의 국내 생산 유지(해외 생산 제한)를 위한 경제안보 대상 산업 지정 확대 등의 조치가 포함될 수 있다. 기업 입장에서도, 미·중 간 갈등이 장기화되고 미국 내 생산비용이 관세 등으로 인해 상승한 현실을 고려할 때, 모든 생산 거점을 미국이나 중국에 집중하는 것은 리스크가 클 수 있다. 따라서 적절한 국내 투자를 통해 한국 내 생산 기반을 유지하는 것이 중·장기적으로 더 합리적인 전략일 수 있다.

치와 제도 등을 보호하기 위해, 이를 훼손하거나 훼손할 가능성이 있는 국가나 단체의 행동에 대해 제재 조치를 부과하는 것을 의미한다.

앞서 살펴본 국익의 주요 요소인 경제적 이익이나 안보적 관점에서 보면, 여러 국가가 연합하여 하나의 국가처럼 기능하는 것이 이득이 되는 경우가 많다. EU가 그 대표적인 사례다. 그러나 궁극적으로 개별 국가들이 각기 다른 거버넌스 체계를 유지하며 살아가는 근본적인 이유 중 하나는, 각국의 국민들이 공유하는 공동체적 가치와 생활방식이 다르기 때문이다. 이러한 가치를 지키는 것은 곧 국가의 정체성과 국민의 삶에 매우 중요한 요소라는 의미이기도 하다.

이러한 배경 속에서 EU도 공통 화폐 사용, 공동 중앙은행 설립, 역내 관세 철폐 등을 통해 단일 시장을 지향하고 있지만, 정치체제와 이를 뒷받침하는 재정 기능은 여전히 개별 국가 단위로 유지되고 있다.

한 국가가 다른 국가의 공동체 유지를 해치는 사례 중 하나로는, 타국의 선거에 개입하거나 조작하는 행위를 들 수 있다. 실제로 미국에서는 대선을 포함한 주요 선거 시기에 러시아와 중국 등이 사이버 공격, 여론 조작, 주요 인사에 대한 영향력 행사 등을 통해 선거에 개입한 것으로 간주하고 있으며, 이는 미국 민주주의의 근간을 훼손하는 심각한 행위로 판단되어 왔다. 이에 따라 미국은 필요시 강력한 대응 수단을 발동할 수 있음을 여러 차례 경고한 바 있다.

또 다른 사례는 바이든 前 행정부가 주창한 '민주주의 국가 연대' 구상이다. 이는 중국과 같은 전체주의 국가들에 맞서 민주적 가치를 수호하고자, 가치관을 공유하는 국가들Like minded countries이 모여 새로운 공급망을 구축하고, 특정 국가가 중국 등이 행사한 경제적 강압 수단Economic coercion의 피해를 입을 경우 공동 대응하자는 취지다.

이러한 흐름에 대해 필자는 워싱턴 DC에서 열린 세미나에서, "형식적으로는 민주주의를 내세우지만, 실제로는 미국과 그 동맹국의 경제 패권을 보다 안정적으로 유지하려는 중국 봉쇄 전략이 아닌가?"라는 질문을 한 바 있다. 이에 한 미국 전문가는 "많은 미국 국민들은 개인의 자유, 민주적 절차, 중산층과 가족 중심의 공동체 정신이 권위주의 국가의 세력 확장으로 실제로 침해받고 있다고 느끼고 있다"고 답했다.

그는 특히, 보조금 지급, 기술 탈취 등 반칙을 일삼는 중국 기업들이 글로벌 시장에서 경쟁력을 키우고, 이에 따라 민주주의 시스템을 갖춘 서방 기업들이 경쟁력을 잃으면서 미국 중산층이 몰락하는 현실을 우려하고 있다고 설명했다. 더 나아가, 중국과 같이 노동자들의 인권이나 기본권이 제한된 국가들이 점차 세계 경제에서 영향력을 키우는 것이 결국 민주주의 국가의 질서를 위협할 수 있다는 인식이 확산되고 있음을 시사했다.

이러한 시각은 한국에도 시사하는 바가 크다. 한국 역시 중국의 대규모 산업 보조금, 지적재산권 침해 등으로 인해 산업계가 실질적인 피해를 입고 있다. 특히 이러한 불공정한 혜택을 바탕으로 성장한 중국 기업들과의 경쟁 속에서, 한국 기업들은 고용 안정이나 임금 상승 등 노동자의 권익 증진 요구를 온전히 수용하기가 어려운 것이 현실이다.

물론 중국이 자국의 비민주적 거버넌스를 한국에 직접적으로 강요할 가능성은 크지 않다. 그러나 만약 한국 정부가 중국의 경제적 영향력을 고려해 불공정한 정책을 주어진 상수로 수용하게 된다면, 한국 정부도 기업 경쟁력 유지를 위해 대규모 보조금을 지급하거나 기업 보호를 노동자 권익보다 우선시할 수밖에 없는 상황에 직면할 수 있다.

이러한 측면에서 보면, 많은 미국 국민들이 세계화를 통한 자유무역이나 중국과의 마찰을 최소화하려는 기업·금융권의 논리보다는, 미국의 공동체 가치와 이익을 우선하는 트럼프 대통령의 접근법에 더욱 공감하여 2024년 대선에서 공화당이 승리하게 된 이유를 일정 부분 이해할 수 있다.

한편, 공동체 가치를 국제적으로 실현하려는 전통적인 방식은 보통 인권, 정치적 자유, 대량살상무기 확산 방지 등 글로벌 보편 가치를 수호하기 위해 이를 침해하는 국가나 단체에 대해 국제사회가 연대하여 제재를 가하는 형태로 나타난다.

예를 들어, 남아프리카공화국의 흑인 국민을 억압하던 아파르트헤이트Apartheid 정책에 반대하여, 미국을 포함한 서방 국가들과 유엔UN은 남아공 정부에 무역 제한을 포함한 제재를 시행한 바 있다. 이러한 제재는 미국뿐만 아니라, 중국과 러시아도 동참한 대표적 사례 중 하나였다.

이처럼 글로벌 보편 가치를 위협하는 정책에 대해서는 이념을 넘어서 다양한 국가가 공동 대응에 나서는 경우도 적지 않다.

미국도 제재의 기본 법령인 국제긴급경제권한법IEEPA을 통해, 미국의 외교정책에 특이하고 과도한 위협을 가하는 경우 제재를 실행할 수 있도록 규정하고 있다. 그리고 미국 외교정책의 주요 목표 중에는 보편적인 인권 증진, 민주주의 확산, 대량살상무기 확산 방지 및 침략적 전쟁 억제 등이 포함되어 있어, 이에 근거한 제재의 집행이 가능하다.

또한, 미 의회는 중국의 신장 위구르 관련 특별법이나 북한 인권법 등을 별도로 제정하여, 대통령이 해당 법률에 따라 국제긴급경제권한법IEEPA의 권한을 준용해 제재를 시행하도록 허용하는 방식도 종종 활용되고 있다.

하지만 이처럼 보편적 인권이나 침략적 전쟁 금지 등 글로벌 공통의 가치를 넘어서, 특정 국가가 자국 공동체의 고유한 가치를 대외정책에 적용하려 할 경우 갈등이 발생할 가능성이 있다. 공동체적 가치는 그 특성상 주관성과 다양성을 포함하고 있어 국가마다 우선순위가 다를 수 있다. 이를 무시하고 일방적으로 특정 가치를 외교정책에 반영해 타국에 강요할 경우, 이는 주권 침해나 내정 간섭으로 간주될 수 있다.

예를 들어, 가정적 상황이지만 기후변화 대응을 위한 환경보호 정책을 생각해 보자. 일부 국가에서는 기후변화 대응이 인류 전체의 절체절명의 과제이며, 모든 국가가 이를 최우선으로 삼아야 한다고 주장한다. 그러나 일부 저개발국에게는 에너지 전환과 같은 정책 시행이 막대한 비용 부담으로 작용해 경제발전의 발목을 잡을 수 있다. 이런 상황에서 만약 미국이 기후변화 대응이 미흡하다는 이유로 저개발국에 제재를 가한다면, 과연 그것이 정당한 조치일 수 있을까?

국가 간 공동체 가치의 우선순위가 다를 수 있음을 고려하지 않고 강제적으로 정책을 관철할 경우, 해당 국가와 타겟 대상이 급진화radicalization되어 미국에 대해 적대적 반응을 보일 수 있으며, 이는 장기적으로 외교적/안보적 부작용을 낳을 수 있다.

보편적 가치 증진에 있어 또 하나의 중요한 쟁점은 제재 적용의 일관성 부족이다. 예컨대, 러시아의 우크라이나 침공 초기 러시아군이 점령지에서 우크라이나 민간인을 살해하거나 공격한 것에 대해, 미국과 서방은 인권 및 대량학살 금지 원칙에 따라 국제형사재판소ICC에 제소하고, 푸틴 대통령을 포함한 고위 인사를 기소하였으며, 개별 국가 차원에서도 이들에 대한 제재를 시행했다. 그러나 이와 유사하게, 이스라엘과 하마스 간의 가자지구 전투에서 이스라엘군이 민간인에게 식량과 물 공급을 차단하거나 병원 시설을 공격하는 등의 행위를 했을 때, 많은 국가가 같은 원칙에 따라 제재 실행을 요구했음에도 불구하고, 미국은 이 사안에 대해 소극적인 태도를 보였다. 이러한 이중적 대응은 미국 내외에서 비판을 초래했고, 미국의 리더십과 제재 정책의 정당성에 큰 상처를 남겼다.

또 하나 유의해야 할 점은, 자국 공동체의 가치를 지키겠다는 명분이 자칫 자국 이기주의로 변질될 수 있다는 것이다. 가상적인 예를 들어, 한 국가의 공동체 가치와 이익을 지키기 위한 노력이 다른 국가의 정당한 영토나 주권을 침해하거나, 자국의 산업 경쟁력 회복을 위해 자국에 부당한 대우를 하지 않았던 국가의 기업 활동과 고용, 투자 등을 제한하는 조치를 취하게 된다면, 이는 자국의 공동체 유지 또는 번영을 위해 상호 주권 존중과 정당한 무역의 규칙을 무시하면서 타국의 공동체에 피해를 주는 결과를 초래할 수 있다. 이와 같은 행위는 실은 서구 민주국가가 중시하는 자유, 정의, 인권, 민주주의 등의 공동체 가치와도 위배되는 것으로 볼 수 있다.

요약하면, 공동체 유지라는 국익 측면에서 발동되는 제재 정책에 대응하는 제3국인 한국의 전략은 다음과 같이 정리될 수 있을 것이다.

- 보편적 가치(인권, 정치적 자유, 대량살상 방지 등)와 관련된 사안에서는 국제사회와의 연대가 기본 입장이 되어야 한다.
- 자국의 경제적 영향력 등을 통해 다른 나라의 공동체적 가치에

위배되는 행동을 강제하거나 (예: 언론의 자유를 중시하는 호주에, 중국이 자국에 비판적인 호주 언론에 관한 조치를 호주 정부를 상대로 요구), 다른 나라의 공동체 유지에 긴요한 사회적 인프라 등을 훼손하는 행위(예: 선거 개입 등) 등에 대해서도, 명시적이든 묵시적이든 미국 또는 이러한 피해국들과 연대와 대응이 필요하다.
- 그러나 미국 또는 중국의 어젠다가 보편적 가치와의 관련성이 약하거나 사실상 미국 또는 중국 우선주의만을 위한 것이라는 점이 농후할 경우에는 이에 보조를 맞추는 것은 오히려 글로벌 안정성을 저해하거나, 자유민주주의를 지향하는 한국의 공동체 가치에 위배되는 경우도 있을 수 있으므로 신중한 접근이 요구된다. 이때는 경우에 따라서는 유럽, 호주, 인도, 일본 등과 미국과 중국의 자국 우선주의적 패권 경쟁에 공동 대응 할 수 있는 연대(가칭 '반(反) 패권주의 연대', '글로벌 공동체 연대')를 구성하는 것도 대응 전략의 하나일 수 있을 것이다.

지금까지 우리는 국익을 '국가안보 확보', '경제적 이익 증진', '공동체 가치 유지'라는 세 가지 하위 요소로 나누어 입체적으로 살펴보았다. 국익을 이러한 방식으로 구조화하면, 미국의 제재 등에 대응할 전략을 수립할 때 정치력이 강한 이해집단이나 언론의 영향 등으로 인해 어느 하나의 산업이나 일부 국익만 부각되어 의사결정이 왜곡되는 위험을 줄이고, 전체적인 국익을 살필 수 있는 프레임워크Framework를 제공한다는 장점이 있다.

이제 국익 관점에서 한국이 미국의 제재 정책으로부터 받는 영향을 분석했다면, 다음 단계는 이러한 국익 판단을 바탕으로 한국이 미국의 제재를 수용할 것인지, 아니면 정책 변경을 요구할 것인지, 이를 정하고 그에 따른 전략을 구체화하는 작업으로 진행되어야 할 것이다. 그런데 단순히 "동맹국인 한국의 국익이 침해되었으니 이를 변경해 달라"고 요구하는 것으로 미국이 이를 수용할 것이라고 기대하는 것은 현실성이 떨어진다. 그렇다면, 한국 국익을 위해 미국 정책의 변경이 필요할 경우, 이를 어떻게 유도할 것인가가 핵심 과제가 된다. 이를 위해서는 우선 미국의 제재 결정에 영향을 미치는 주요 요소들이 무엇이며, 그 요소들이 어떻게 제재 여부 및 유형에 영향을 미치는지에 대한 분석이 필요하다. 이것이 다음 장의 주요 주제이다.

제재 정책 결정에 영향을 미치는 요인 1

― IAD 프레임워크

"성공의 유일한 비밀은 다른 사람의 생각을 파악하고, 자신의 관점뿐만 아니라
상대의 관점에서도 사물을 볼 줄 아는 능력이다."
The sole secret to success lies in the ability to understand others' perspectives and
to see things not only from your own viewpoint but also from theirs.
― Dale Carnegie, 『How to Win Friends & Influence People』, (1998)

4
제재 정책 결정에 영향을 미치는 요인 1

미국의 제재 정책, 그 이면의 동학Dynamics

미국 대통령이나 행정부는 제재를 결정할 때 어떤 요인을 고려할까?

법적으로는, 어떤 대상이 미국의 국익에 실질적인 위협을 가할 경우(국제긴급경제권한법IEEPA에 따르면 '특이하고 과도한 위협Unusual and extraordinary threat'을 가할 경우) 제재를 시행할 수 있다고 규정하고 있다. 그러나 이러한 기준은 매우 추상적인 개념이기 때문에, 실제로 그러한 상황인지에 대한 판단에는 행정부의 광범위한 재량이 개입될 수밖에 없다. 따라서 어떤 경우에 제재가 실행되며, 이러한 의사결정에 영향을 미치는 요인은 무엇인지 분석하는 일은 그 자체로 매우 흥미로운 주제라 할 수 있다.

나아가 제재의 영향권에 있는 모든 주체들 — 제재 대상국, 이를 준수해야 하는 미국 및 제3국의 기업, 그리고 자국의 간접적 영향을 우려하는 제3국의 정책결정자 등 — 에게는 단순한 흥미를 넘어 생존에 직결되는 문제일 수 있다. 제재는 사업의 중단, 핵심 경영진에 대한 민·형사상 소송, 그리고 산업 전반의 구조 변화까지 유발할 수 있기 때문이다.

제재 결정의 요인을 분석한 학계의 기존 연구들은 대체로 다음과 같은 가설을 중심으로 이루어져 왔다.

- **대외 관계**: 제재 대상국이 미국과 평소 외교적 마찰이 잦은 경우, 제재가 실행될 가능성이 높다.
- **국내 정치**: 미국 행정부의 지지율이 낮을수록 지지율 회복을 위한 강경한 대외정책의 일환으로 제재를 선택할 가능성이 높다.
- **행정부의 인지 능력**: 대통령 핵심 참모진의 제재 관련 전문성과 경험이 풍부할수록 제재가 자주 활용될 가능성이 있다.

이러한 가설들은 수년간의 데이터를 바탕으로 통계적으로 검증되는 방식으로 연구되고 있으나, 실제 정책 결정의 복잡성과 현실을 충분히 반영하지 못한다는 한계도 존재한다. 앞서 살펴본 바와 같이, 제재는 단순한 정책 수단이 아니라 제재 결정권자인 대통령의 선호, 관련 부처의 실무 판단, 의회의 입장, 외교 관계, 국내 경제에 미치는 영향 등 다양한 요소가 복합적으로 작용하여 결정된다.

따라서 단순한 상관관계 중심의 통계적 연구만으로는 제재의 인과 구조를 충분히 설명하기 어렵다. 예컨대 제재 실행과 행정부 지지율 사이에 높은 상관관계가 있더라도, 그것이 지지율 하락의 결과인지, 아니면 지지율 회복을 위한 원인으로 제재가 선택된 것인지를 구분하는 데에는 한계가 있다. 이는 제재와 관련된 연구에서도 '인과성^{Causality}' 검증의 어려움으로 자주 지적되는 부분이다.

한편, 학계의 연구는 대부분 다른 전문가의 객관적인 검토Peer Review를 통해 인정받는데, 이 과정에서는 대개 통계적 분석을 중심으로 한 방법론이 활용된다. 이로 인해 데이터 확보가 쉬운 변수 중심으로 연구가 진행되는 경향, 즉 연구 편향Research Bias도 나타난다. 그러나 정부 정책 수립 과정에서는 이러한 정량적 연구만을 바탕으로 하기보다, 현실에 보다 부합하는 다양한 변수를 고려해야 한다.

필자는 미국 유학 시절, 수리·통계 중심의 경제학과 달리 질적 방법론과 정책적 현실성을 중시하는 정책학의 전통에 매료되었다. 특히 통계적 검증이 어렵더라도, 사례 중심의 분석이나 포커스 그룹 인터뷰, 전문가 자문 등을 활용한 학제적 연구Multi-disciplinary Approach는 현실 정책을 설계하는 데 매우 유용하다는 점을 경험으로 체득하였다.

실제로 정부 정책은 그 특성상 기밀 유지가 필요한 경우가 많고, 따라서 학문적 연구에 필요한 데이터 확보가 제한되기도 한다. 제재 정책은 그 대표적인 사례라 할 수 있다. 이에 따라 필자는 기존 연구 결과를 참고하되, 아직 통계적으로 검증되지는 않았지만 관련 자료 분석, 세미나 토론, 정책 실무 경험 등을 통해 제재 정책 결정에 영향을 미친다고 판단되는 요소들을 추출해 보려 한다.

물론 관련 요인으로 판단되는 요소들을 무턱대고 주관적으로 제시하는 것은 다소 위험한 접근일 수 있다. 따라서 이 책에서는 정책 결정 시 영향을 미치는 요인을 보다 체계적으로 분석하기 위해, 제도경제학에서 정책 분석 및 설계 도구로 널리 활용되는 제도적 분석 및 개발 프레임워크IAD Framework: Institutional Analysis and Development Framework를 1차적

인 분석 도구로 활용하고자 한다.[1]

이 분석 틀은 경제학자이자 정책학자인 엘리노어 오스트롬Elinor Ostrom이 개발한 것으로, 정부 정책과 같은 공공재의 생산과 배분이 어떻게 이루어지는지를 체계적으로 분석할 수 있게 하였다는 점에서 학문적 가치를 인정받아, 2009년 노벨 경제학상을 수상하는 계기가 되었다.

IAD 프레임워크의 장점은 정책 의사결정에 영향을 줄 수 있는 다양한 요인을 구조적이고 포괄적으로 파악할 수 있게 해준다는 데 있다. 본 장에서는 이 프레임워크에서 제시하는 주요 분석 항목들을 미국의 제도, 정치 환경, 정책 관행 등의 맥락 속에서 해석함으로써, 미국 정부가 제재를 결정할 때 어떤 요소들이 주요 고려사항으로 작용하는지를 구체적으로 살펴보고자 한다.

---

[1] IAD 프레임워크는 정부 정책 전반을 분석하는 데 널리 활용되어 왔으나, 대외 제재 정책에 구체적으로 적용한 사례나 이를 수리적으로 검증한 연구는 아직 존재하지 않는다. 이 책에서 제시하는 제재 정책 결정 요인에 대한 이론적 가설이, 향후 실증적 분석과 정량적 검증을 위한 기초 이론의 틀로 활용될 수 있기를 기대한다.

IAD 프레임워크로 읽는 미국의 제재 정책

오스트롬^{Ostrom}이 제시한 IAD(제도분석 및 발전^{Institutional Analysis and Development}) 프레임워크는 다음과 같은 구조를 가진다.

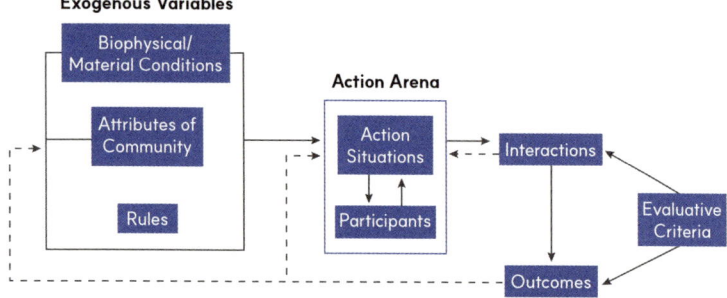

IAD framework components.(Note: Adopted from Ostrom, E., Gardner, R., Walker, J. (1994). Rules, Games, and Common-pool Resources. University of Michigan Press.)

위 그림에서 알 수 있듯, 특정 행위자^{Actor}의 의사결정에 영향을 미치는 (외부) 요소는 크게 다음 세 가지로 구분된다.

- 물질적 조건^{Material conditions}
- 공동체의 속성^{Community Attribute}
- 현실에서 실질적 효력을 갖는 제도^{Rule-in-use}

행위자는 이러한 외부 요소들에 직면한 상태에서, 자신이 보유한 자원^{Resources}, 선호^{Valuation}, 그리고 행위자 간의 정보 배분 상태^{Information processing} 및 선택 과정에서 적용되는 절차나 우선순위^{Selection processes}에 따라 행동을 결정하게 된다.

IAD 이론은 행위자가 주변 여건의 영향을 크게 받는다는 점을 인정하지만, 외부 조건이 행위자의 결정을 전적으로 결정짓는다는 결정론적 입장을 취하지 않는다. 오히려 행위자는 자원과 선호, 전략적 선택을 통해 일정 수준의 자율성을 발휘할 수 있다고 본다. 따라서 주변 환경이 어떤 특정한 행동에 불리하게 작용하더라도, 충분한 자원과 의지를 지닌 행위자는 이를 실행할 수 있다.

그러나 행위자의 자원이 제한적일 경우, 이러한 행동은 지속 가능성이 낮고, 기대했던 효용을 달성하기 어려워질 가능성이 높다. 결국 의사결정은 단일 사건이 아니라 동적인 연속 행위로 구성된다는 점을 고려할 때, 시간이 지남에 따라 행위자는 점차 IAD 프레임워크가 설정한 외부 여건에 순응하는 방향으로 행동할 가능성이 높아진다.[2]

1. 물질적 조건[3]

먼저, 제재 정책 결정과 관련된 물질적 조건 Material Conditions에 대해 살펴보자. IAD 모델에서는 특정 행위ACT를 해당 행위자가 타인에게 공급하는 재화로 간주하며, 이 재화의 성격을 분석하는 것이 첫 번째 단계다.

경제학의 전통적 구분에 따르면, 재화가 소비자 간 경합성Rivalry(소비

---

[2] 트럼프 2기 정부 출범 후 초기에 다소 과도한 관세 부과 정책이 백악관이나 행정부 내부의 '자율적' 결정으로 발표되었으나, 이로 인한 경제적 부작용(물질적 조건 중 하나)이나 부정적 여론(공동체의 특성 중 하나) 등에 의해 정책이 점차 수정되어 가는 것이 이러한 예 중 하나로 해석될 수 있다.

[3] 행위에 영향을 미치는 물리적 제약의 모든 측면을 나타내는 데 사용되는 용어이며, 재화와 용역의 제공 및 생산과 관련된 물리적 및 인적 자원과 능력, 즉, 자본, 노동, 기술과 같은 생산 투입 요소뿐만 아니라 금융, 저장 및 유통 채널과 같은 자원을 의미한다. 제재 정책에 있어서는 제재 수단 및 이를 집행할 기관 유무, 제재 실효성을 발생할 수 있는 여건, 제재 실행 시 발생할 비용과 이를 감당할 국가적 능력 등을 의미할 것이다.

자들끼리 경합하는 특징이나 상태)을 갖고 있으며 특정 소비자에게만 소비가 가능하도록 배제성^{Excludability}(소비자가 적절한 가격을 내지 않으면 재화나 서비스를 사용할 수 없는 성질)이 있다면 이는 사적 재화$^{Private\ Good}$로 분류되며, 시장에서 민간 부문에 의해 효율적으로 공급될 수 있다. 반면, 재화가 비경합성$^{Non-Rivalrous}$이고 비배제성$^{Non-Excludable}$을 갖는다면 이는 공공재$^{Public\ Good}$로 분류되며, 민간 부문에 의한 공급이 비효율적일 수 있으므로 공공 부문이 이를 제공하는 것이 바람직하다.[4]

그렇다면 '제재^{Sanction}'라는 재화의 특성은 무엇일까? 제재는 제재 대상국에 대한 패널티를 통해 제재 실행국의 국익을 증진시키는 것을 목표로 한다. 이러한 국익 증진이라는 편익은 제재 실행국의 모든 국민에게 확산되며, 특정 국민이 더 많이 소비한다고 해서 다른 국민의 소비 가능성이 줄어드는 것도 아니다. 다시 말해, 제재는 비배제성과 비경합성을 지닌 공공재적 특성을 갖는다고 볼 수 있다.

이러한 이유로, 제재라는 재화는 민간의 자발적 공급에만 맡길 경우 무임승차 문제로 인해 적정 수준의 공급이 어려울 수 있으며, 따라서 공공 조직, 특히 정부가 이를 공급하는 것이 더 효율적이다. 실제로 대부분의 제재가 정부 주도로 이루어지고 있다는 점에서, 제재의 공공재적 특성은 현실적으로도 구현되고 있다고 할 수 있다.

또한, 제재는 특정 산업에 대한 수출 금지 등의 형태로 집행될 경우, 해당 산업에 직접적인 손해를 줄 수 있다. 그러나 이는 전체 국민의 국익 증진을 위한 희생이라는 측면에서 정당화될 수 있다. 그렇기 때

---

[4] IAD 프레임워크는 이러한 공공재가 일정한 조건(공동체의 속성, 제도 등) 하에서 민간 협력에 의해 효율적으로 공급될 수 있음을 밝혀낸 바 있고, 이 공로로 엘리너 오스트롬(Elinor Ostrom)은 2009년 노벨 경제학상을 수상하였다.

문에, 제재의 효율성과 지속 가능성을 높이기 위해서는 피해를 입는 산업에 대한 국가적 지원이 병행되어야 한다. 반대로, 제재가 특정 산업에 혜택을 집중시키면서 국민 전체에는 손해를 끼친다면, 이는 공공재로서의 요건을 충족하지 못해 정부 정책화에 부적절할 수 있다.

따라서 설령 장기적으로는 특정 산업의 경쟁력 향상 등으로 국민 전체의 이익이 증진된다고 하더라도, 단기적인 피해를 완화할 대책이 병행되어야 정책의 정당성과 효율성을 확보할 수 있다.

한편, 제재는 제재 실행국과 직접적인 관련이 없는 제3국에도, 예컨대 미국의 2차 제재 secondary sanctions 등을 통해 큰 영향을 미칠 수 있다. 따라서 제3국의 입장을 반영하는 것이 글로벌 차원의 효율적 공급과 정책 정당성을 높이는 데 도움이 될 수 있다. 그러나 현실적으로 미국이 제재를 결정할 때 제3국의 의견이 실질적으로 반영되는 경우는 드물다. UN 차원의 제재라 하더라도 실질적 결정권은 안보리 상임이사국 등 소수 국가에 집중되어 있다.

이런 측면에서 볼 때, 제재는 글로벌 차원에서 과잉 공급되거나 과소 공급될 가능성이 있으며, 비용과 편익의 괴리로 인해 지속 가능성과 적정성을 확보하기 어려운 재화라 할 수 있다.

다시 말하면, 비록 글로벌한 차원이기는 하지만, 제재 정책은 편익 Benefit의 귀속 대상이 주로 제재 실행국 국민인 반면, 비용 Cost의 부담은 종종 제3국의 기업 또는 이해당사자에게 전가되는 구조적 비대칭성이 존재한다. 문제는 이러한 편익과 비용의 괴리로 인해, 제재 실행국은 제3국의 손익을 정책 결정 과정에서 주요 고려사항으로 반영하지 않을 가능성이 높다는 점이다. 그러나 제재 실행국, 특히 미국과 같은 국가에게도 다음과 같은 실질적인 이유로 인해 제3국의 태도나 협력을 무시할 수 없는 측면이 존재한다.

- **제재의 효과성과 지속 가능성 확보**: 제3국이 형식적 또는 소극적으로만 제재에 협조할 경우, 제재 대상국은 이를 회피할 수 있는 통로를 확보하게 된다. 이는 제재의 실효성을 현저히 약화시킨다.
- **의도치 않은 부작용 방지**: 미국이 필요로 하는 다른 전략적 어젠다 ― 예컨대, 중국을 배제한 공급망 재편, 군사기지 배치와 같은 지정학적 이익, 달러 중심의 국제금융질서 유지 등 ― 에 대해 제3국이 보이지 않는 방식으로 협조를 거부하거나 소극적으로 대응할 가능성도 존재한다.
- **기술 협력의 필요성**: 특히 첨단 기술 분야에서 미국 외의 국가의 협력 없이는 제재 효과가 반감되는 사례가 점점 늘고 있다. 이는 미국의 글로벌 영향력이 상대적으로 감소하고 있는 현재 상황에서 더욱 중요한 고려 요소로 부각된다.

따라서 제재 실행국이 자국의 핵심 이익을 지키기 위해서는 전략적으로 중요한 제3국 ― 즉, '핵심 전략국$^{\text{Key Strategic States}}$' ― 의 제재 수용 및 협력 가능성을 의사결정의 핵심 요인 중 하나로 간주해야 하며, 이러한 요인이 실제로 미국의 제재 정책 수립과 실행에 어떤 영향을 미치는지를 분석하는 것이 중요하다. 이에 대해서는 IAD 프레임워크의 다른 핵심 요소들과 연계하여 별도로 상세히 설명할 예정이다. (이로써 제재 결정 시 영향을 미치는 요인인 "미국의 핵심 이익을 지키는 데 협력이 필요한 핵심 전략국의 제재 정책 수용/협력 가능성"을 도출)

한편, 물질적 요건에서 재화 자체의 특성 이외 중요한 것이 동 재화를 생산하고 실행할 때 어떠한 자본/노동/기술 등이 필요하고 이러한 자원을 활용하는데 공급주체에게 어떠한 제약 등이 없느냐 하는 것이다.

흔히 제재는 전쟁처럼 대규모 재정지출이 필요한 정책은 아니라고 간주된다. 제재는 본질적으로 규제의 형태를 띠며, 규제 대상과 상황에 맞게 이를 설계하고, 그 준수를 감독·집행하는 인력이나 조직을 운용하는 데 필요한 직접적 행정비용이 주요 비용 항목이다. 이러한 설명만으로 보면 단순해 보일 수 있으나, 실제 제재의 적용 범위는 국가, 테러 단체, 개인 등 국제적으로 산재되어 있는 다양한 대상에 이르기 때문에, 군사, 경제, 금융 등 여러 분야에서 글로벌한 정보 수집과 분석, 실행 및 모니터링 능력이 요구된다. 따라서 소규모 국가는 이러한 역량 부족으로 인해 제재를 실행하지 않거나 제재 대상국에 대한 조치를 자제할 가능성이 작지 않다. 물론, 때로는 명확히 역량이 부족해 보이는 국가도 제재를 실행하는 경우가 있다. 이는 제재 역량을 보완할 수 있는 우방국과의 협력으로 인해 가능하거나 또는 국내외에 상징적인 조치를 '보여주기 위한 목적'에 따라 실행하는 경우가 많다.

반면, 미국은 수십 년간 제재 정책을 운용해 온 경험과 글로벌 정보 역량을 축적해 왔으며, 국무부, 재무부, 법무부, 상무부 등 각 정부 부처 간 협업 체계와 각 부처 내 전담 조직을 통해 체계적으로 제재를 설계하고 집행하고 있다. 또한, 국제 자금세탁방지기구[FATF] 등의 창설을 주도하며 국제적 협력 체계를 통해 제재라는 재화의 공급 가능성을 높여왔다. 물론 이러한 체계를 운용하는 데도 적지 않은 비용이 발생하지만, 미국은 필요할 경우 해외에서 전쟁까지 수행할 수 있는 국가로서, 지금까지 제재 정책 집행의 비용 문제가 심각하게 거론된 사례는 드물다.

그러나 제재 집행에 필요한 물질적 요건과 비용은 단순히 운용 인력이나 조직의 존재만으로 평가할 수 없다. 보다 넓은 시각에서, 제재라는 재화에 수반되는 직·간접적 비용과 편익을 함께 분석할 필요가 있다.

보다 폭넓은 접근을 위해 제재라는 재화와 관련된 물질적 조건 속에서 중요한 두 가지 요인을 살펴볼 수 있다.

첫째, 비용 측면에서는 제재 집행에 수반되는 간접적 비용까지 분석해야 한다는 점이다. 제재를 시행하면 행정비용 외에도 수출입 제한으로 인해 기업이 겪는 손실, 교역 축소에 따른 선택권 제한, 경쟁 감소로 인한 소비자 피해 등이 발생할 수 있다. 이러한 경제적 비용은 제재 실행국의 경제 상황에 따라 달라진다. 예를 들어 경기 침체나 인플레이션 상황에서는 중국산 수입품 제한 등으로 인해 소매가격이 오르면 소비자의 부담은 더욱 커질 수밖에 없다. 또한, 제재 대상국과의 교역 규모, 제재 대상국이 미국의 제재에 보복할 의지와 역량을 지니고 있는지 여부도 중요한 변수다. 따라서 제재로 발생하는 경제적 피해뿐 아니라, 제재 실행국의 경제 상황, 대상국과의 교역 규모 등을 종합적으로 고려하여 제재라는 재화 공급에 따른 추가적인 경제적 비용과 국익상 부작용 가능성을 면밀히 분석할 필요가 있다. ('제재가 다른 국익 등에 미치는 부작용의 정도' 요인 도출)

둘째, 편익 측면에서는 제재라는 재화가 국민들에게 의도된 효용을 제공하기 위해, 제재 실행 시 제재 대상국의 행위를 변화시킬 수 있는 메커니즘이 작동한다는 점이 보장돼야 한다. 이와 관련된 가장 중요한 물리적 조건이 바로 제재 실행국에 대한 대상국의 의존성이다. 예를 들어, 대상국이 경제를 운용하는 데 제재 실행국과의 무역이나 금융 거래가 필수적이거나, 안보 정책상 의존성이 높은 경우다. 혹은, 대상국이 의존하고 있는 제3국에 대해 제재 실행국이 영향력을 행사할 수 있는 경우도 포함된다.

미국은 세계 1위의 경제·군사 대국으로, 미국에 전혀 의존하지 않는 국가는 사실상 존재하지 않는다. 특히 경제 활동의 기반이 되는 통화 체계에서 미국은 기축통화인 달러를 운용하고 있기 때문에, 이에 자유로운 국가는 많지 않다. 하지만 최근 중국, 인도의 부상으로 미국의 경제적 비중은 점차 감소하고 있으며, 일부 국가들은 지속적인 제재로 인해 이미 미국과 디커플링된 체제에서 살아가는 방법을 익혀가고 있다. 달러 패권에 대한 불만과 제재 남용에 대한 피로감으로, 일부 국가들은 달러 이외의 거래 수단을 탐색하고 시험하는 시도를 이어가고 있다. 따라서 장기적으로는 미국의 글로벌 경제적 영향력과 달러화의 레버리지가 여전히 유효한지에 대한 추가적인 분석이 필요하다.

또한, 제재의 실효성에 영향을 미치는 또 다른 요소로, 제재 대상국이 제재를 회피하거나 효과를 반감시켜 오히려 이익을 얻는 역설적 상황이 존재하는지 여부도 살펴야 한다. 이를테면, 제재 대상국을 지원하는 제3국의 존재, 제재로 인한 암시장 형성으로 오히려 권력층에게 경제적 이익이 돌아가는 상황 등이 해당된다.

'제재의 실효성' 혹은 '제재가 성공하기 위한 조건'과 관련해서는 기존에도 많은 연구가 진행돼 왔다. 어떤 조건에서 제재가 효과적이며, 대상국의 특성에 따라 어떤 차이를 보이는지에 대해서는 5장에서 더욱 섬세하게 논의해 볼 것이다. ('제재의 실효성 여부' 요인 도출)

결국 물질적 조건이란 제재를 둘러싼 직·간접적 비용과 편익을 구성하는 요소들을 포괄적으로 분석하는 것이다. 이는 일반적인 비용/편익 분석Cost-benefit analysis의 본질과도 일치한다.

하지만 단순히 "비용/편익 분석을 하면 된다"고 말하는 것보다는, 제재 정책이라는 특수성을 감안해 어떤 것이 편익을 구성하고, 어떤 것이 비용을 유발하는지, 그리고 각 항목에서 어떤 쟁점이 발생하는지를 세부적으로 설명하는 것이 제재 정책의 결정 요인을 보다 깊이 이해하는 데 도움이 된다. 따라서 이후 본문에서도 비용/편익 분석이라는 개념으로 단순화하지 않고, 앞서 언급한 다양한 요소들을 구체적이고 세분화된 항목으로 나누어 살펴볼 것이다.

이와 같은 비용/편익 관점에서 제재의 편익과 비용을 살펴보면, 자연스럽게 한 가지 의문이 제기된다. 과연 대통령이나 행정부는 제재 결정을 내릴 때, 이러한 분석만을 근거로 삼는가? 언론 보도 등을 보면, 제재가 수년 후 실질적인 행동 변화나 정책 유도에 실패했다는 평가가 내려지는 경우도 많다. 그렇다면 이는 비용/편익 분석이 잘못된 것일까? 아니면 효과가 없다는 사실을 알면서도 다른 요인에 의해 행정부가 제재를 실행한 것일까?

이 질문에 대한 해답을 찾기 위해 제재 정책의 또 다른 결정 요인들에 대해 살펴보고자 한다.

2. 공동체의 특성 Community Attribute [5]

미국은 민주주의 국가로, 행정부의 수반은 국민의 선거를 통해 선출된다. 따라서 행정부의 정책은 국민 여론의 영향을 받을 수밖에 없다. 또한 삼권분립 체제에 따라 의회는 행정부를 견제할 수 있는 구조이므로, 의회의 입장 역시 행정부의 정책 결정에 중요한 변수로 작용한다. 여기에 더해, 기업의 로비가 제도적으로 허용되어 있는 미국 정치의 특성상 기업계의 영향력도 무시할 수 없다. 아울러 언론, 시민단체, 비영리 단체 등도 공공 정책에 대한 여론 형성과 의사결정 과정에 일정한 영향을 미친다.

결국 제재 정책과 관련해서는 일반 국민, 의회, 기업, 시민사회 등의 의견이 행정부 수반의 의사결정에 영향을 미치는 주요 요소라 할 수 있다. 그렇다면 미국 사회는 제재 정책에 대해 전반적으로 어떤 인식을 갖고 있을까?

러시아의 우크라이나 침공에 대응해 시행된 대(對) 러시아 제재에 관해, 2022년 침공 직후 실시된 여론조사에서는 미국 국민의 75% 이상이 이를 지지한 것으로 나타났다. 그리고 1년이 지난 2023년 2월에도 민주당과 공화당 지지자 모두 약 70% 수준의 지지를 유지하고 있었다(로이터, 2023년 2월 23일 보도). 특히, 침공 직전 실시된 조사에서는 유가 상승과 같은 경제적 손실이 발생하더라도 제재를 지지하겠

5　행위에 영향을 미치는 사회적 및 문화적 맥락의 모든 관련된 측면을 나타내는 데 사용되는 용어로서, 제재 정책의 맥락에서의 공동체 속성은 다음과 같은 요소들을 포함한다. 제재를 지지하는 여론, 제재 대상국에 대한 일반 국민의 인식, 제재에 대한 의회의 입장, 기업의 이해와 반응, 언론 및 비영리 단체 등의 시각, 그리고 일반 국민·의회·기업·언론 등 각 집단별로 제재에 대해 보유한 지식과 정보 수준이 이에 해당한다. 또한, 이러한 다양한 이해당사자가 정부의 의사결정에 실질적으로 영향을 미칠 수 있는 정치 체계의 존재 여부도 중요한 요소이다.

다는 응답이 69%를 넘어섰다. 이는 경제적 국익을 희생하더라도 국가안보, 민주주의, 인권 존중 등 공동체의 가치를 지키기 위한 정책을 지지하고 있음을 보여준다.

다만 2024년 말 대선을 앞두고 바이든 대통령의 지지율 하락 요인 중 하나로 유가 상승을 포함한 물가 인상이 지목되고 있다는 점은, 제재 정책이 정책 결정자에게 혼재된 신호를 전달할 수 있음을 보여준다.

일각에서는 이러한 높은 제재 지지율이 러시아의 우크라이나 침공이라는 비상사태적 사건에서 비롯된 일시적인 현상일 뿐, 미국 국민 전반의 제재 선호를 직접적으로 반영하는 것은 아니라는 반론도 제기된다. 그러나 쿠바 제재 사례를 보면, 제재 시행 40년이 넘은 지금도 미국 국민의 약 56%가 이를 지지하고 있는 것으로 나타난다. 이는 제재 정책이 경로 의존성$^{Path\ dependency}$이 강한 정책 유형임을 보여준다.

여기에는 두 가지 해석이 가능하다. 첫째, 제재의 실효성을 확보하기 위해서는 '제재가 지속될 것'이라는 신뢰가 필요하다. 만약 제재 대상국이 제재를 수용하지 않는다고 해서 미국이 이를 철회한다면, 다른 대상국들도 몇 년만 버티면 미국의 정책이 바뀔 것이라 기대하고 정책을 바꾸기보다는 버티기를 선택할 가능성이 있다. 이는 미국 입장에서는 바람직하지 않은 시나리오다.

둘째, 제재로 인해 적대 관계가 형성된 국가의 역량은, 특이한 상황이 없는 한 점차 축소되는 것이 미국 입장에서는 위험을 줄이는데 도움이 된다는 것이다. 세계 1위 패권국에 대한 도전과 테러 등 외부 공격에 늘 노출된 미국 국민에게는 일부 기업의 교역 이익 회복보다 잠재적 적대국의 군사·경제적 역량을 제약하는 것이 더 중요하게 인식될 수 있다. 그러나 여기서 중요한 점은 '특이한 상황'의 존재 여부와 이에 대한 일반 국민, 의회, 언론 등의 인지 여부다. 앞서 살펴본 바와 같이, 전쟁과 달리 제재는 이를 집행하기 위한 직접적인 예산이 상대적으로 적게 소요되므로 표면적으로는 재정적 부담이 커 보이지 않는다. 그러나 제재 대상국의 경제 규모, 미국의 경기 상황 등에 따라 제재로 인한 간접적이고 구조적인 경제적 비용은 결코 작지 않을 수 있다.

물론 제재의 역사를 살펴보면, 제2차 세계대전 이후 미국은 글로벌 경제의 최강국이었으며, 제재 대상국은 대부분 국제적으로 고립된 독재국이거나 글로벌 경제에서 비중이 크지 않았던 사회주의 국가들, 혹은 미국과의 교역량이 많지 않았던 국가들이었다. 따라서 미국의 제재 정책은 자국 경제에 미치는 영향이 제한적이라는 전제 하에 실행될 수 있었다. 그러나 오늘날 상황은 다르다. 미국의 경제적 우위는 예전 같지 않고, 중국과 러시아 등 반미 성향의 국가들이 경제력을 강화하면서 기존의 전제가 더 이상 유효하지 않은 사례들이 늘고 있다. 이런 점에서 특이한 상황이 발생할 가능성은 충분하며, 이에 따라 제재에 대한 공동체의 인식도 달라질 수 있다.

결국 관건은 이러한 특이한 상황이 정부 이외의 이해관계자들 — 예컨대 국민, 언론, 의회 등 — 에게 얼마나 효과적이고 명확하게 공유되고 있는가 하는 점이다. IAD 프레임워크에서도 공동체 특성을 구성하는 핵심 요소 중 하나로 정보 접근성을 강조한다. 그러나 제재의 경제적·사회적 영향은 복잡하고 장기적인 메커니즘을 통해 나타나기 때문에 일반 국민이 이를 직관적으로 이해하기는 어렵다. 더욱이 이러한 분석 역량을 가진 언론, 학계, 비영리 연구기관조차 제재 정책 특유의 기밀성과 폐쇄성으로 인해 관련 정보에 접근하는 데 제약을 받는다.

이러한 공동체적 특성을 고려할 때, 최근 일부 미국 기업들의 대응 전략 변화는 주목할 만하다. 일반적으로 제재에 대한 여론 지지율이 높기 때문에, 기업들도 자사의 이익에 반하더라도 제재 자체에 대해 공개적으로 반대 입장을 표명하는 일은 드물었다. 대신 자신들이 생산하거나 교역하는 품목이 미국 경제나 기술 경쟁력에서 차지하는 전략적 중요성을 강조하며, 행정부에 조용하면서도 비공식적인 방법으로 의견을 전달하여 제재 대상에서의 제외나 일정 기간의 유예를 요청하는 전략을 취해왔다. 그러나 최근 이러한 기조에 변화 조짐이 나타나고 있다.

예컨대 2023년, 미국 반도체산업협회Semiconductor Industry Association, SIA는 미국 정부의 대(對) 중국 수출 통제 정책과 관련해 "추가 제재가 시행되기 전에, 해당 조치가 명확하고 일관되게 정의되며, 동맹국과의 조율 여부에 대해 업계 및 전문가들과 평가 및 협의가 이뤄져야 한다"는 입장을 언론에 공개적으로 밝혔다. 이는 중국 시장이 미국 반도체 기업들에게 핵심적인 수입원이 되고 있는 현실을 반영한 것이며, 미국 정부에 이례적으로 공개적 메시지를 보낸 사례라 할 수 있다.

이는 앞서 언급한 것처럼, 제재로 인해 미국의 다른 핵심 국익이 훼손되고 있고, 이에 대한 미국 내 인식 변화가 감지되는 상황에서, 기업들이 공동체의 변화를 읽고 정보 접근성이라는 핵심 이슈를 업계 및 전문가와의 협의라는 형태로 요구하고 있음을 보여준다. 미국의 경제적 이해에 핵심적인 역할을 하는 기업들이 미국 정계에 미치는 영향력을 고려할 때, 이들의 대응 전략 변화는 향후 제재 정책의 지속성과 방향성에 중대한 변수로 작용할 가능성이 있다. ('여론, 의회, 기타 이해관계자의 정보에 대한 접근성 및 지지 여부 요인' 도출)

3. 제도/규칙 Rules in use [6]

제도경제학에서 '제도'란 반복적이고 구조적인 상호작용을 조직화하기 위해 인간이 활용하는 기제 Prescriptions를 의미한다. 개인 또는 집단의 선택이 이루어지고, 이러한 선택의 결과물이 형성되는 과정에서 제도는 제약 요인으로 작용할 수도 있고, 기회 요인으로 작용할 수도 있다. 이러한 제도에는 공식적인 규칙뿐만 아니라 비공식적인 관행이나 관습도 포함된다.

특히 중요한 점은 형식적인 법규의 존재 여부보다는 '사용되는 규칙 Rule in use', 즉 실제 구성원들의 행위를 규율하고 있는 실효성 있는 규칙인지가 더 중요하다는 것이다. 사문화된 규정은 구성원 간 반복적이고 구조적인 상호작용을 조직화하는 데 한계가 있기 때문이다.

그렇다면 미국 행정부가 제재를 결정할 때 영향을 미치는 제도에는 무엇이 있을까? 우선, 앞서 살펴본 제재 관련 근거법들이 중요한 제도로 작용한다고 볼 수 있다. 예컨대, 국제긴급경제권한법 IEEPA은 대통령이 제재를 실행할 수 있는 조건을 비교적 추상적인 형태로나마 규정하고 있으며, 이에 따라 대통령은 국가비상사태를 선포하고 이를 의회에 통보하는 절차를 밟는다. 그러나 이러한 법률들은 국가비상권에 대한 광범위한 재량을 견제하고자 마련된 제도임에도 불구하고, 실제로는 대통령의 결정을 실질적으로 제약하지 못하는 경우가 많다. 더

---

6 행위에 영향을 미치는 제도적 맥락의 모든 관련된 측면을 나타내는 데 사용되는 용어로서, 제재 정책에서 말하는 '제도나 규칙'이란, 제재와 관련된 유효한 관련 국내법이나 국제법·관습이 존재하는지, 해당 규칙을 위반했을 경우 이를 판단하고 처벌할 수 있는 실질적인 사법 시스템이 갖춰져 있는지, 또한 제재 여부를 결정하는 의사결정 구조와 절차에 관한 규정이 존재하며, 이를 실제로 집행할 수 있는 제도석 시스템이 마련되어 있는지 등을 의미한다.

구나 정기적인 검토 등의 조항도 의회에서 제대로 이행되지 않아 사문화된 사례가 존재한다.

결국 대통령의 제재 결정에 실질적인 제도적 제약이나 기회 요인으로 작용하는 것은 국가비상사태를 의회에 통보해야 한다는 절차적 요건 정도이며, 이조차 대통령의 의사결정에 본질적으로 큰 영향을 미친다고 보기는 어렵다.

한편, 행정부는 미국 헌법을 준수해야 하며, 행정절차법 등 행정 행위 전반에 적용되는 일반 법률도 따라야 한다. 이는 모든 행정 행위에 해당하는 기본적인 사항으로, 실제로 제재와 관련해 피해를 입은 당사자가 소송을 제기해 사법적 판단을 받은 사례도 존재한다. 미국 법원은 제재 결정과 같은 고도의 외교적 행위에 대해서도 일정 수준의 재량은 인정하되, 사법적 판단에서 완전히 면제될 수는 없다고 보고 있다. 따라서 국제긴급경제권한법^{IEEPA}과 같은 제재 근거법보다 헌법이나 행정절차법이 정책결정자의 의사결정에 더 실질적인 영향을 미치는 제도적 요인으로 작용한다고 볼 수 있다. 이에 따라 헌법과 행정절차법이 실제로 어떤 방식과 수준으로 제재 결정에 영향을 미치는지를 별도로 살펴보는 것도 의미 있는 분석이 될 것이다. 이에 대해서는 다음 장에서 보다 구체적으로 다룰 예정이다.

또한 제재는 본질적으로 국제무대에서 외국의 국가나 단체 등을 대상으로 이루어지는 조치이므로, 미국 국내법뿐만 아니라 국제법적 규범도 함께 고려해야 한다. 제재는 교역을 제한하여 대상국에 압박을 가하는 방식이기 때문에, 세계무역기구^{WTO} 규정 등에 위배될 가능성이 있는지, 또는 국제적 적대 행위로서 인도주의적 원칙에 저촉되는 부분은 없는지 검토해야 한다. 더불어, 제재 대상국이 아닌 제3국과의 관계에 있어서 제재 실행국이 자국의 법을 근거로 제3국에 제재 협조를 요구하는 치외법권적 압박이 국제법상 국가 주권 원칙과 어떻게 병행될 수 있는지도 분석이 필요하다. 따라서 이러한 국제법적 관점 역시 제도적 요인으로 추가 고려할 필요가 있으며, 이에 대한 분석도 다음 장에서 진행하고자 한다. ('헌법, 행정절차법, 국제법이나 국제 관행 등 제도적 요인 — 사문화되었거나, 의사결정에 크게 영향을 주지 않을 정도로 추상적인 법규 등은 제외' — 도출)

행위자 Actor는 앞서 살펴본 물질적 조건, 공동체 특성, 제도 등으로 구성된 행위자 중심의 상황 Action situation에 상당한 영향을 받는다. 그러나 행위자가 이러한 상황적 요건에 무조건적으로 구속된다고 보기는 어렵다. 현실에서 행위자는 자신이 보유한 정보와 경험을 바탕으로 선호와 가치에 부합하는 정책 아이디어를 구상하고, 이를 실현하는 과정에서 상황적 요소를 고려하여 최종 의사결정을 내린다. 즉, 상황적 요소에 일방적으로 '기속(羈束, 유무형의 힘에 의해 강제로 얽어매어져 자유롭지 못한 상태)'된다고 가정하는 것은 다소 비현실적이다.

극단적인 예로, 물질적 조건 분석을 통해 어떤 제재가 미국의 안보에 긍정적인 효과를 가져올 것으로 판단되더라도, 그 제재가 미국 경제에 심각한 부작용을 초래하거나 인도주의적 원칙을 위반해 국제사회의 비판을 받는 상황이 있을 수 있다. 그럼에도 불구하고 해당 제재가 실행되는 경우라면, 이는 대통령이 국익의 우선순위를 어떻게 판단했는지, 미국의 대외정책에 어떤 철학을 가지고 있는지, 혹은 단기적인 정치적 이벤트가 영향을 미쳤는지 등 주관적 판단 요인이 크게 작용한 결과일 가능성이 크다.

이러한 상황적 요건은 행위자를 둘러싼 객관적인 조건 — 즉, 물질적, 제도적, 공동체적 환경 — 을 의미한다. 만약 행위자의 주관적인 판단이 이러한 객관적 조건과 불일치하는 방향으로 작동할 경우, 그 판단은 점차 외부의 물리적, 공동체적, 제도적 저항을 유발할 가능성이 크다. 이는 결국 행위자의 주관적 역량이 소진되면서 해당 정책이나 행동의 지속 가능성이 떨어지는 결과로 이어질 수 있다.

그런데, 이러한 상황적 요건 외에 행위자의 '주관성subjectivity'에 영향을 미치는 요인은 무엇일까?[7] IAD 틀에서는 외부 상황적 요건 외에도, 행위자Actor의 의사결정에 영향을 미치는 내적 요소로 다음 네 가지를 제시하고 있다. 자원Resources, 선호Valuations, 정보 처리Information Processing, 선정 절차Selection Process가 바로 그것이다.[8]

자원Resources

자본, 노동, 지식, 기술, 시간, 사회적 영향력 등 다양한 자원에 대한 접근Access to stocks of capital, labor, knowledge, technology, time and social influence을 의미

---

[7] 분석에 앞서 제재 정책을 결정하는 주요 행위자를 설정할 필요가 있다. 제재 관련 법령들은 일반적으로 대통령에게 광범위한 재량권을 부여하고 있으며, 이에 반해 의회의 실질적인 견제는 제한적이고, 일반 국민이나 시민사회는 정보 접근성 측면에서 제약을 받는 경우가 많다. 또한 외교 및 안보 정책은 전통적으로 대통령의 고유 권한으로 해석되어 온 점을 고려할 때, 제재 정책의 최종적이고 실질적인 결정권자는 통상적으로 '미국 대통령'이라고 보는 것이 타당하다. 따라서 본 분석에서는 미국 대통령, 또는 범위를 다소 확장하여 대통령을 포함한 대통령실 내부 경제안보 관련 조직을 제재 정책의 핵심 행위자로 설정하여 분석을 진행하고자 한다.

[8] 상황적 요인과 아래에서 살펴볼 네 가지 주관적 요인 사이에는 상호 중첩되는 부분이 존재한다. 예를 들어 '자원(Resources)'은 자금이나 인력에 대한 접근성을 의미하는데, 이는 상황적 요인의 '물질적 조건'과 유사하며 일부 겹치는 측면이 있다. 다만 양자를 구분하자면, 여기서 다룰 '자원'은 대통령 또는 대통령실 내 경제안보 조직이 직접적으로 통제하거나 활용할 수 있는 예산과 인력 등을 의미한다. 반면, 상황적 요인으로써의 물질적 조건은 미국 정부 전체 또는 국가 차원의 예산·인력 수준 등을 지칭한다고 볼 수 있다.

한다. 이는 대통령이나 대통령실의 경제안보조직이 제재와 관련된 여러 부처의 보고를 분석하고 판단하는 데 필요한 전문 인력과 정보 접근 권한 등을 확보하고 있는지를 포함한다. 대통령은 행정부의 수반으로서 이러한 자원을 기본적으로 보유하고 있다고 볼 수 있다. 그러나 실무 부서의 정보가 대통령실에 제대로 전달되지 않는 경우는 종종 발생하며, 특히 법무부가 수행하는 제재 위반자에 대한 형사절차 등은 삼권분립 원칙에 따라 대통령이 직접 관여할 수 없는 영역이다. 따라서 이를 판단할 인력을 보유하거나 관련 정보에 접근하려는 시도는 원칙적으로 허용되지 않는다. 예를 들어, 미국 대통령이 유럽 정상들과 회담할 때, 종종 유럽 은행들에 대한 미국 사법 당국의 과도한 벌금 부과에 대한 경감 요청을 받지만, 대통령의 일관된 입장은 "사법절차는 대통령도 관여할 수 없는 사안"이라는 것이다.

자원 항목 중 특히 흥미로운 부분은 대통령이 가진 '사회적 영향력 (예: 대통령 지지율)Social influence'이다. 이는 대통령의 의사결정에 상당한 영향을 미칠 수 있으며, 실제로 제재 결정과 대통령의 지지율 사이에는 상관관계가 높다는 연구 결과도 있다. 여러 학술 연구에 따르면, 낮은 지지율을 가진 대통령은 지지율을 회복하기 위해 보다 강경한 제재 정책을 선택할 가능성이 높은 것으로 나타난다.

선호Valuation or preference

행위자가 특정 상황에서 달성하고자 하는 바what it is that an actor wishes to achieve in a given situation를 의미한다. 이는 대통령이 제재 정책에 대해 가지는 기본적인 관점이나 철학과 관련된다. 제재는 단순한 외교 수단을 넘어서 경제와 국가안보 전반과 연결되어 있기 때문에, 대통령의 경제관과 안보관은 중요한 의사결정 기준이 된다.

예를 들어, 경제적으로 자유무역을 지지하고 기업의 글로벌 경영을 통한 생산성 증대를 지지하는 대통령이라면, 제재에서도 국가안보상 필요 최소한의 조치를 제외하고는 제재의 범위를 확대하는 것을 경계할 것이다. 반면, 국익에 있어 공동체적 가치를 중요하게 여기는 지도자는 경제적 효율성이 다소 희생되더라도 자국 산업과 노동자의 보호 등을 위해 관세와 같은 수단을 적극적으로 활용하고, 제재 대상 산업도 첨단 산업을 넘어서 제재 대상국의 노동 인권 훼손, 부당 보조금 지급 등에 피해를 보는 다양한 산업으로 확대할 가능성이 높다.

정보 처리 Information Processing

의사결정을 내릴 때 정보를 수집하고 해석하여 반영하는 과정을 의미한다 the process used to incorporate information to make decisions about actions. 정보 자체는 앞서 언급한 자원에 포함되며, 제재 위반자에 대한 사법적 절차를 제외하면 대통령은 대부분의 정보에 접근할 수 있다고 볼 수 있다. 하지만 정보의 존재와 정보의 보고는 별개의 문제이다. 대통령에게 어떤 정보가 보고되는지는 장관이나 참모의 판단에 따라 달라질 수 있으며, 이들의 선호나 판단이 대통령의 정보 인식에 영향을 미칠 수 있다. 만약 대통령실의 의사결정 규칙에 따라 찬반 양측의 의견을 모두 포함하여 보고하게 되어 있다면 정보 편향의 위험은 줄어들 수 있다. 그러나 이러한 방식은 제재나 국제정치에 대한 전문성이 상대적으로 낮은 대통령에게 과도한 판단 부담을 줄 수 있어, 상황에 따라 바람직하지 않을 수도 있다.

아쉽게도 실제로 제재 결정 시 대통령에게 정보가 어떻게 보고되는

지에 대한 구체적인 방식은 외부에 알려져 있지 않으며, 이는 종종 민감한 사안으로 분류된다.

선정 절차 Selection Process

여러 대안 가운데 우선순위를 평가하고 선택하는 과정을 의미한다 the process used to order and evaluate one action alternative with respect to another. 일반적으로 관련 부처의 전문 보고서가 대통령실의 경제안보 조직에 전달되며, 이를 바탕으로 대통령에게 최종 보고가 이루어지고, 제재 여부 및 방식이 결정된다. 하지만 이러한 공식적인 경로 외에도 중요한 요소는 대통령에게 밀접하게 보고하는 참모의 성향과 역할, 그리고 대통령이 이들의 의견을 얼마나 신뢰하고 존중하는지에 달려 있다. 제재 정책은 대외비이거나 행정부 내에서도 극소수만 접근할 수 있는 정보에 기반하여 결정되는 경우가 많다. 이는 정책 결정에 참여하는 그룹의 범위가 제한적임을 의미하며, 참모의 성향이나 전문성에 따라 대통령의 결정이 달라질 가능성을 높인다. 물론 대통령이 참모의 의견에 크게 의존하지 않는 스타일이라면, 이러한 영향력은 상대적으로 줄어들 수 있다.

앞서 살펴본 바와 같이, 대통령의 내부 판단에 영향을 미치는 네 가지 요소 — 자원 Resources, 선호 Preferences, 정보 처리 Information Processing, 선정 절차 Selection Process — 는 제재 결정 과정에서 대통령에게 부여된 광범위한 재량권을 고려할 때 매우 중요한 분석 대상이다. 따라서 이러한 요소들을 고찰하는 것은 제재 정책 결정의 핵심 요인을 이해하는 데 중요한 과정이다. 그러나, 이와 같은 정책 결정자의 주관적 상황과 관련된 요소는 결정자에 따라 '가변적인' 것으로 제재 결정 시 '구조적인' 요인을 살펴볼 때는 이러한 행위자의 주관적 요소보다는 객관적 여건을 살피는 것이 더 취지에 부합하다 할 수 있다. 특히, 앞서 설명하였듯이 객관적 조건에 역행하는 주관적 결정의 지속 가능성에 대한 의구심도 상당하다.[9] 따라서, 아래에서는 제재 결정에 영향을 미치는 객관적이고 구조적인 요인에 집중하여 분석하고자 한다.

IAD(제도분석 및 발전) 모형을 기반으로 미국의 제재 관련 의사결정에 영향을 미치는 주요 요소들을 정리하면 다음과 같다. (※ 주관적 요소는 제외)

제재 결정에 영향을 미치는 5가지 요인(IAD 외생변수에서 파생)

제재 결정에 영향을 미치는 주요 객관적 요인은 다음 다섯 가지로 정리할 수 있다. 이는 IAD(제도분석 및 발전) 프레임워크에서 말하는 외생변수 Exogenous variables 로부터 도출된 것이다.

핵심 전략국의 협력 확보 가능성

제재의 실효성과 국제적 정당성을 확보하기 위해, 주요 동맹국이나 전략적 파트너와의 협력 가능성은 중요한 판단 기준이 된다. 제재가 효과적으로 작동하기 위해서, 또는 미국의 다른 핵심 어젠다의 성공적 실행을 위해 이러한 협력 네트워크의 구축이 필수적인 경우가 점점 증가하고 있다.

---

9 예를 들어, 특정 제재 실행 이후 미국 경제 등에 대한 부정적 영향이 상당할 경우, 경제안보팀 내 해당 제재 실행을 지지하는 그룹의 목소리는 줄어들고 다른 그룹의 의견이 반영되는 등의 작용으로 제재가 변형 또는 철회될 확률이 높아질 것이다.

제재로 인한 국익의 부작용 정도

제재로 인해 자국의 경제, 외교, 안보 등 다른 국익에 미칠 수 있는 부정적인 영향의 규모와 범위를 신중히 고려해야 한다. 제재가 타겟 국가에 미치는 압박 외에도 자국에 미칠 잠재적인 부작용을 평가하는 것이 중요하다.

제재의 실효성(충분한 레버리지의 존재 포함)

제재가 대상국의 행동 변화를 실질적으로 유도할 수 있는 경제적·외교적 지렛대Leverage가 존재하는지와 제재가 기대하는 정책 목표를 달성할 수 있을지를 판단한다. 즉, 제재가 실제로 효과를 발휘할 수 있는지에 대한 평가가 필요하다.

여론, 의회, 기타 이해관계자의 정보 접근성과 지지 여부

제재 관련 정보가 국민, 입법부, 주요 이해관계자들에게 얼마나 공개되고, 이들로부터 얼마나 충분한 지지를 받는지도 중요한 요소다. 제재가 정치적 지지를 얻을 수 있는 기반을 마련하는 것이 중요한 결정 요인이 된다.

헌법, 행정법, 국제법 및 국제 관행 등 제도적 요인

제재가 관련 국내외 법령과 국제적 규범에 부합하는지 여부는 정책 결정의 정당성과 지속 가능성을 좌우한다. 국제법적 측면과 국내법적 규제를 고려해야 제재 정책이 법적으로 정당화되고, 국제적 비판을 피할 수 있다.

> **IAD 외생변수(3가지)에서 파생된 제재 결정요인(5가지)**
>
> **물질적 요인(material conditions)**
>
> - 제재 편익 ▶ "제재의 실효성 (예: 경제적/군사적 의존성)"
> - 제재 비용 ▶ "제재로 인한 다른 국익(예: 교역 축소) 훼손"
> - 편익과 비용 불일치: 공공재 공급/글로벌 과잉 공급
>   ▶ "핵심 전략국의 협조(예: 반도체 금수 공조/미군 지원)"
>
> **공동체 특성(community attributes)**
>
> ▶ "일반 국민, 의회, 이해관계자의 정보 접근성 및 지지"
>
> **실효성 있는 제도/규칙(rules in use)**
>
> ▶ "국내/국제 법규, 관행 등 준수(예: 인도주의적 조치 예외)"

위에서 언급한 다섯 가지 요인은 행정부가 제재 관련 의사결정을 내릴 때 영향을 미치는 주요 요인들이다. 다음 장에서는 이들에 대해 보다 깊은 설명을 진행할 예정이다. 다만, 그 중에서 '여론, 의회, 기타 이해관계자의 정보 접근성과 지지 여부'는 제재 정책 결정 시 분명히 중요한 고려 요소이지만, 앞서 설명한 내용으로 충분하다고 판단되어 나머지 네 가지 결정 요인에 집중하여 추가적인 분석을 진행하고자 한다. 이는 편의상의 결정에 불과하며, 해당 요소의 중요성이 낮다는 뜻은 절대 아니다. 따라서, 다음 장에서는 다음 네 가지 요소를 중심으로 보다 심층적인 설명을 이어가겠다.

- 핵심 전략국의 협력 확보 가능성
- 제재로 인한 국익의 부작용 정도

- 제재의 실효성(예: 제재 실행에 필요한 충분한 레버리지 존재 여부)
- 헌법, 행정법, 국제법, 국제 관행 등 제도적 요인

이러한 요소들은 여론이나 대통령 선호 같은 정무적 판단 요소라기보다는, 행정부 내부의 실무적 차원에서 제재 정책을 결정할 때 중시되는 기준으로 볼 수 있다. 다시 말해, 이는 실무 관료들이 제재 정책을 수립하고 집행하는 과정에서 반드시 고려해야 하는 핵심 목표와 제약 요인을 보여준다.

정책 결정자가 제재 정책을 실행할 때 법적·제도적 요건의 충족은 필수조건, 즉 이를 준수하는 것이 선행되어야 한다. 반면, 제재의 실효성, 국익에 대한 부작용 최소화, 핵심 전략국과의 협력 확보는 정책 목표로서, 달성 수준이 높을수록 바람직한 결과로 이어지는 충분조건에 해당한다.

이러한 요소들 간의 관계를 그림으로 표현하면 다음과 같은 구조로 설명할 수 있다.

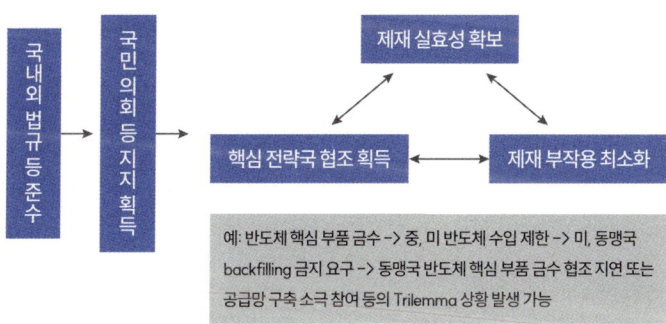

제재 주요 결정 요인들간의 관계(예시)

일반적으로 정책을 실행할 때 가장 먼저 고려되는 것은 관련 법규나 제도적 규범의 준수 여부이다. 따라서 이를 가장 우선적 고려사항으로, 도식의 가장 왼쪽에 배치하였다. 그 다음으로 제재는 고도의 외교적 행위이자 궁극적으로 최고 정책 결정권자가 판단을 내리는 사안이므로, 여론과 이해관계자의 지지 여부 역시 중요한 고려사항이 된다. 정책 결정자는 이러한 정치적·사회적 반응에 민감하게 반응할 수밖에 없기 때문이다.

  다만, 여론이나 의회 등의 지지가 약하더라도, 실무적으로 제재의 실효성이 충분하고 부작용이 제한적이며, 핵심 협력국의 협조가 확보되는 경우에는, 법적 요건만 충족된다면 제재를 강행할 수 있는 사례도 존재한다. 따라서 앞서 제시한 의사결정 흐름은 일반적인 경향성을 설명하기 위한 예시적 구조일 뿐, 모든 경우에 일률적으로 적용되는 절대적인 기준은 아니라는 점에 유의해야 한다.

  이제 법적 요건의 충족과 여론 및 이해관계자의 지지가 확보되었다면, 다음으로 제재 정책이 달성하고자 하는 세 가지 전략적 목표를 구체적으로 검토할 필요가 있다. 여기서 떠오르는 것이 바로 정책학에서 자주 언급되는 명제다. 바로 "하나의 정책이 복수의 목표를 동시에 추구할 경우, 이를 모두 만족시키기는 어렵다"는 이론이다. 이는 마치, 외환시장에서 외환정책 수행 시 '외환시장 자유화, 자본자유화 및 통화 정책 독립성'이라는 세 가지 목표를 동시에 달성하기 어려운 것과 유사한 논리다.

  그렇다면 제재 정책에서도 이와 같은 정책 목표 간 상충이 발생하여, 이른바 '제재 정책의 트릴레마^{Trilemma}(3중고 또는 세 가지 딜레마)'가 나타날 가능성은 없을까? 결론부터 말하면, 모든 경우에 해당하는 것은 아니더라도, 세 가지 정책 목표 간 충돌이 나타나는 경우가 적지 않게 발생한다는 것이다.

이를 설명하기 위해, 미국이 중국의 무기체계에 첨단 반도체가 활용되는 것을 차단하기 위해 중국의 첨단 반도체 생산에 필수적인 중간재 수출을 금지하는 제재를 시행한다고 가정해 보자.

이 경우, 제재의 실효성을 높이기 위해 미국은 동맹국 등 제3국에도 유사한 수출 통제를 요청할 것이다. (→ 제재 실효성 강화)

그런데 이에 대응해 중국이 미국 기업으로부터 일반 반도체 수입을 제한하는 방식으로 보복한다면, 이는 미국 반도체 기업의 매출 감소라는 부작용을 초래하게 된다. (→ 국익 부작용 발생)

이때 미국은 자국 기업이 중국 시장에 진출하지 못하는 상황을 이용해, 제3국 기업들에게 미국 기업을 대신해 중국에 반도체를 공급하지 말라('백필링Backfilling 금지')는 요청을 할 수 있다.

그러나 제3국 입장에서는 군사력 증강 억제를 위한 첨단 반도체·중간재 수출 통제는 수용 가능하더라도, 일반적(범용) 반도체 수출까지 제한하라는 요구는 논리적 타당성이 부족하다고 볼 수 있다.

만약 이 요구가 지나치게 강압적으로 작용한다면, 제3국은 불만의 표시로 중간재 수출 통제를 소극적으로 집행하거나 시행을 지연시키는 식으로 미국 제재의 실효성을 약화시킬 가능성이 있다. (→ '부작용 최소화 vs 제재 실효성 확보' 상충)

나아가, 해당 제3국이 미국의 군사 전략을 지원하는 주요 협력국일 경우, 이러한 갈등은 군사 협력 약화로까지 이어질 수 있다. 예를 들어, 정보 제공 축소와 같은 조치가 이루어질 가능성이 있으며, 이는 미국의 글로벌 안보 전략에도 부정적인 영향을 미칠 수 있다. (→ '부작

용 최소화 vs 핵심 전략국 협조' 상충)

 이처럼 제재 정책에서도 세 가지 전략적 목표, 즉 ① 제재의 실효성 확보 ② 국익 훼손의 최소화 ③ 핵심 전략국과의 협력 획득 간 상충 관계가 나타날 수 있으며, 이는 제재 정책 실행이 지니는 복잡성과 한계를 보여주는 사례라 할 수 있다. 따라서 이러한 '제재 트릴레마'의 구체적인 전개 양상을 이해하기 위해서는, 앞서 제시한 제재 정책 결정 요인들이 구체적으로 어떤 내용을 포함하고 있는지를 보다 면밀히 살펴볼 필요가 있다.

 이 부분이 바로 다음 장에서 다룰 핵심 내용이다.

제재 정책 결정에 영향을 미치는 요인 2

— 제재 정책의 트릴레마(Trilemma)

5
제재 정책 결정에
영향을 미치는 요인 2

  이 장에서는 앞서 제시한 제재 정책의 세 가지 전략적 목표와 제도적 제약 요인에 중점을 두어 살펴보고자 한다.

  제도적 규범의 준수는 제재를 포함한 모든 행정 행위의 출발점이 되므로, 이를 가장 먼저 검토할 필요가 있다. 여기서 말하는 제재에 적용되는 제도들은 단순히 존재하는 것만으로는 충분하지 않다. 실질적인 실효성을 가지는지 여부가 중요하다. 다시 말해, 사문화되었거나 의사 결정에 실질적 영향을 미치지 못하는 추상적인 규범은 제외되며, 제도의 실효성은 이를 실제로 강제할 수 있는 수단이 존재하는지 여부에 달려 있다.

  제재는 행정부를 대표하는 대통령의 최종 결정으로 이루어지기 때문에, 대통령의 행위를 제한하고 위반 시 제재를 가할 수 있는 장치, 즉 제재 관련 행정부 결정에 대한 사법적 통제 가능성은 중요한 평가 기준이 된다. 이에 따라, 이 장에서는 이러한 제도의 존재 여부와 사법적 통제 가능성에 초점을 맞춰 서술하고자 한다.

또한, 제재는 대상국과 그 국민에게 침익적(권리를 제한·침해하는) 성격을 가지므로, 인도주의적 원칙의 준수가 국내외적으로 특히 강조된다. 이는 전시 상황에서도 동일하게 요구되는 국제 기준이며, 이에 따라 인도주의 원칙의 의미와, 미국 및 국제법상 근거와 한계에 대해서도 별도로 분석할 예정이다.

결국 사법적 통제 가능성, 인도주의 원칙의 적용이라는 두 가지 측면으로 나누어 고찰하는 것이 제도적 요인과 관련된 핵심 내용이다.

1. 제재에 대한 사법적 통제

2021년 6월, 바이든 행정부는 트럼프 행정부 시절 발효된 온라인 채팅 플랫폼 위챗WeChat에 대한 이용 제한 행정명령을 공식 철회하였다. 트럼프 1기 행정부는 2020년 8월, 중국 정부가 해당 플랫폼을 정보활동Intelligence 목적으로 활용하여 미국 내 대중의 데이터에 접근하거나, 검열 및 허위정보 유포에 이용할 가능성이 있다는 이유로, 국제긴급경제권한법IEEPA에 근거하여 제재를 단행한 바 있다. 그러나 2021년 상반기, 미국 법원은 이 행정명령이 미국 내 대부분의 사용자에게 위챗WeChat 사용을 제한함으로써 헌법상 표현의 자유 및 결사의 자유Freedom of Speech and Association를 침해할 소지가 있다는 주장을 받아들였다. 이에 따라 법원은 가처분preliminary injunction 결정을 통해 해당 행정명령의 집행을 최종 판결이 나올 때까지 중단할 것을 명령하였다. 이러한 법원의 결정 이후, 바이든 행정부는 해당 행정명령을 철회하게 된다.

일반적으로, 어느 나라의 사법 당국도 삼권분립의 원칙에 따라 행정부의 결정에 일정 수준의 재량을 인정한다. 특히 외교 및 국가안보와 같은 민감한 사안에서는 행정부의 판단에 더 넓은 재량이 부여되는 것이 통상적인 관행이다. 미국 법원 역시 이러한 기조에 따라, 행정부의 제재 조치가 쟁점이 된 소송에서 대부분 행정부 측의 손을 들어주는 경우가 많았다.

하지만 앞서 소개한 위챗 사례에서 확인할 수 있듯이, 헌법이나 법률을 명시적으로 위반하며 행정부 재량의 한계를 넘어서는 경우, 사법당국도 견제와 균형의 원칙에 따라 이를 제한할 권한과 의무가 있다. 이러한 사법적 판단 과정에서 적용되는 법률과 원칙들은 다음과 같다.

절차적 측면

미국 수정 헌법 제5조는 범죄 혐의가 있는 개인에게 절차적 권리Procedural Due Process를 보장하고 있다. 이는 자기에게 불리한 진술을 강요받지 않을 권리, 재산권 침해 시 사전 통지 및 정당한 반론 기회 제공 등을 포함한다. 이러한 절차적 권리는 제재 정책에도 적용될 수 있으며, 실제 이를 확인할 수 있는 관련 판례들도 존재한다.

예를 들어, 미국 내 외국인 투자 활동을 감독하는 외국인투자심의위원회CFIUS의 결정에 따라, 대통령이 국가안보상의 이유로 외국 기업의 미국 기업 인수·합병을 불허한 사건에서, 미 연방 항소법원은 해당 기업에 대해 결정 이전에 관련 정보를 제공하고, 이에 기초해 반론 기회를 보장해야 한다고 판시한 바 있다.

또한 Al Haramain Islamic Foundation v. U.S. Department of the Treasury 사건에서는, 미국 재무부 해외자산통제국OFAC이 Al Haramain을 제재 리스트에 등재한 조치에 대해, 법원은 제재 지정 자

체는 자의적이거나 비일관적arbitrary and capricious이지는 않다고 판단했다. 그러나 제재 대상이 된 단체에 사전 고지를 충분히 하지 않았고, 지정 사유가 보안자료에 기반하였더라도 이를 요약하거나 유사한 효과를 낼 수 있는 완화조치Mitigation measures를 취하지 않은 점은 수정 헌법 제5조를 위반한 것이라고 판단하였다. 아울러, 자산을 압류하기 전에 영장을 확보하지 않은 점 역시 수정 헌법 제4조(불합리한 압수 및 수색 금지) 위반으로 판결했다.

이 외에도, 미국의 행정절차법APA: Administrative Procedure Act은 행정부가 따라야 할 기본 절차 규정을 명시하고 있으며, 제재 조치도 일반적인 상황에서는 이를 준수해야 한다. 여기에 포함되는 내용으로는 사전 통지Notice, 반론 기회Opportunity to comment, 그리고 해당 조치에 대한 적절한 설명Adequate explanation 제공 등이 있다.

특히, 제재 결정이 확정되기 이전에도 제재 관련 정보가 외부로 유출될 경우 해당 기업은 심각한 평판 및 재정적 손실을 입을 수 있다. 이에 따라 외국인투자심의위원회 등 관련 기관은 조사 대상 기업의 정보를 외부에 유출하지 않도록 규정하고 있으며, 이는 정보공개법Freedom of Information Act의 예외 조항으로 보호받는다.

물론, 이러한 절차적 위반이 있다고 해서 곧바로 해당 제재 조치가 전체적으로 취소되거나 철회되는 것은 아니다. 절차 위반의 경중과 국가안보와 같은 사안의 시급성과 중대성을 함께 고려하여 제재의 유효성 여부를 종합적으로 판단하게 된다는 점은 유의해야 할 것이다.

내용적 측면

행정절차법상 재량 범위 초과

미국 행정절차법APA: Administrative Procedure Act은 행정부의 행정조치가 '자의적arbitrary, 비일관적capricious, 재량권 남용an abuse of discretion, 또는 법을 준수하지 않은not in accordance with law' 경우에는 허용될 수 없다고 명시하고 있다. 일례로, 오하이오 북부 지방법원은 자선 인권 단체를 제재 리스트에 포함시킨 해외자산통제국OFAC의 조치가 헌법 제4조 및 제5조 위반일 뿐만 아니라 그 단체의 법률 자문 비용 지출을 위한 자산 접근마저 제한한 것은 자의적이고 비일관적인 행정조치로, 행정절차법APA의 기준에도 위배된다고 판단하였다.

헌법상 권리 침해

제재가 미국 헌법에 명시된 권리를 침해하는 사례 역시 존재한다. 절차적 측면에서는 주로 수정 헌법 제4조와 제5조 위반이 문제되며, 내용적 측면에서는 수정 헌법 제1조, 즉 표현의 자유와 결사의 자유 침해 여부가 핵심 쟁점이 된다. 예를 들어, 트럼프 대통령이 위챗의 사용을 금지한 명령은 일부 지역 공동체에서 해당 플랫폼이 유일한 의사소통 수단으로 사용되고 있다는 점에서 공공의 표현 수단을 차단한다는 비판을 받았다. 이에 법원은 수정 헌법 제1조 침해 가능성을 이유로 해당 명령의 효력을 최종 판단 전까지 정지시키고, 이후 바이든 행정부는 해당 명령을 철회하였다.

또한, 미국 헌법은 삼권분립 원칙을 규정하고 있으며, 상업조항Commerce Clause에 따라 외국과의 무역 및 상거래를 규제하는 권한은 의회에 귀속된다고 명시되어 있다. 따라서 대통령이나 행정부가 의회의 권한이나 법률을 초월하여 제재 권한을 행사할 경우, 이는 헌법 위반으로 간주될 수 있다.

개별 제재 법령에 부여된 권한 초과

앞서 제재 법령의 역사에서 살펴본 바와 같이, 미국 의회는 제재 권한의 남용을 방지하기 위해 국제긴급경제권한법IEEPA에 따라 비상시 대통령이 행사할 수 있는 권한을 명확히 열거하고 있다. 따라서 국제긴급경제권한법IEEPA에 명시되지 않은 조치까지 대통령이 취할 경우, 이는 해당 법률이 허용한 범위를 초과한 것으로 간주될 수 있으며, 더 나아가 삼권분립 원칙을 규정한 헌법 조항에 위배될 소지도 있다.

국제긴급경제권한법IEEPA은 대통령이 개인 간 커뮤니케이션, 의약품 및 인도적 지원, 정보 자료, 여행 관련 거래personal communications, medicine and humanitarian assistance, informational materials, and travel-related transactions에 대해서는 금지하거나 제한할 수 없도록 명시하고 있다. 이와 관련해, 트럼프 행정부 시절 틱톡TikTok에 대한 제재 조치가 시행되자, 법원은 틱톡의 비디오 공유 기능이 개인 간 커뮤니케이션이자 정보 자료에 해당할 수 있다고 판단하며, 행정부에 그러한 서비스에 대한 접근을 제한할 권한을 부여하지 않았다고 판단하였다. 이에 따라 바이든 행정부는 해당 행정명령을 철회한 바 있다.

다만, 정보 공유 자체를 직접 규제하는 것이 아니라 이를 우회하는 방식으로, 2024년 4월 미국 의회는 초당적인 지지를 바탕으로 틱톡에 대한 새로운 법률을 통과시켰다. 해당 법은 중국 정부가 모회사인 ByteDance를 통해 미국인의 개인정보에 접근하거나 여론을 왜곡할 수 있다는 점을 근거로 하여, ByteDance가 틱톡의 지분을 매각하지 않을 경우 미국 기업(예: 애플, 구글)들이 앱스토어에서 틱톡 다운로드를 지원하지 못하도록 하고, 또한 틱톡의 동영상 공유를 가능하게 하는 인터넷 호스팅 서비스 제공도 제한하는 내용을 담고 있다.

이 조치에 대해 ByteDance와 틱톡, 그리고 틱톡을 사용하는 일부 크리에이터들이 위헌 및 법률 위반을 주장하며 소송을 제기했고, 현재 미국 법원에서 심리가 진행 중이다. 이후 2025년 1월 트럼프 대통령의 재취임 이후, 그는 지분 매각 기한을 연장하였으나, 미국과 중국이 어떤 합의에 도달할지, 그리고 틱톡이 미국 시장에서 영업을 지속할 수 있을지는 여전히 불확실한 상황이다.

 지경학 인사이트 ③ 트럼프 정부 보편 관세의 적법성 논쟁: Imperial presidency vs. Conservative law philosophy[1]

트럼프 관세 조치와 보수적 대법원의 충돌 가능성

2024년 트럼프 대통령은 재선 과정에서 중국에 60%의 추가 관세를, 그 외 모든 국가에는 일률적으로 10%의 추가 관세를 부과하겠다는 공약을 내세웠다. 당시 이 공약은 현실성이 떨어지고, 실제 임기 시작 이후에는 부작용이 클 것으로 예상되어 실행되지 않거나, 관세 부과 규모가 축소될 것이라는 전망이 많았다. 그러나 2025년 4월 2일, 트럼프 대통령은 백악관 로즈가든에서 10%의 보편적 관세와 더불어 국가별로 차등화된 관세를 부과하겠다는 계획을 공식 발표했다.

이러한 관세 조치는 미국 수입업체의 매출 감소는 물론, 타국의 보복 관세를 유발해 미국 수출기업에도 부정적인 영향을 미칠 것으로 예상된다. 또한, 인플

---

1 Alan Wm. Wolff, 『Would Trump's threats of new tariffs survive legal challenge in the Supreme Court?』, (PIIE, 2024) 참조

레이션으로 이미 어려움을 겪고 있는 미국 소비자들에게 물가 상승 압력을 더욱 가중시킬 수 있다. 실제로 발표 다음 날 미국 주식 시장에서는 코로나 팬데믹 이후 하루 최대 낙폭인 5% 이상의 하락을 기록하고, 안전자산인 미 국채 가격도 동시에 하락하는 등 패닉장을 연출하였다. 이에 따라 트럼프 정부는 각국에 차별적으로 부과한 상호 관세를 90일 동안 유예할 것을 발표하였으나, 여전히 10%의 보편 관세에 대해서는 유지하겠다는 입장이다.

이와 같이 강경한 통제 가능성에 대한 검토가 필요하다는 목소리가 나오고 있다. 특히, 미국 헌법 제1조 제8항은 외국과의 무역 및 상업에 관한 규제 권한을 의회에 부여하고 있다는 점에서, 대통령의 이번 관세 정책이 과연 헌법 및 행정법 체계 내에서 허용될 수 있는지 의문이 제기되고 있다.[2]

일반적으로는 매일같이 발생하는 수많은 무역 행위를 의회가 직접 규제하는 것은 현실적으로 불가능하기 때문에, 이러한 헌법 조항에도 불구하고 세부적인 집행 권한은 의회가 행정부에 위임한 것으로 해석된다. 따라서, 이번 트럼프 대통령의 관세 부과 조치가 의회의 위임 범위를 초과했는지, 그리고 무역을 규제할 권한이 의회에 있다는 헌법 정신에 위배되는지가 핵심 쟁점이 될 것이다.

이처럼 행정부에 권한을 위임하는 배경에는 의회가 모든 사안을 실무적으로 판단하고 집행하기에는 물리적 한계가 존재하며, 기술적·행정적 전문성에서 행정부가 우위에 있다는 인식이 깔려 있다. 그러나 이번 조치처럼 모든 국가에 일률적으로 10%의 추가 관세를 부과하는 결정은 일반 무역 관행이나 경제 전반, 인플레이션 등에 미칠 부정적 영향이 명확하므로, 이는 (행정부의 전문적인 판단에 맡길 사안이라기보다는) 법원이 이를 행정부의 재량 범위를 일탈한 행위로 판단할 가능성도 배제할 수 없다는 것이 일부 전문가들의 견해이다.

---

2 U.S. Constitution, Article I, Section 8, Clause 3: "The Congress shall have the Power … To regulate Commerce with foreign Nations, and among the several States…."

물론, 국가 비상사태 하에서는 법원이 행정부에 보다 광범위한 재량을 인정하는 경향이 있다. 예를 들어, 1971년 닉슨Richard Milhous Nixon 대통령은 무역 적자와 인플레이션 심화로 인한 경기침체 위기에 대응하기 위해 모든 수입품에 대해 4개월간 10%의 추가 관세를 부과한 바 있다. 이 조치는 달러 금 태환 중단, 임금 및 물가 동결 등의 조치와 함께 발표되어 이른바 '닉슨 쇼크'로 불렸다. 닉슨 대통령은 1917년 제정된 적성국교역법TWEA을 근거로, 이를 달러와 국제금융 시스템에 대한 전쟁에 준하는 공격으로 간주하고 해당 조치를 단행했다. 이에 대해 미국 관세·특허법원은 적성국교역법에 근거한 대통령의 권한 행사로서 적법하다고 판결하였다.

트럼프 대통령 1기 당시에도 철강·알루미늄 관세를 중국뿐만 아니라 일본, 유럽, 캐나다, 한국 등 동맹국에도 부과한 바 있다. 당시 상무부는 해당 품목들이 국가안보상 중요하고[3], 수입 증가로 인해 국내 산업이 위협받고 있다[4]는 내용의 분석 보고서를 작성했으며, 법원은 이를 적법하다고 판단하였다. 하지만, 세계무역기구WTO에서는 다른 시각을 보였다. WTO는 원칙적으로 자유무역 및 최혜국 대우 원칙을 위반하는 관세 부과를 허용하지 않지만, 예외적으로 안보 예외 조항Security exception을 두고 있다. 예컨대, 러시아가 크림반도 합병 이후 우크라이나에 관세를 부과한 사안에서, WTO는 실질적인 전시 상황이라는 점을 인정하여 WTO 규정 위반이 아니라고 판정하였다.

반면, 트럼프 정부의 철강 관세에 대해 중국 등이 제소한 사건에서는, WTO 패널이 미국의 안보 주장에 대해 '전쟁 또는 국제관계상 긴급상황'이라고 판단할 만큼

---

3   Under Section 232 of the Trade Expansion Act, the President has broad power to adjust imports — including through the use of tariffs — if excessive foreign imports are found to be a threat to U.S. national security.

4   Measures could not be justified under the security exception because they were not taken in time of an "emergency in international relations" as required by GATT Article XXI.

미국과 관세 부과국의 안보 갈등이 명확하지 않다는 이유[5]로 미국의 관세 부과 행위가 WTO 룰 위반이라는 판정을 내렸다. 미국은 이에 불복해 WTO 항소 절차에 들어갔으나, 미국 정부가 WTO 항소기구WTO Appellate Body의 심판관 임명을 거부하면서 WTO의 최종 결정은 사실상 무기한 지연되고 있는 상태이다.

이처럼 WTO의 판단과 미국 국내 법원의 판단이 엇갈리는 가운데, 미국 법원은 여전히 자국 법령과 대통령 권한 범위 내의 행위라는 판단을 유지하고 있다. 이는 한편으로는 행정부의 판단이 쉽게 사법적으로 번복되지 않는다는 점을 보여주지만, 동시에 안보 사유라 하여 정부 또는 해당 국가의 판단에 무조건 일임해야 한다는 논리는 통하지 않는다는 것을 반증하는 것이다. 즉, 최근 사법 당국의 경향은, 단순한 '안보 주장'만으로는 무제한의 행정 재량을 인정하지는 않으려는 입장인 것이다.

그렇다면 다시 돌아가, 과연 트럼프 대통령의 보편 관세 조치는 적법한 것일까? 이 문제는 단지 일부 품목이나 특정 국가에 대한 제한적 조치가 아닌, 모든 국가의 모든 품목에 대해 일률적인 관세를 부과해야 할 만큼 당시 미국 경제 상황이 '특이하고 과도한 위협unusual and extraordinary threat'에 처해 있었는지에 달려 있다. 만약 국제긴급경제권한법IEEPA에 근거한다면 그러한 위협의 실재 여부가 핵심 쟁점이 될 것이고, 무역확장법Trade Expansion Act을 근거로 할 경우에는, 수입품이 미국의 국가안보에 실질적인 위협이 되는지가 판단의 기준이 된다.

---

5 Measures could not be justified under the security exception because they were not taken in time of an "emergency in international relations" as required by GATT Article XXI.

이와 관련하여 미국 피터슨 국제경제연구소PIIE는 흥미로운 견해를 제시하였다(Wolff, 2024[6]). 트럼프 대통령이 재임 중 임명한 보수 성향의 대법관들이 이번 사안에서는 오히려 그의 관세 정책에 불리하게 작용할 가능성이 있다는 것이다. 현재 미국 대법원은 9명 중 6명이 공화당 대통령이 임명한 인사로 구성되어 있으며, 이 중 3명이 트럼프 1기 정부에서 임명된 인물들이다. 그러나 이들 보수 성향의 법관들은 전통적으로 '행정국가Administrative state'의 팽창과 권한 남용을 경계해 왔기 때문에, 제왕적 대통령제Imperial presidency라 불릴 만한 정부의 자의적 권한 행사가 민간에 미치는 부작용에 대해 법적 견제를 가할 수도 있다는 것이다. 다시 말해, 이 문제는 단순히 정치적 성향에 따라 판단될 수 있는 사안이 아니며, 오히려 보수적 법철학과의 충돌로 이어질 수 있다.

이러한 견해는 2022년 보수적인 법관들이 다수를 차지한 대법원에서 막대한 경제적, 정치적 중요성vast economic and political significance을 지닌 정책에 대해서는 행정부가 의회의 명확한 승인 없이 추진하면 위헌(소위 '거대 질문 독트린Major Questions Doctrine' 원칙의 위반이 사유)이라는 내용의 판결[7]과도 합치되는 측면이 있다.

---

6   Alan Wm. Wolff, 『Would Trump's threats of new tariffs survive legal challenge in the Supreme Court?』, (PIIE, 2024)

7   예를 들어, West Virginia 대 EPA(2022) 사건에서 미국 대법원은 오바마 행정부 환경청(EPA)이 수립한 '청정에너지 계획'에 대해, 에너지 분야 전반에 중대한 영향을 미칠 정책은 의회의 명확한 승인이 없는 한 행정부가 실행할 수 없다고 판결했다. 이때 적용된 법리적 기준이 바로 '거대 질문 독트린(Major Questions Doctrine)'이다.

   Paul Sracic, 『Trump's Tariffs Are a Major Legal Question: The Supreme Court has set clear boundaries on unilateral executive action of this magnitude』, (《The Wall Street Journal》, April 6, 2025)

> 많은 부작용이 예상됨에도 의회 등과 깊은 상의 없이, 보편 관세 10%를 부과한 현재(25년 4월 현재), 이러한 사법적인 대응이 가능할지 미국의 움직임을 주의 깊게 살펴봐야 할 것이다.

국제 규범 측면

제재 실행국의 법원이 자국의 제재 조치에 대해 법률 위반으로 판단할 수도 있지만, 실제로 해당 조치가 외교·안보 등 국가의 핵심 이익과 연계된 경우, 법원은 행정부의 판단에 상당히 폭넓은 재량을 인정하는 경향이 있다. 또한, 관할권의 한계로 인해 제재 대상국의 국민이나 기업이 제소할 경우, 미국 법원은 재판의 대상이 될 수 없다는 이유로 소 자체를 기각할 가능성도 존재한다. 특히, 외국인이나 외국 기업이 미국 헌법에 의해 보장된 권리를 직접적으로 주장하기는 어렵다. (다만, 일부 전문가들은 미국의 행정절차법[APA]을 근거로 외국인도 일정한 경우 권리 침해를 주장할 수 있다는 견해를 제시하기도 한다.)

이러한 사정 때문에, 2018년 한국 대법원의 강제징용 배상 판결에 대해 일본이 반도체 부품 등의 수출을 규제하는 조치를 취했을 때, 한국은 일본 법원이 아닌 세계무역기구[WTO]에 제소하는 절차를 택한 것이다.

WTO 협약 및 양자 무역협정 위반

자유무역의 확대를 위해 미국 등이 주도하여 설립한 세계무역기구는 회원국이 부당한 무역 규제 행위를 할 경우, 그로 인해 경제적 이익을 침해받은 다른 회원국에게 보상을 명하거나, 보복 조치로써 상계관세Countervailing duties 등을 허용하는 판정을 내릴 수 있는 권한을 가진 국제 기구이다. 제재 조치에는 종종 무역 제한이 포함되기 때문에, 이러한 무역 제재는 WTO가 일반협정GATT 제1조에서 보호하는 최혜국 대우 원칙The Most-Favored-Nation Principle(MFN 원칙)을 침해하는 것으로 해석될 수 있다. 최혜국 대우 원칙은 어떤 특정 국가에 부여한 무역 혜택을 모든 WTO 회원국에 동일하게 적용해야 한다는 원칙으로, 특정 국가에만 무역 제재를 가하는 행위는 곧 차별적인 대우로 간주될 수 있기 때문이다.

즉, 제재 실행국이 특정 국가에만 무역 규제를 적용하는 것은 WTO 협약상 허용되지 않는 차별적 조치로 해석될 여지가 있으며, 이에 따라 피해국은 WTO 분쟁해결절차DSB를 통해 제소할 수 있는 근거가 된다. 다만, 제재 실행국들은 이러한 WTO 원칙의 예외로서 '안보 예외 조항Security Exception'8을 주장하는 경우가 많다. 이 조항(GATT 제21조 안보 예외 조항)에 근거하여, 미국뿐만 아니라 러시아, 일본 등 여러 국가들도 국가안보와 관련된 무역 제한 조치를 제재의 일환으로 시행하고 있으며, 이를 뒷받침하는 국내 법률 체계를 갖추고 있다. 그러나 이러한 조항이 존재한다는 사실만으로 제재 실행국이 무역 제재를 무제한적으로 남용할 수 있는 근거가 되는 것은 아니다. 이는 WTO 패널이 그간 판결을 통해 일관되게 보

---

8 예외 조항 Article XXI (b) GATT
Nothing in this Agreement shall be construed:
(b) to prevent any contracting party from taking my action which it considers necessary for the protection of its essential security interests,
(i) relating to fissionable materials or the materials from which they are derived;
(ii) relating to the traffic in arms, ammunition and implements of war and to such traffic in other goods and materials as is carried on directly or indirectly for the purpose of supplying a military establishment;
(iii) taken in time of war or other emergency in international relations.

여준 기본적인 입장이다. 즉, 국가안보 명목으로 제재 조치를 정당화하려면, 단순히 제재 실행국의 주관적 판단에만 근거해서는 안되며, WTO는 다음 두 가지 요건을 충족할 경우에만 GATT 제21조에 따른 정당한 안보 예외Security Exception로 인정할 수 있다는 입장을 유지하고 있다.

첫째, 일반적인 국익을 넘어서는 '핵심적인 안보 이익Essential security interest'과 관련된 신뢰할 수 있는 안보 위협Credible security threat이 존재해야 한다.

둘째, 다국적 무역 시스템의 작동이라는 공동 이익Common interest을 고려하여, 해당 조치가 개별 국가의 안보 이익과 최소한의 비례성Minimum degree of proportionality을 가져야 한다.

다만, 이러한 요건이 존재함에도 불구하고, 지금까지 WTO 패널은 제재 실행국에 안보와 관련된 판단에 대해 상당한 재량을 인정하는 태도를 보여왔다. 그런데 2022년 WTO 패널은 안보 예외 적용에 있어 중대한 전환점을 의미하는 판결을 내렸다.

2018년 트럼프 대통령이 국가안보를 이유로 철강 및 알루미늄에 대한 일부 국가에 관세를 부과한 조치에 대해 중국, 스위스 등 다수 국가가 WTO에 제소하였고, 이에 대한 판정에서 WTO 패널은 다음과 같은 입장을 밝혔다.

패널은 안보 예외 조항이 적용되기 위해서는 해당 조치가 전시war 또는 국제관계에 있어 비상 상황other emergency in international relations 하에서 시행된 것임을 입증해야 한다고 보았으며, 미국과 해당 국가들 간의 관계는 그러한 비상 상황에 해당한다고 보기 어렵다는 판단을 내렸다.

이에 대해 미국은 국가안보에 관한 판단은 제네바에 있는 WTO 패널 3명의 관할이 아니라, 해당 국가의 고유한 판단 권한에 속한다고 강력히 반발하며, WTO 상소기구Appellate Body에 항소하였다.

하지만 WTO 상소기구는 2016년 이후 미국의 반복적인 반대로 신규 심판관 임명이 이루어지지 않아 사실상 마비 상태에 있으며, 이로 인해 WTO 패널의 결정은 항소 이후 더 이상 효력을 가지지 못한 채 집행되지 않는 상황이다. 이러한 한계에도 불구하고, 제재 실행국에서의 사법당국이 자국의 국익을 이유로 행정부에 큰 재량을 부여하는 것을 견제할 수 있는 국제 사법적 판단이 나왔다는 점에서 이러한 WTO 패널의 결정은 큰 의미가 있다.

지경학 인사이트 ④ 무너지는 국제무역의 규칙9

미·중 관세 전쟁과 WTO의 균열

1962년 제정된 무역확장법Trade Expansion Act 제232조Section 232는 정부 부처뿐만 아니라 이해관계자 누구든지, 특정 수입품이 미국 국가안보에 미치는 영향을 미 상무부에 조사해 줄 것을 요청할 수 있도록 규정하고 있다. 상무부는 이 조사를 수행할 때 다음과 같은 요소들을 종합적으로 고려한다.

- 해당 제품의 국내 생산 능력
- 향후 수요 예측
- 국방 수요를 충족하기 위한 인력, 원자재, 생산 설비, 투자 및 연구개발 R&D 수준

9　Kerstens, Emilie and Reinsch, William Alan, 『The WTO Panel Report on Chinese Tariffs: Consequences of a Broken Appellate Body』, (CSIS Report, 2023) https://www.csis.org/analysis/wto-panel-report-chinese-tariffs-consequences-broken-appellate-body 요약 정리

- 기타 국가안보에 영향을 미치는 요소들

또한 수입품에 대해서는 아래와 같은 영향을 추가적으로 고려한다.

- 외국과의 경쟁이 국가안보에 필수적인 산업에 미치는 영향
- 수입 증가로 인한 국내 생산의 대체, 실업 증가, 재정 수입 감소, 기술·투자·역량의 축소
- 국가 경제 전반의 약화 가능성

이러한 요소들을 종합적으로 검토한 뒤, 상무부가 해당 수입품이 국가안보에 실질적인 위협을 주지 않는다고 판단^{Negative}하면 추가 조치는 취해지지 않는다. 그러나 국가안보에 중대한 영향을 미친다고 판단^{Affirmative}하고 대통령이 이에 동의할 경우, 대통령은 관세나 쿼터 부과 등 조정 조치를 취할 수 있다. 이때 특정 품목이나 국가에 대해 예외를 인정할 수 있는 재량도 대통령에게 부여된다.

2017년, 상무부는 철강 및 알루미늄 제품이 국가안보에 미치는 영향을 조사했다. 이 조사에서 현재 및 미래 국방 수요와 16개 핵심 인프라 산업군을 분석한 결과, 해당 제품의 높은 수입 의존도와 이를 허용하는 시장 구조가 국가안보를 저해한다고 판단하였다. 이에 2018년, 트럼프 대통령은 상무부의 판단에 동의하여 철강에는 25%, 알루미늄에는 10%의 관세를 부과하였다.

관세 시행 이후 일부 국가는 미국과 협상을 통해 면제 또는 대체 조치를 합의하였다.

- 한국, 브라질: 철강에 대해 쿼터 유지 조건으로 관세 면제
- 아르헨티나: 철강 및 알루미늄 모두 쿼터 유지 조건으로 관세 면제
- 호주: 조건 없이 관세 전면 면제
- 캐나다, 멕시코: 공동 모니터링 시스템 도입을 조건으로 면제

- EU, 영국, 일본: 바이든 행정부에서 기존 관세를 쿼터 시스템Tariff Rate Quota, TRQ으로 전환하는 조건으로 WTO 제소 철회

반면, 면제를 받지 못한 중국, 노르웨이, 스위스, 터키 등은 미국의 조치를 WTO에 제소하였다.

미국은 이 관세 조치가 GATT 제21조 안보 예외Security Exception에 해당한다고 주장하며, 국가안보와 관련된 판단은 각국의 전적인 재량 사항이라고 항변했다. 그러나 WTO 패널은 다음과 같은 판단을 내렸다.[10]

"안보 예외 조항은 개별 국가의 자의적인 판단만으로 무제한 적용될 수 없으며, 최소한의 객관적 요건을 충족해야 한다. 또한, 이 요건 충족 여부에 대한 판단은 WTO의 권한에 속한다."

패널은 특히 GATT 제21조(b)항의 요건 중 하나인 '국제관계에서의 긴급상황Emergency in international relations'에 해당하기 위해서는 실질적이고 구체적인 외교적 긴장, 무력 충돌, 전시 상태 등에 준하는 상황이 있어야 한다고 해석했다. 그리고 미국과 제소국 간의 관계는 이러한 긴급상황에 해당하지 않는다고 판단했다. 이는 안보 예외 조항이 해당 관세 조치에 정당성을 부여할 수 없다는 결정이었다.

이에 대해 미국은 WTO 패널의 판단을 수용하지 않았다. 대신 WTO 상소기구Appellate Body에 항소를 제기했는데, 이 과정에서 자신이 상소기구의 심판관 임명을 지속적으로 지연시켜 상소기구의 기능을 사실상 마비시킨 상황을 역이용했다. 즉, 항소를 통해 판정을 무력화시킴으로써 WTO 패널의 판결을 실

---

10 "these measures could not be justified under the security exception because they were not taken in time of an 'emergency in international relations' as required by GATT Article XXI"

질적으로 폐기하려 한 것이었다. 이 지점만 보면, 미국의 상소기구 마비 전략은 자국의 국익에 부합하는 조치처럼 보일 수도 있다. 그러나 시간이 흐르면서 흥미로운 반전이 일어났다. 2023년 8월, WTO 패널은 중국이 미국의 철강·알루미늄 관세에 대응해 부과한 보복 관세가 WTO 규정에 위배된다고 판정한 것이다.

중국은 앞서 2022년 WTO 패널이 미국의 관세 조치가 안보상 예외로 인정될 수 없다고 판결했음에도, 미국의 상소로 인해 해당 판정이 집행되지 않자 이를 세이프가드Safeguard 조치로 간주하고, WTO 규정에 따라 보복 관세를 부과하였다. 세이프가드 조치는 수입 급증 등으로 국내 산업이 심각한 피해를 입을 경우 한시적으로 보호 조치를 취할 수 있도록 하되, 이에 따라 피해국이 적절한 보상 요구나 보복 조치를 할 수 있도록 허용하는 제도다.

이에 대해 미국은 WTO에 중국을 제소했다. (상소기구 마비의 원인을 제공한 미국이 WTO에 제소했다는 점은 그 자체로 아이러니라 할 수 있다.) WTO 패널은 미국의 관세 조치가 세이프 가드가 아니라 안보상 예외Security Exception를 근거로 한 것이므로, 중국의 보복 조치는 WTO 규정에 위배된다고 판단했다.

이 판결은 얼핏 보면 2022년 패널의 미국 패소 판결과 상충되는 듯 보인다. 그러나 WTO 패널의 판단은 달랐다. 2022년 판결은 미국이 주장한 안보상 예외 조항의 실질적 정당성 여부를 평가한 것이라면, 2023년 판결은 미국이 관세 부과 시 어떤 조항을 법적 근거로 적용했는지, 즉 형식적 측면만을 검토한 결과였기 때문이다. 따라서 두 판결은 적용 범위와 법적 초점이 서로 달라 상충되지 않는다는 것이다.

이처럼 형식 논리에 치우친 판결에 중국이 당황했을 수도 있지만, 크게 동요하지 않았다. 그 이유는 자신들도 해당 판결에 대해 상소만 하면, 상소기구 마비로 인해 판결이 집행되지 않을 것임을 이미 알고 있었기 때문이다. 실제로 중국은 해당 판정에 항소하였다.

> 이로써 미국은 자신에게 유리한 판결이 나왔음에도 불구하고, 정작 그 판결을 집행할 수 없는, 이른바 스스로 만든 덫에 걸려드는 상황에 처하게 되었다.
>
> 이는 미·중 간 무역 충돌의 흥미로운 사례로 볼 수도 있다. 그러나 문제는, 이러한 상황이 일시적 예외가 아닌 '새로운 정상 상태 New Normal'로 자리 잡을 가능성이 적지 않다는 점이다.
>
> 미국을 중심으로 한 서방 진영, 중국·러시아 등 반미 블록, 그리고 그 사이에 위치한 중립 블록이 형성되는 가운데, 이들의 교역을 공정하게 규율할 수 있는 신뢰받는 국제기구가 사실상 부재한 현실은 앞으로 더 많은 무역 분쟁과 보복 조치를 불러올 수 있다.
>
> 그 결과, 글로벌 교역의 축소, 공급망 단절, 기업 효율성 저하, 소비자 후생 감소로 이어지며, 이는 결국 세계 경제 성장에도 심각한 타격을 줄 것이다. 특히 대외의존도가 높은 한국과 같은 국가는 그 부정적 영향을 더욱 크게 받을 수밖에 없다.
>
> 따라서 미국과 중국이 상호 보복을 통해 세계 무역 질서를 무력화시키는 '무질서의 게임'이 본격화되기 전에, 양국이 상황의 심각성을 자각하고 글로벌 거버넌스 복원이라는 공동의 목표를 향해 조속히 나아가기를 기대한다.

치외법권 원칙 위반: 역외적용 일방제재 Unilateral extraterritorial sanctions의 국제법 위반 가능성[11]

역외적용 일방제재란 제재 대상국과 직접적인 관련이 없는 제3국의 기업이나 개인에 대해서도 제재 효과가 미치도록 설계된 조치로, 이는

---

11 Julia Schmidt, 『The Legality of Unilateral Extra-territorial Sanctions under International Law』, (Journal of Conflict & Security Law Vol.27 No 1. Pp. 53-81, 2022) 참고

전통적인 국제법상의 주권 평등Sovereign Equality 원칙과 내정 불간섭Non-intervention 원칙에 충돌할 소지가 있다.

역사적으로 이러한 역외적용 제재의 원형은 이미 1차 세계대전 시기에 나타났다. 당시 영국은 독일에 대한 경제제재의 실효성을 높이기 위해, 독일과 교역을 지속하는 제3국 기업에 대해서도 영국과의 교역을 제한하는 조치를 시행했다. 이에 대해 중립국이었던 미국은 영국의 조치가 국제법에 위반된다며 항의했다. 그러나 2차 세계대전에서는 상황이 역전되었다. 연합국 일원이 된 미국이 과거 영국과 마찬가지로, 독일이나 일본과 교역을 지속하는 제3국 기업에 대해 미국과의 무역이나 금융 거래를 제한하는 조치를 시행한 것이다. 이는 전시에 제재 대상국에 대한 우회 지원을 차단하고, 연합국의 전략적 우위를 확보하기 위한 목적이었다.

이와 같은 제재가 국제법상 항상 위법으로 간주되는 것은 아니다. 예를 들어, 유엔 안전보장이사회UNSC의 결의에 따라 제정된 제재(예: 북한에 대한 제재)는 국제법상 유엔 헌장 제41조에 근거하여 유엔 회원국에게 구속력을 가지며, 이를 따르지 않을 경우 국제법 위반으로 간주될 수 있다. 그러나 미국 정부가 유엔 결의 없이 '단독으로' 제재를 시행하고, 이를 제3국 기업이나 금융기관에까지 실질적으로 강제하는 경우에는 국제법 위반 가능성이 제기된다.

이에 대해 미국은 다음과 같은 논리로 이러한 역외적용 제재를 정당화하고자 한다.

1. 제재 우회 방지 논리

제재 대상국이 제3국을 경유하여 제재를 우회하는 것을 방지함으로써, 제재의 실효성을 유지하고자 하는 것이다. 또한, 미국 기업만 제재를 준수하고 제3국 기업이 이를 지키지 않을 경우, 제3국 기업은 오히려 반사적 이익을 누리게 되며, 이는 미국 기업의 경쟁력 훼손으로 이어질 수 있다. 따라서 미국 기업의 불이익을 방지하고 제재의 효과를 유지하기 위한 불가피한 조치라는 입장이다.

2. 형식적 관할권 범위 내 규율 논리

미국 정부는 직접적으로 제3국 기업에 명령하거나 처벌하지 않는다. 대신 자국 내 기업, 금융기관, 공공기관에 대해 해당 제3국 기업과의 거래 금지, 금융 서비스 차단, 입국 금지 등의 조치를 명령한다. 이를 통해 모든 행위는 자국의 관할권 범위 내에서 이루어진다는 형식을 취하며, 역외적용이 아니라는 해석의 여지를 확보하려 한다.

3. 자위권 및 대항조치 논리

제재 대상국이 미국의 국가안보나 정책에 적대적인 행위를 하였고, 여기에 제3국이 협력하는 경우, 이는 자위권Self-help의 행사 또는 국제법상 정당한 대항조치Countermeasures로 정당화될 수 있다는 주장이다. 이는 국제법상 일정한 조건 하에서 비무력적 방식으로 대응할 수 있다는 이론에 근거한 것이다.

그러나 유엔 헌장, 다수의 유엔 결의, 그리고 국제사법재판소ICJ의 판례에 따르면, 국가 간 관계에서 불간섭 원칙Principle of non-interference과 자결권The right of self-determination은 국제법상 기본 원칙으로 널리 인정[12]되고 있다. 물론 현실적인 외교 관계에서 자국의 이익을 위해 다른 국가의 정책 변화나 입장 전환을 유도하는 행위가 모두 금지된다고 보기는 어렵다. 그러나 이러한 행위의 강도와 방식이 일정 수준을 넘어 상대국의 주권 행사 자체를 방해하거나 억압하는 수준에 이르는 경우, 국제법 위반 소지가 존재한다는 것이 국제법학계 다수의 견해이다. 특히 유럽연합EU은 미국이 유엔의 승인 없이 일방적으로 시행하는 제재가 역외적으로 EU 기업이나 개인에게 적용되는 점에 대해, 이를 국제법상 위법한 조치로 지속적으로 문제 삼아왔다.

실제로 미국은 이른바 2차 제재Secondary sanctions의 주요 수단으로 자국의 금융 시스템, 특히 달러 결제 시스템에 대한 접근성을 강력한 레버리지로 활용하고 있다. 현대의 금융기관들은 미국의 달러 기반 시스템(SWIFT, 국제 송금망 등)에 접근하지 않고는 정상적인 글로벌 금융 거래를 수행하기 어려운 것이 현실이다. 금융기관의 안정적 영업은 국가 경제 운용에

---

[12] UN 총회에서는 불간섭 원칙(principle of non-interference)과 관련하여 수많은 결의를 채택해 왔으며, 이에 따라 불간섭 원칙이 국제관습법(customary international law)의 하나로 인정된다고 보는 견해가 다수 존재한다. 그 대표적인 예로는 1965년 UN 총회 결의(UN General Assembly Declaration on Inadmissibility of Intervention in the Domestic Affairs of States and the Protection of Their Independence and Sovereignty of 1965)가 있으며, 해당 결의의 구체적인 문구는 다음과 같다.

"어떠한 국가도 다른 국가의 주권적 권리 행사를 종속시키거나, 이를 통해 어떠한 이득을 얻기 위해 경제적, 정치적 또는 다른 종류의 조치를 사용하거나 이를 촉진할 수 없다." (UNGA Res 2131(XX) 1965, para 2.)

국제사법재판소(ICJ) 역시 니카라과 사건(Nicaragua case) 판결에서 불간섭 원칙을 국제법의 기본 원칙 중 하나로 인정한 바 있다.

"금지된 개입은 … 각 국가가 주권의 원칙에 따라 자유롭게 결정할 수 있는 사항에 영향을 미치는 개입이어야 한다. … 개입은 그러한 선택이 자유롭게 이루어져야 한다는 원칙을 위반하며 강제적인 방법을 사용할 때 잘못된 것이다.", (Nicaragua v United States of America, Merits Judgement 1986, ICJ Reports, p 14 para 205.)

있어 핵심 인프라라 할 수 있으며, 이 인프라의 기능을 제한하는 방식으로 역외적 제재를 강제하는 것은 제3국 입장에서 사실상 이를 수용할 수밖에 없는 강압적 수단으로 역할하게 된다. 또한, 미국의 역외적용 제재는 단지 자국 기업이나 공공기관에 대한 거래 제한을 넘어서, 제3국 기업이나 개인에 대해 직접 벌금 부과, 민형사상 책임 추궁, 형사 기소 등을 포함한 보다 적극적인 처벌 조치까지 포함하는 경우가 많다. 이는 단순한 자국 관할 내 조치라고 보기 어려운 요인이다.

나아가, 미국이 주장하는 자위권self-help의 정당화 논리 또한 국제법상 보복 조치Retortion나 대항조치countermeasures의 인정 범위와 관련하여 다음과 같은 한계가 존재한다.

국제법은 일반적으로 직접적인 피해를 초래한 국가에 대해 취하는 조치만을 정당화하며, 제3국이 단지 제재 대상국과의 교역을 통해 미국의 제재 효과를 감소시켰다는 이유만으로 직접적인 제재나 처벌을 가하는 것은 국제법상 비례의 원칙이나 불간섭 원칙 등에 비추어 과잉 조치로 해석될 여지가 있다.[13]

한편, 일부 학자들은 미국이 유엔 총회 결의 등을 위반하거나 무시한 채 일방적으로 제재를 부과하는 정책이 '국제적인 고의적 부당 행위Internationally wrongful act'에 해당한다고 주장한다. 이들은 이러한 국제법 위반 소지가 있는 1차 제재 자체가 문제가 될 수 있다고 보고, 미국의 강요나 압력에 의해 제3국이 이를 따르도록 하는 것은 국제법상 '국제적으로 위법한

---

13 이와 관련하여, 제3국에 대한 2차 제재는 WTO의 최혜국 대우(MFN) 원칙을 위반한다는 지적도 있다. 미국은 이에 대해 안보 예외 조항(Security Exception)을 근거로 정당성을 주장하지만, 단지 제재 대상국과 교역했다는 이유만으로 제재 대상도 아닌 제3국의 미국 시장 접근권(예: 교역)을 제한하는 것이 과연 비례의 원칙에 부합하는지는 논란의 여지가 있다.

행위에 대한 국가의 책임(ARISWA: Articles on the Responsibility of States for Internationally Wrongful Acts)' 규정에 위배[14]된다고 본다. 따라서 이러한 제재는 국제법상 위법한 미국의 역외적 제재로 간주되어야 한다는 것이다.

이러한 주장과 연관된 사례는 다음과 같다.

- 유엔 총회가 반복적으로 반대 결의를 채택했음에도 불구하고, 미국이 지속하고 있는 쿠바 제재
- 유엔 안보리 결의로 승인된 이란 핵 협정(JCPOA: Joint Comprehensive Plan of Action)에서 미국이 일방적으로 탈퇴한 후, 단독으로 대(對) 이란 제재를 재개한 사례[15]

종합적으로 보면, 정치·경제적으로 초강대국인 미국의 특성상, 미국과의 교역 및 금융 거래를 금지하거나 제한하는 조치는 한 국가의 경제 활동 전반에 치명적인 피해를 초래할 수 있다. 따라서 이를 레버리지로 활용한 미국 제재의 역외적용은 제3국에게 특정한 외교정책이나 경

---

14 Article 18: Coercion of Another State
A State that coerces another State into committing an act shall be internationally responsible for that act if:
(a) the act would, but for the coercion, be an internationally wrongful act of the coerced State; and
(b) the coercing State does so with knowledge of the circumstances surrounding the act.

15 일부 학자들은 제재의 역외적용이 국제법상의 기본 원칙을 위반할 뿐만 아니라, 미국의 국내법인 「외국주권면제법(FSIA: Foreign Sovereign Immunities Act)」에서 규정한 외국 정부에 대한 미국 법 적용 면제 조항을 침해할 수 있다고 주장한다. 실제로 미국의 일부 판결에서도 이러한 입장을 뒷받침하는 표현이 나타났다. 예를 들어, 2019년 미국 대법원은 외국 금융기관이 보유한 이란 자산을, 이란이 지원한 테러로 피해를 입은 희생자에게 보상하기 위해 압류할 수 없다고 판결했다. 대법원은 이 판결에서 외국주권면제법이 외국 정부에 대해 미국 법원의 판결을 집행하는 데 일정한 제약을 가한다고 판시하였다.

제 정책을 실질적으로 강제하는 수단으로 해석될 수 있다. 그러나 국제법의 영역에서는 불간섭 원칙, 자위권, 대항조치 등에 대한 개념과 적용 기준이 여전히 추상적이며, 세부적인 해석 기준도 충분히 정립되지 않았다. 이에 따라 향후 실제로 국제적인 사법 심사가 진행된다 하더라도 그 결론은 불확실할 수밖에 없다. 더군다나 국제 사법 절차는 상당한 시간이 소요되므로, 설령 승소하더라도 기업 입장에서는 실익이 크지 않다는 한계도 존재한다.

이러한 현실적 제약 때문에, EU는 아직까지 미국의 역외적 제재에 대해 국제 사법 기구에 공식 제소한 사례가 없는 것으로 파악된다. 대신 EU는 국제법적 문제점을 지속적으로 제기하며, 미국과의 협상을 통해 자국 기업의 핵심 이익이 침해되는 사안에 대해서는 예외Exemption나 유예Waiver를 확보하는 방식으로 대응하고 있다.

인도주의적 원칙 위배

제재나 무력 분쟁 등 국가 간의 침익적 행위와 관련하여 국제사회가 오랫동안 강조해 온 중요한 기준 중 하나는 인도주의적 원칙Humanitarian principles이다. 국가 간 분쟁은 불가피할 수 있지만, 그 과정에서 민간인에게 피해를 주거나 인간의 생존에 필수적인 물자의 거래나 공급을 제한해서는 안 된다는 원칙이다. 이는 단순한 도덕적 기준이 아니라 국제관습법Customary International Law의 일부로 오랜 시간에 걸쳐 확립되어 왔으며, 여러 국제조약들 — 예컨대 제네바협약상 집단 처벌 금지 규정The prohibition of collective punishment under the Geneva Conventions, 시민적·정치적 권리에 관한 국제규약CCPR, 경제적·사회적·문화적 권리에 관한 국제규약ICESCR 등 — 에도 명시되어 있다. 따라서 이를 위반한 경우, 국제형사재판소ICC의 사법적 판단 대상이 될 수 있으며, 앞서 서술한 바와 같이 사법적 통제 수단의 일부로 작동할 가능성이 있다. 한편, 인도주의적 원칙은 사법적 차원을 넘어 정치적·경제적 함의가 크기 때문에, 이에 대해서는 다음 장에서 보다 심층적으로 설명할 예정이다.

이상으로, 제재의 국내외 법적 적용과 이에 대한 사법적 통제 가능성을 살펴보았다. 전반적으로 법령의 내용이 추상적으로 규정되어 있어, 구체적인 사안에서 어떻게 해석되고 판단될지 불확실성이 높은 상황이다. 또한 사법적 판단은 사후적으로 이루어지며, 절차 자체에 많은 시간이 소요되는 한계도 존재한다. 특히 테러 등 국가안보에 중대한 영향을 미치는 사안의 경우, 미국 법원은 비교 형량 원칙에 따라 행정부에 폭넓은 재량을 인정하는 경향이 있어, 과거 의회의 제재 관련 법령 검토 보고서에서도 사법적 통제가 실효성이 낮다는 결론이 제시된 바 있다. 게다가 미국법상 당사자가 미국 시민이나 미국 법인일 경우에만 미 사법기관의 판단 대상이 되는 경우가 많아 접근 자체에 한계가 있다. 국제법 영역에서도 세부 규정의 부재로 구체성이 떨어지고, 일부 선진국들이 정책적 유연성을 확보하기 위해 국제 규범의 세분화를 의도적으로 지연시키고 있다는 해석도 존재한다. WTO 항소기구의 무력화 사례처럼, 국제 분쟁 해결 기구 자체의 기능이 제대로 작동하지 않는 경우도 많다.

그럼에도 불구하고, 향후에는 제재에 대한 사법적 통제의 가능성을 보다 중요하게 인식할 필요가 있다. 그 이유는 다음 두 가지이다. 첫째, 지금까지 미국의 제재는 미국과의 교역 규모가 작고, 미국 대기업이나 금융기관의 이익과 직접 관련이 크지 않은 국가를 대상으로 한 경우가 많았다. 하지만 중국처럼 미국과 경제적으로 밀접하게 연계된 국가를 대상으로 제재가 시행될 경우, 경제적 후폭풍이 상당할 수 있으며, 명백한 국가안보상의 이익이 존재하지 않는다면 법원이 행정부에 유리한 판단을 내리지 않을 가능성도 있다.

실제로 미국 반도체협회 등 기업 이익을 대변하는 단체들은 과거처럼 비공식적 의견을 제시하는 것을 넘어, 공개적으로 정부에 신중한 제재를 촉구하는 움직임을 보이고 있다. 또한 유럽 주요국들도 중국·대만 문제처럼 자국의 직접적인 안보와 관련 없는 사안에 대해서는 미국과 보조를 맞추기를 거부하는 흐름도 나타나고 있다. 이러한 변화는 제재에 대한 국내외 법적·정치적 분위기 자체가 달라질 수 있음을 시사하며, 행정부의 제재 정책에 대해 사법적 견제가 현실화될 가능성을 높이고 있다.[16]

둘째, 국제법상 제재의 적용 한계를 중국이 전략적으로 활용할 경우, 미국에 불리한 상황이 초래될 가능성도 있다. 미·중 간의 높은 경제적 상호 의존성은, 중국 역시 미국에 대해 특정 산업 분야를 겨냥한 보복 조치를 취할 수 있는 여지가 큼을 의미한다. 미국의 일방적 제재에 대응하여 중국이 자유롭게 반격할 경우, 미국의 국익이 상당히 침해될 수 있다. 또한 미국의 무차별적 관세 정책으로 인해 전 세계적으로 보복 관세나 무역 제한 조치가 확산될 경우, 글로벌 경제는 심각한 공급망 혼란, 비용 증가, 실업 증가, 소비자 피해에 직면하게 된다. 이런 혼란의 시대에, 과연 민주주의 체제의 미국과 권위주의 체제의 중국 중 어느 국가가

---

[16] 특히, 미국 언론 등에서는 트럼프 행정부 2기에서 헌법적/법률적 정당성 등에 대한 논란이 있는 보편 관세와 같은 정책이 이미 시행되었거나 추가로 더 시행될 가능성이 있는 데 반해, 양원 다수가 공화당 의원들로 구성되어 의회의 견제 역할이 제약적인 현 상황에서는 '잠재적 불만 세력들이 사법적 방식을 통해 미 행정부의 제재에 대해 견제를 나설 가능성이 더욱 높아지고 있다'고 분석하고 있다.

더 오래 버틸 수 있을까?

다음으로, 제도적 통제의 또다른 중요축인 인도주의적 원칙에 대해 상세히 살펴보자.

2. 인도주의적 관점에서의 명확한 인권 침해

2023년 10월 29일, 미국의 前 국가안보보좌관 제이크 설리번Jake Sullivan은 하마스의 공격으로부터 약 3주가 지난 시점에 진행된 이스라엘의 가자지구 군사작전에 대한 지지를 표명하면서도, 가자지구 내 민간인 피해, 특히 병원에 대한 폭격 문제와 관련해 미국《CBS》의 시사 프로그램 'Face the Nation' 앵커의 질문에 다음과 같이 답했다.

"What I can tell you is that hospitals are critical civilian infrastructure. Under international humanitarian law, hospitals should not be targeted⋯. And we will continue to ask the hard questions. What exactly are the objectives? How are the means matched to the objectives? ⋯. They (Hamas: 저자가 추가) are putting rockets and other terrorist infrastructure in civilian areas. That creates an added burden for the Israeli Defense Forces. But it does not lessen their responsibility to distinguish between terrorists and innocent civilians and to protect the lives of innocent civilians as they conduct this military operation, and this is something that we talk about with the Israelis on a daily basis."

이 인터뷰는 국가 간 가장 치열한 갈등 상황인 전쟁 중에도 인도주의적 조치가 보장 가능한 범위 내에서 최대한 이행되어야 한다는 점에 대해 미국이 원칙적으로 동의하고 있음을 보여준다. 이는 단순한 정치적 입장 표명이 아니라, 국제법의 명시적 원칙이자 관행으로, 일부 국가는 자국의 국내법에도 이러한 인도주의 원칙을 반영하고 있다. 따라서 경제 전쟁의 한 형태인 제재에도 동일한 인도주의적 원칙이 적용되어야 한다는 점은 명백하다. 실제로 미국은 이러한 관점을 반영하여, 앞서 언급한 바와 같이 다수의 제재 조치에 법적 근거를 제공하는 국제긴급경제권한법(IEEPA)에서 이러한 원칙을 명시하고 있다.

국제긴급경제권한법(IEEPA)은 대통령의 제재 권한과 관련된 조항[17]에서, 음식, 의류, 의료용품 등의 인도적 기부 행위에 대해 다음과 같은 조건을 만족할 경우 금지하거나 규제해서는 안 된다고 명시하고 있다.

---

17 국제긴급경제권한법(IEEPA) § 1702. 대통령 권한

(b) The authority granted to the President by this section does not include the authority to regulate or prohibit, directly or indirectly—

(2) donations, by persons subject to the jurisdiction of the United States, of articles, such as food, clothing, and medicine, intended to be used to relieve human suffering, except to the extent that the President determines that such donations (A) would seriously impair his ability to deal with any national emergency declared under section 1701 of this title, (B) are in response to coercion against the proposed recipient or donor, or (C) would endanger Armed Forces of the United States, which are engaged in hostilities or are in a situation where imminent involvement in hostilities is clearly indicated by the circumstances.

• 이란 제재 관련 법령

22 U.S. Code § 8806: Imposition of sanctions with respect to foreign financial institutions that facilitate financial transactions on behalf of specially designated nationals.

(c)Humanitarian exception

The President may not impose sanctions under subsection (a) with respect to any person for conducting or facilitating a transaction for the sale of agricultural commodities, food, medicine, or medical devices to Iran or for the provision of humanitarian assistance to the people of Iran.

- 해당 기부가 대통령의 국가비상사태 대응을 중대하게 방해하지 않을 것
- 교전 중이거나, 정황상 교전이 명백하게 임박한 미군에 해를 끼치지 않을 것
- 기부자나 수혜자에게 강요된 행위가 아닐 것

즉, 인도주의적 지원은 국가안보를 이유로도 원칙적으로 침해되어서는 안 된다는 입장을 취하고 있는 것이다.

또한, 미국은 특정 국가에 대한 제재를 설계할 때도 이러한 원칙을 반영하고 있다. 대표적으로 이란에 대한 제재 법령에서는, 이란과의 금융 거래를 광범위하게 금지하면서도 인도주의적 목적의 물품 거래나 해당 목적을 위한 금융 거래는 처벌하지 않을 수 있다고 명시하고 있다. 이와 같은 인도주의적 예외 조항Humanitarian exceptions은 미국 연방법 'US Code §8806(c)'에 근거를 두고 있다.

트럼프 1기 행정부가 오바마 정부 시절 체결된 이란과의 핵협정인 '포괄적 공동행동계획JCPOA'에서 탈퇴한 이후, 여러 국가가 이란과의 교역을 지속하기 위해 미국에 허가나 양해를 요청하는 사례가 이어졌다. 이 과정에서 의료·식료품 등 인도주의적 물품의 경우, 교역이 가능하다는 답변을 받는 경우도 있었다.

또한, 2023년 바이든 행정부 시기, 미국과 이란 간 인질 협상 과정에서 미국인은 송환되고, 한국의 은행에 동결되어 있던 이란의 석유 수출 대금이 중동의 한 은행으로 이전되었다. 이 자금은 미국의 감독 하에 인도주의적 목적에 한해서는 이란이 사용할 수 있도록 허용되었다. 다만, 이후 미국 정부는 이스라엘-하마스 전쟁의 배후에 이란이 있다고 판단

하면서 해당 자금을 다시 동결해 실제 집행은 이루어지지 않았다.

러시아의 우크라이나 침공 이후 시행된 광범위한 대(對) 러시아 제재 조치에서도 농업 분야의 교역은 예외로 인정되었다. 이는 세계 곡물 가격과 개도국의 식량 상황이 밀접하게 연관되어 있다는 인도주의적 고려에 따른 조치였다. 이처럼 미국의 제재 정책 역시 국제 여론이나 자국 국내법에 의해 인도주의적 영역에 대한 예외 적용을 신중히 고려해야 하는 상황임을 보여준다.

그러나 인도주의적 조치로 분류된다 하더라도, 실제 교역이 원활히 이루어지지 않는 경우가 많다. 국제긴급경제권한법IEEPA에서도 명시하고 있듯, 대통령이 제재를 시행하게 된 긴급상황에 대한 대응을 심각하게 방해하지 않고, 교전 중이거나 교전이 명백하게 임박한 미군에 위협이 되지 않으며, 기부자나 수혜자에게 강요된 행위가 아닐 것이라는 조건을 충족해야 하기 때문이다. 즉, 행정부에 상당한 재량이 부여되는 구조이며, 이로 인해 거래 당사자의 일정이나 현실적인 상황은 종종 무시되는 경우가 발생한다. 예컨대, 이스라엘-하마스 전쟁 당시 미국 정부의 가자지구 대상 인도주의적 지원도 하마스에 결과적으로 도움이 될 수 있다는 우려로 인해, 이스라엘에 대한 지원과는 달리 결정이 수차례 연기된 바 있다.

무엇보다 중요한 점은 인도주의적 거래와 지원을 실현하는 데 있어 금융기관의 역할이 필수적이라는 사실이다. 그러나 금융기관들은 제재 리스크와 불확실성으로 인해 적극적으로 나서지 않는 경우가 많다. 국제긴급경제권한법IEEPA에서는 인도주의적 기부에 대한 규제를 금지하고 있지만, 금융기관에 대해서는 별도로 규제할 수 있도록 여지를 남겨두고 있기 때문이다. 이에 따라 인도주의적 기부를 위한 금융 거래가 제재 대상인지 여부는 명확하지 않은 경우가 많으며, 이로 인해 실제로 거래가 이뤄지지 못하는 사례도 빈번하다.

이러한 불확실성을 완화하기 위해, 이란 제재 관련 법령에서는 금융기관의 거래 금지에도 불구하고 인도주의적 목적의 거래는 예외로 인정할 수 있다고 규정하고 있다. 그러나 이는 의무 규정이 아닌 'may(~할 수 있다)'라는 표현을 사용하고 있어, 미국 정부가 실제로 예외를 인정할지는 전적으로 행정부의 재량에 달려 있다.

나아가, 미국 정부가 인도주의적 실물 교역을 위한 금융 거래는 제재 위반으로 보지 않는다는 입장을 표명하더라도, 금융기관 입장에서는 여전히 미국 제재 위반 리스크에 노출될 수 있다는 우려로 인해 대금 지급을 꺼려 실제 교역이 무산되는 경우도 빈번하다. 특히, 인도주의적 물품으로 위장한 금지 품목이 거래 대상에 포함되어 있을 경우, 금융기관이 이를 적절히 심사하지 않았다는 이유로 '고객 확인 의무Know Your Customer' 규정 위반 등으로 제재 대상이 될 가능성이 있어, 금융기관들은 보수적인 태도를 취할 수밖에 없다.

이러한 현실로 인해, 시리아 수도 다마스쿠스에 위치한 최대 공립병원조차 금융기관의 대금 지급 거부로 인해 필수 의료기기나 의약품을 수입하지 못하는 상황이 발생했다. 이 같은 실태는 《LA Times》가 보도[18]한 바 있으며, 2019년 가을 H1N1 바이러스로 이란에서 1,600명 이상의 국민이 사망한 사건 역시 미국의 제재가 영향을 미쳤다는 언론 보도[19]도 있었다.

이러한 상황을 두고, 일각에서는 미국이 공식적으로는 인도주의적 예

---

18 "For many Syrians, 'smart' sanctions are anything but.", (《LA Times》, DEC.24, 2018)

19 Ahmad Jalapour, 『The US sanctions on Iran Are causing a Major Humanitarian Crisis』, (《The Nation》, 2020)

외를 허용한다고 주장하지만 실제로는 해당 국가 정부에 대한 압박 수단으로 인도주의 영역조차 활용하고 있는 것 아니냐는 의구심을 제기하고 있다. 실제로 1960년, 미국 국무부 차석 차관보Assistant Deputy가 작성한 메모에는 쿠바에 대한 제재의 목적이 '굶주림과 절망, 정부에 대한 전복'을 유도하는 데 있다는 내용이 담겨 있었으며, 이는 훗날 대외적으로 공개되었다.[20]

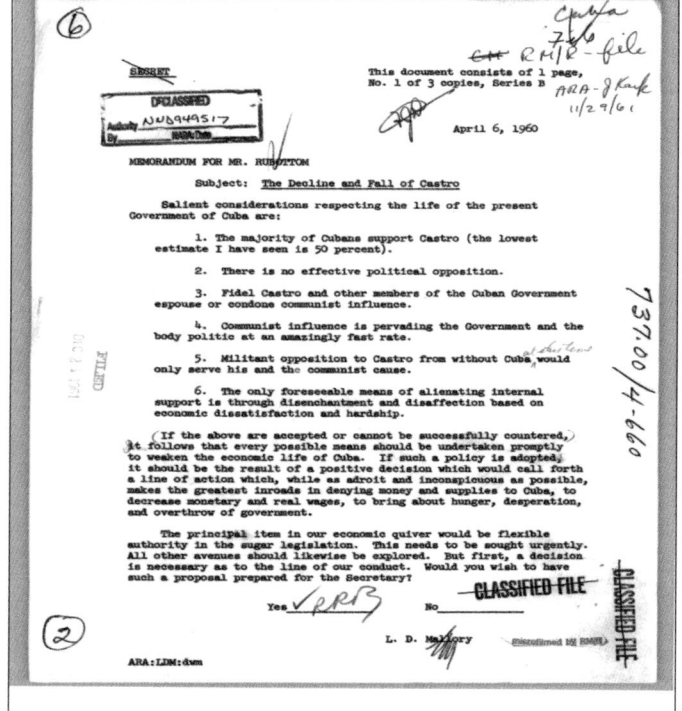

1960년 미국 국무부 차석 차관보(Assistant Deputy)가 작성한 쿠바 제재에 관한 메모

---

20 https://nsarchive.gwu.edu/document/27400-document-1-state-departmentmemorandum-decline-and-fall-castro-secret-april-6-1960

이러한 미국의 제재 조치 실행 과정에서 인도주의적 조치의 진정성에 대한 의문은 단순히 보완책의 실효성 문제에 그치지 않는다. 이는 더 나아가 전면적 교역 금지와 같은 포괄적 경제제재Comprehensive economic sanctions 자체가 지니는 비(非)인도주의적 특성에 대한 비판으로까지 확장되고 있다. 주요 비판 논리는 다음과 같다.

식품, 의약품, 의료기기 등의 생산과 교역은 교통, 에너지, 건설, 교육, 금융 등 다른 산업의 정상적인 작동을 전제로 한다. 따라서 생필품이나 의약품에 대한 직접적인 제재가 없더라도, 기타 산업에 대한 제재로 인해 이들 필수품의 수급 역시 간접적인 피해를 입을 수밖에 없다. 더욱이 포괄적 제재로 인한 GDP 감소는 상당한 수준[21]으로 나타나며, 이러한 경기 침체는 노령층, 병자, 임산부, 신생아 등 사회적 취약계층에 집중적으로 타격을 준다. 이 때문에 포괄적 제재는 인도주의적 원칙에 위배된다는 비판이 꾸준히 제기되어 왔다.

경제적 피해를 넘어, 실제 사망자 수를 추정한 연구들도 존재한다. 예를 들어, 미국의 비영리 경제분석기관인 경제정책연구센터Center for Economic and Policy Research는 트럼프 행정부의 대(對)베네수엘라 경제제재로

---

21 다수의 연구에 따르면, 1992년 유고슬라비아에 대한 UN의 제재는 시행 5개월 만에 1인당 소득을 절반 수준으로 감소시켰으며, 겨울철을 앞두고 난방비와 의료비의 급등을 초래했다. 이라크는 1990년대 UN의 포괄적 교역 봉쇄로 인해, 1996년 기준 1인당 소득이 87%나 감소하는 경제적 타격을 입었다.
이란은 핵무기 제조를 억제하기 위한 제재로 인해 심각한 경제적 어려움을 겪었다. 원유 가격은 50% 하락하고, 인플레이션은 60% 상승했으며, 차량 생산은 60% 감소하였다. 또한 대부분의 글로벌 금융기관이 이란에서 철수하면서, 이란의 실질 GDP는 2011년부터 2014년 사이에 17% 감소한 것으로 나타났다.
베네수엘라의 경우, 2017년 미국이 금과 석유에 대한 금수 조치를 취하면서 석유 수출이 86% 감소하였고, 2019년 실질 GDP는 37%나 하락하였다.
북한은 2017년 핵실험 이후 부과된 강화된 제재로 인해, 2018년 실질 GDP가 4.1% 감소하고, 국제무역은 50%, 수출은 90% 감소한 것으로 보고되고 있다.

인해 2017년부터 2018년 사이 약 4만 명의 추가 사망자가 발생한 것으로 분석한 바 있다. 이는 해당 기간 중 예년 평균 대비 증가한 사망률을 바탕으로 추정된 수치다.

또 다른 분석 보고서[22]에 따르면, 미국 재무부는 2020년 기준으로 22개국에 제재를 시행 중이며, 매년 이로 인해 수만 명의 추가 사망자가 발생한다고 가정할 경우, 제2차 세계대전 이후 미국의 제재로 인한 사망자가 수십만에서 수백만 명에 이를 가능성도 있다는 분석이 제시되고 있다. 물론, 모든 연구가 그러하듯 이러한 추정에는 가정의 타당성과 제재 이외 변수[23]의 존재 가능성에 대한 지적이 있으며, 내생적 요인을 제거할 경우 제재로 인한 피해가 과장되었을 소지가 있다는 반론도 존재한다.

이러한 비판들을 반영하여 UN은 물론 미국도 전면적 경제제재보다는 제재 핵심 세력을 겨냥한 '스마트 제재smart sanctions'로 정책을 전환해 왔다. 인도주의적 영향을 간과하는 것은 자유, 인권, 민주주의 수호라는 공동체 가치를 유지하고 이를 세계적으로 확산시키려는 미국의 국익을 간접적으로 훼손하는 행위로 볼 수 있기 때문이다.

또한 국가안보 차원에서도 인도주의 원칙의 훼손은 장기적으로 미국에 불리하게 작용할 수 있다. 민간인에 대한 과도한 피해는 반미 정서를 심화시키고, 미국에 대한 잠재적 적대 세력을 양산(예: 알카에다, IS 같은

---

22 Hanania, Richard(2020) Ineffective, immoral, politically convenient: America's Overreliance on Economic Sanctions and What To Do about It, CATO Institute/ https://www.cato.org/sites/cato.org/files/2020-02/pa-884-updated.pdf

23 예를 들어, 권위주의 정권의 민중 탄압을 이유로 제재가 부과된 경우, 해당 국가에서는 애초에 권위주의적 통치로 인해 기업 활동 자체가 원활하지 않았을 수 있다. 따라서 경제 붕괴의 원인을 제재에만 단정적으로 귀속시키기는 어려울 수 있다.

테러 조직에 민간인이 포섭)하는 결과로 이어지기 때문이다.

따라서 혐의 없는 민간인의 생존을 의도적으로 침해하는 행위는 정당화되기 어려우며, 이는 미국의 국익에도 부정적인 영향을 미칠 수 있는 만큼, 실질적인 인도주의 조치의 시행이 요구된다고 할 수 있다. 미국 정부 역시 이러한 문제의식을 충분히 인지하고 있을 것으로 판단된다.

이로써 제도적 요인을 (1) 재량의 일탈을 통한 사법적 통제 가능성과 (2) 인도주의적 원칙 위배라는 두 가지 측면에서 상세히 분석해 보았다.

이제부터는 나머지 세 가지 요소, 즉 제재 정책의 주요 목표와 관련된 (1) 제재의 실효적 압박 (2) 국내 부작용 최소화 (3) 핵심 전략국과의 협력 증진에 대해 살펴보고자 한다.

그렇다면 이 세 가지 중 어느 항목을 가장 먼저 다루는 것이 적절할까?

일반적으로 미국의 정책 결정자들이 상대적으로 더 높은 우선순위를 두는 항목이 있을 수 있지만, 이러한 우선순위는 사전에 고정된 것이 아니라 구체적인 상황에 따라 달라질 수 있다. 예를 들어, 핵심 전략국과의 협력 증진은, 미국의 국익을 최우선으로 고려해야 하는 정책 당국자들에게 일반적인 경우에는 상대적으로 낮은 우선순위로 간주될 수 있다. 그러나 제재 대상국의 접근을 차단해야 할 핵심 재화나 기술이 미국이 아닌 제3국에서 주로 생산되는 경우, 제3국의 이해관계를 고려하지 않고는 제재의 성공을 기대하기 어렵다. 특히, 제재 대상국이 상당한 경제력을 보유한 경우, 제3국 기업들 입장에서는 미국 시장에 접근하지 못해 입는 손실보다 제재 대상국과의 교역 제한으로 인한 피해가 더 클 수도 있다.

이럴 때는 미국의 2차 제재secondary sanctions라는 채찍만으로는 부족하며, 당근을 통해 핵심 전략국의 협력을 유도하는 것이 필수적이다. 무엇보다, 제재가 아닌 첨단 산업 육성이라는 국익을 위해 제3국과의 협력이 필수적인 상황에서는, 해당 국가들이 핵심 전략국에 해당할 경우 단순히 제재 협조를 얻는 데는 2차 제재의 위협이 효과를 낼 수 있겠지만, 공동 투자, 기술 협력, 정보 공유와 같은 비제재 분야의 협력을 확보하기는 어려워질 수 있다.

따라서 서술 순서는 절대적인 우선순위에 따른 것이 아님을 미리 밝혀둔다. 다만, 일반적으로 국내 부작용 최소화는 단순한 부작용 관리 차원을 넘어, 제재를 통해 달성하고자 하는 국익과 동시에 제재로 인해 침해될 수 있는 다른 국익이 충돌하는 사안으로 볼 수 있다. 그리고 미국의 정책 결정자들은 기본적으로 미국 내 국익을 우선시하는 경향이 있기 때문에, 본문에서는 이를 '미국의 다른 핵심 국익과의 상충'이라는 제목으로 가장 먼저 다루고자 한다.

다음으로는 '제재의 실효적 압박'을 살펴본다. 이 주제는 제재의 효과성 확보라는 측면에서 학계에서도 활발히 논의되어 왔으며, 실제 사례에서도 제재가 오히려 대상국의 이익을 증대시키는 역설적인 결과를 초래한 경우도 존재한다. 따라서 본문에서는 먼저 이러한 '역효과' 가능성을 분석한 뒤, 일반적인 제재 효과성 확보 방안을 검토하는 방식으로 내용을 구성할 예정이다.

마지막으로, '핵심 전략국과의 협력 증진'을 다루며, 이를 통해 제재의 국제적 집행력과 지속 가능성 확보의 필요성, 그리고 그 전략적 함의를 살펴보고자 한다.

3. 미국의 다른 핵심 국익과의 상충

　미국이 제재를 시행할 때 주로 제시하는 명분은 안보상의 필요성이나 보편적 인권 침해에 대한 대응이다. 이는 앞서 설명한 국익 관점에서 보면, 국가안보의 강화 또는 글로벌 공동체 질서의 유지와 관련된 가치라 할 수 있다. 그러나 제재는 본질적으로 대상국과의 교역 및 금융 거래를 제한하는 조치를 포함하기 때문에, 또 다른 국익의 핵심 축인 경제적 이익을 일정 부분 희생하는 결과를 초래[24]하게 된다.

　그동안 미국의 제재는 경제적 측면에서도 비교적 정당화되어 왔다. 이는 대부분의 제재 대상국 — 예컨대 북한이나 이란 등 — 의 경제 규모가 작고, 미국과의 교역 비중이 낮았기 때문이다. 그러나 최근에는 러시아는 물론, 중국과 같은 주요 경제 강국까지 제재 대상에 포함하면서, 제재가 미국 경제에 미치는 영향에 대해 보다 면밀한 분석이 필요해졌다.

　앞서 한국의 경제적 편익에 대한 분석에서도 제재 실행국의 부담을 기준으로 삼은 바 있다. 여기서는 제재 실행국이 바로 미국인만큼, 동일한 분석 틀을 적용하여 다음과 같은 네 가지 측면에서 그 영향을 살펴보고자 한다.

---

24 물론, 국가안보 증진이나 공동체 유지라는 국익 차원에서도 부작용이 발생하는 경우가 있다. 예를 들어, Demarais(2022, 44페이지)에 따르면, 1990년대 미국이 파키스탄의 비밀 핵무기 개발을 이유로 제재를 시행하자, 그때까지 아프카니스탄에서 구소련 세력을 몰아내는 데 협력해 오던 파키스탄 정부와의 관계가 붕괴되었다. 이후 파키스탄은 탈레반 세력을 은밀히 지원하게 되었으며, 이로 인해 알카에다의 아프카니스탄 내 활동을 미국이 제대로 감시하지 못하게 되는 등 아프카니스탄을 포함한 지역에서 미국의 영향력이 약화되는 결정적 계기로 작용한 것으로 알려져 있다.

정적 효율성 Static Efficiency 측면

미국이 이란을 제재하면 양국 간 교역이 제한되는 경우가 많으며, 이는 미국 기업의 대(對)이란 수출이 대폭 감소하는 결과를 초래한다. 일반적으로 수출 기업은 한 국가 내에서 양질의 고임금을 제공하는 우량 기업으로 알려져 있는데, 이들에게 부정적인 영향이 미칠 수 있는 것이다. 또한 제재 대상국으로부터의 수입 감소는 관련 품목의 비용 증가나 공급망 교란을 유발하여 비효율이 증가하고, 이는 생산비용 상승과 소비자 편익 감소로 이어질 수 있다.

동적 효율성 Dynamic Efficiency 측면

시장 축소나 경쟁 감소는 투자 위축과 혁신 인센티브 저하로 이어져 해당 산업에 속한 기업의 장기적인 생산성 저하로 연결된다는 연구 결과가 있다. 특히 제재 대상국의 경제 규모가 크거나 기술 발전 수준이 높을수록 이러한 부작용은 더욱 심화될 가능성이 크다.

경쟁 우위 상실 Loss of Competitive Advantage 측면

미국 기업의 사업 기회가 제한되거나 제재 대상국과의 거래 비용이 급증하면, 해당 사업 기회가 제3국 기업에게 돌아갈 수 있다. 또한 미국 기업은 공급이 언제든 중단될 수 있다는 인식을 주어 '공급의 신뢰성 reliability of supply'에 문제가 발생할 수 있으며, 이는 미국 기업에 대한 글로벌 수요 감소로 이어질 수 있다.

새로운 무역패턴에 적응하는 비용 측면

제재로 인해 특정 산업의 수출이나 수입이 감소하면, 해당 업종에서 일하던 고용자들의 해고와 이들이 다른 산업으로 전환하는 과정에서의 탐색 비용이 발생한다. 또한 제재 대상국과의 교역을 대체할 제3국 기업을 발굴하고 거래 구조를 새롭게 구축하는 데에도 상당한 비용이 소요된다. 이 외에도 제재 규제 자체가 새로운 규제 비용을 발생시키며, 이는 절대 무시할 수 없는 부담으로 작용한다.

이러한 네 가지 미시적 효과가 제재를 실행하는 국가 내에서 큰 비중을 차지하는 산업에 영향을 미칠 경우, 거시적으로도 실업 증가, 물가 상승, 성장률 둔화 등 부정적인 효과가 나타날 수 있다.

이러한 비용은, 제재 대상국이 미국보다 경제 규모가 매우 작거나 미국과의 교역 규모가 상대적으로 낮을 경우에는 큰 영향을 미치지 않을 수 있다. 그러나 중국과 같이 시장 규모가 크고 미국에 많은 중간재를 수출하는 국가가 대상일 경우, 미국 기업은 물론 미국 경제 전체에도 상당한 충격을 초래할 수 있다.

지경학 인사이트 ⑤ 제재의 역풍

미국의 소련에 대한 곡물 수출 금지 조치를 포함한 제재의 역효과[25]

1980년대 초, 미국은 소련의 아프가니스탄 침공에 대응해 곡물 수출의 부분 금지 조치를 시행하였다. 당시 소련은 전체 곡물 수입의 약 3분의 1을 미국에 의존하고 있었기 때문에, 카터 행정부는 이 조치가 소련 경제에 상당한 압박을 가할 것으로 기대했다.

그러나 현실은 예상과 달랐다. 아르헨티나와 브라질이 곧바로 미국의 공백을 메웠고, 심지어 캐나다와 호주 같은 미국의 주요 동맹국들마저 소련에 곡물을 수출하며 미국을 대체했다. 그 결과, 소련의 미국산 곡물 수입 비중은 20% 이하로 급락하였다.

이와 동시에, 미국 내에서는 곡물 재고가 급증하고 국제 곡물 가격이 하락하자 농지 가격 역시 폭락했다. 이로 인해 미국 농가들은 재정적 위기에 처하며 파산에 이르는 사례가 속출했다. 상황의 심각성을 인식한 레이건 행정부는 제재 시행 1년 만에 해당 조치를 폐지하였다. 그러나 이미 미국 곡물 공급의 신뢰도는 소련뿐만 아니라 국제 시장 전반에서 크게 훼손된 이후였다.

제재 철회 이후에도 미국의 곡물 수출 비중은 한동안 회복되지 못했으며, 이는 장기적으로 미국 농산업에 심대한 타격을 남겼다.

한편, 피터슨 국제경제연구소^{PIIE}가 1997년에 발표한 분석[26]에 따르면, 1990년

---

25 Agathe Demarais, 『Backfire: How Sanctions Reshape the World Against U.S. Interests』, (Columbia University Press, 2022, 46페이지 요약)

26 Gary Clyde Hufbauer, Kimberly Ann Elliott, Tess Cyrus, Elizabeth Winston, 『US Economic Sanctions: Their Impact on Trade, Jobs and Wages』, (PIIE, 1997, https://www.piie.com/publications/working-papers/us-economic-sanctions-their-impact-trade-jobs-and-wages)

> 대 중반 미국의 제재로 인한 교역 축소로 인해 미국 기업이 입은 직접적인 경제 손실은 연간 약 200억 달러에 달했다. 이는 수출 감소에 따른 손실만을 반영한 수치이며, 매년 약 20만 개의 일자리가 사라졌다는 분석도 함께 제시되었다. Demarais(2022)는 이 수치를 토대로, 1990년대 중반 이후 미국 수출이 지속적으로 증가한 점을 감안할 때, 오늘날 유사한 제재가 시행될 경우 연간 최소 500억 달러 이상의 손실이 발생할 것으로 추정했다. 특히, 현재 제재 대상이 러시아와 중국 등 경제 규모가 매우 큰 국가들인 점과 손실 계산시 서비스 산업 수출은 제외하였다는 점을 고려하면, 실제 피해 규모는 훨씬 클 가능성이 높다고 평가하였다.

앞서 언급한 실행국의 경제적 피해는 제재 대상국이 보복하지 않거나, 설령 보복을 하더라도 그 영향이 미미한 경우를 전제로 한 분석이었다. 하지만 제재 대상국이 실행국에 상당한 영향력을 행사할 수 있는 경우, 보복이 현실화되면 앞서 설명한 피해 외에도 추가적인 경제적 비용이 발생할 수 있다.

예를 들어, 러시아의 우크라이나 침공 당시, 미국은 러시아와의 교역 규모가 크지 않다는 점을 근거로, 러시아와의 교역 중단 조치가 미국 경제에 큰 부담이 되지 않을 것이라 판단했다. 그러나 러시아는 사우디아라비아 등과 연대하여 석유 감산을 통해 서방의 제재에 대응했으며, 이로 인해 국제 유가 상승이 초래되었고, 결국 미국도 고유가 부담을 떠안게 되었다. 이는 보복적 제재가 실행국에 미치는 간접적 피해의 대표적인 사례라 할 수 있다.

한편, 제재 대상이 중국과 같은 미국의 주요 교역·투자 파트너일 경우, 상황은 더욱 복잡해진다. 중국이 보복을 하지 않는 경우에도, 미국 정부의 중국 시장 접근 및 투자 제한 조치 자체만으로도 미국 기업이 중국 시장에서 입는 기회 손실은 상당하다. 만약 중국이 보복 조치를 단행한다면, 미국 경제 전반에 더욱 큰 손실을 초래할 것이다.

이에 대해 일부에서는, 단기적으로는 경제적 희생이 불가피하더라도, 국가안보 차원에서는 이익이 있으며, 장기적으로는 경제적 편익 또한 발생할 수 있다고 주장한다. 특히, 이러한 장기적 경제 편익은 중국 기업 등의 성장을 억제함으로써, 미국이 핵심 산업 분야에서 경쟁 우위를 유지할 수 있다는 논리에 근거한다.

즉, 산업정책의 일환으로 경쟁국에 대한 제재는 반사적 경제적 효과를 유도할 수 있다는 것이다. 이는 미국 기업들이 핵심 산업에서의 경쟁력을 강화하고, 중국의 기술 발전과 산업 성장을 제한함으로써, 장기적으로 미국의 산업 우위를 보호하는 효과를 기대할 수 있다는 주장이다.

- 경쟁국 기업의 성장 억제를 통한 자국 기업의 상대적 경쟁력 향상
- 제재 대상국에 진출한 자국 기업의 본국 투자 회귀
- 이에 따른 국내 고용 증대

그러나 이러한 논리에 대해서는 로렌스 서머스(Lawrence Summers) 등 미국 내 다수 경제학자들은 비판을 제기하고 있다. 이들은 관세와 같은 보호무역적 제재 조치에 대해 다음과 같은 부작용을 지적한다.

- 글로벌 경쟁 약화로 인한 혁신 유인 및 생산성 저하
- 국제 분업을 통한 효율성 증대 기회 상실

- 특정 산업 보호를 위한 로비 증가 및 정책 왜곡
- 일반 소비자의 편익 감소와 비(非)보호 산업의 경쟁력 저하[27]
- 보복 제재로 인한 미국 기업의 시장 상실 및 투자 위축

 결과적으로, 이들은 제재로 인해 얻을 수 있는 일부 산업의 경쟁력 유지 혜택보다, 미국 및 글로벌 차원의 생산성 저하, 성장 둔화, 재정적자 확대,[28] 물가 상승 등으로 인한 비용이 훨씬 더 클 수 있다고 경고한다. 이러한 제재 정책이 장기적으로 순편익을 가져올 수 있을지에 대한 불확실성 외에도, 그 목적 자체를 달성할 수 있을지에 대한 의문이 제기된다. 예를 들어, 중국에 대해 핵심 품목의 수출을 금지하고, 미국 내 관련 산업에 보조금을 지급하거나 산업 보호를 위해 관세를 부과하는 정책이 과연 해당 산업의 경쟁력을 세계 최고 수준으로 끌어올릴 수 있을지에 대한 회의적인 시각이 존재한다.

 우선, 보조금 지급은 정부로부터 특정 요건을 충족하라는 요구를 받게 되며, 이러한 요건은 민간의 자유로운 기업 활동과 충돌할 수 있다. 예를 들어, 투자 지역 및 범위 제한, 현지 고용 의무, 노동권 보장, 일정 이익 초과분의 환수, 중국 시장에 대한 판매 제한 등이 이에 해당한다. 이

---

[27] 현재 미국 GDP에서 제조업이 차지하는 비중은 7% 이하에 불과하며, 그 중에서도 예를 들어, 반도체 산업의 비중이나 고용 유발 효과는 더욱 미미한 수준이다. 이러한 상황에서, 반도체를 중간재로 사용하는 여타 산업의 비용 증가, 그로 인한 다른 산업 부문의 고용 감소 및 소비자 편익 축소 등을 종합적으로 고려했을 때, 반도체 관련 제재가 과연 미국 전체 경제의 편익 증대로 이어지는지 신중하게 따져볼 필요가 있다는 주장이 제기되고 있다.

[28] 향후 기후변화 대응, 고령화에 따른 복지 지출 확대, 군비 경쟁 심화 등으로 인해 미국의 재정 소요는 계속 증가할 것으로 예상되며, 이와 같은 상황에서 GDP 성장률이 둔화된다면 세수 확보는 더욱 어려워질 수 있다는 우려 역시 제기된다.

러한 의무를 이행하는 과정에서 기업의 생산성, 이윤 창출 및 재투자 여력이 저해된다면, 보조금 수령의 이점 자체가 상당 부분 상쇄될 수 있다.

특히 중국에 대한 판매 제한은 해당 국가의 시장 규모와 기술 수준을 고려할 때 기업의 성장성과 혁신 역량에 심각한 타격을 줄 수 있는 요소이다. 미국 정부가 수출 제한을 일부 핵심 품목으로만 제한한다고 하더라도, 중국이 보복 조치로 미국 보조금을 받은 기업에 대한 수입 금지 등을 시행한다면, 해당 기업의 경쟁력은 크게 하락할 수 있다.

게다가, 유럽, 일본, 인도, 베트남 등 제3국이 미국과 유사한 보조금을 지급하면서도 중국에 대한 판매 제한 요건을 부과하지 않을 경우, 이들 국가의 기업들이 중국 시장에 접근할 수 있게 되어, 미국 보조금을 받은 기업의 상대적 경쟁력이 더욱 약화될 수 있다. 예를 들어, 미국에서 보조금을 받은 반도체 기업의 제품을 애플이 구매하지 않을 수도 있다. 이유는, 해당 미국 보조금을 받은 반도체를 사용한 제품이 중국에서 수입 금지 대상이 될 수 있고, 무엇보다 중국처럼 큰 시장에 대한 접근성과 교류가 제한된 기업이 세계적으로 우수한 품질의 제품을 만들기는 어렵다는 판단을 할 수 있기 때문이다.

미국이 이에 대응하여 동맹국에게도 수출 제한 동참을 요구하거나, 2차 제재 등을 통해 압박할 수 있겠지만, 이러한 방식은 안보와 직결된 일부 품목에 한정하여 설득 가능한 경우에만 수용 가능하며, 그 외에는 동맹국 및 파트너 국가의 반발을 초래할 수 있다. 특히, 미국이 보조금을 통해 동맹국을 포함한 외국 기업들을 자국으로 유인하는 반(反)무역 규범적인 정책을 실행하면서, 제3국에는 불합리한 제재에 동참하라고 요구한다면 동맹국이라 하더라도 이를 쉽게 수용하기 어려울 것이다.

게다가 중국·러시아와도 협력을 지속하는 인도·베트남과 같은 국가에 제재 동참을 요구하는 것은 현실적으로 더욱 어려우며, 이들 국가는 미국 중심의 공급망 재편에 필수적 역할을 담당하고 있기 때문에, 강제적 정책 시행 시 '반미 블록'으로 밀려날 리스크도 존재한다. 이러한 맥락에서 동맹국과 중립국 간 제재 차별$^{Sanction\ arbitrage}$이 발생할 경우, 동맹국조차 미국의 제재 정책에 불만을 표출하게 되어 글로벌 정책 추진력에 차질이 생길 수 있다.

이러한 단기적인 부정적 효과 외에도, 보조금 지급은 민간의 자율적 혁신 의지를 약화시키며, 그 규모가 커질수록 공기업과 유사한 비효율성을 초래할 가능성이 커진다. 보조금을 받은 기업이 실패할 경우, 이는 단순한 민간 실패가 아닌 정부 정책 실패로 인식될 수 있으며, 이에 따라 정부의 추가 개입 가능성이 커지게 되어 결국 국가가 해당 기업을 실질적으로 보증하는 '반(半)공기업화' 현상이 발생할 수 있다. 또한, 미국의 보조금에 대응하기 위한 외국 정부의 맞불 보조금 정책은 국가 간 보조금 경쟁을 촉발하게 되고, 이로 인해 보조금 총액은 증가하며 비효율과 도덕적 해이가 심화될 수 있다. 결국 이는, 보조금을 받은 기업이 '대마불사'로 전락하는 구조적 폐해를 초래할 가능성이 있다.

그러면 보조금 대신 관세를 부과하는 것이 미국 기업의 경쟁력을 향상시킬 수 있을까? 관세는 보조금과 달리 미국 기업에 직접적인 현금 지원을 제공하지 않기 때문에, 관세를 부과한다고 해서 미국 기업이 즉각적인 혜택을 보는 것은 아니다. 특히, 관세가 부과된 수입품의 수요 탄력성이 낮을수록, 미국 소비자는 가격 상승의 부담을 고스란히 떠안고 비싼 수입품을 구매하게 된다. 이 경우, 중국 등 타국 기업의 수출이 감소하는 효과, 즉 미국 내 기업의 매출 증가 효과는 제한적일 수밖에 없다.

핵심 첨단 기술이 적용되어 대체가 어려운 제품을 생산하는 산업은 일반적으로 수요의 가격 탄력성이 낮다. 따라서 이러한 산업을 보호하거나 육성하는 데 있어 관세는 효과적인 정책 수단이 되지 못할 가능성이 크다. 더욱이, 관세가 부과된 수입품이 미국 내 다른 산업의 중간재로 활용되는 경우, 중간재 가격 상승은 해당 산업의 생산비용 증가로 이어지고, 이는 결국 해당 산업의 경쟁력을 약화시킬 수 있다. 실제로 한 연구[29]에 따르면, 트럼프 정부 1기에 시작되어 바이든 정부까지 이어진 대중국 추가 관세 정책으로 인해, 중국산 부품을 사용하는 미국 수출기업은 노동자 1인당 연간 약 900달러의 추가 비용을 부담하고 있다고 한다.

그렇다면 수요의 가격 탄력성이 높은 산업에서는 관세가 미국 산업을 보호하는 효과를 낼 수 있을까? 단기적으로는 어느 정도 효과가 있을 수 있다. 하지만 장기적으로 보면, 이러한 보호를 받는 산업은 국제적인 경쟁력을 갖추기 어렵다. 미국 외 시장에서 보호 없이 경쟁하는 외국 기업들과 비교했을 때, 관세 보호에 안주한 미국 기업은 높은 가격 구조로 인해 해외 시장에서 경쟁력을 유지하기 힘들기 때문이다.

결과적으로 미국 기업은 두 가지 유형으로 나눌 수 있다. 첫째, 관세 보호 아래 미국 시장에만 의존하며 미국 내에 생산시설을 둔 기업이다. 둘째, 미국의 관세 혜택은 받지 않지만, 미국 외 시장에서의 치열한 경쟁을 통해 생산성과 품질을 끌어올리는 기업이다. 물론 미국 시장이 거대한 것은 사실이나, 세계 전체 시장에서는 25% 수준이다. 즉, 글로벌 시장을 포기하고 미국 시장만을 대상으로 하는 기업은 장기적으로 성

---

29 Kerry, Cameron F., Lovely, Mary E., Singh, Pavneet, Tobin, Liza, Hass, Ryan, Kim, Patricia M., and Kimball, Emilie Is 『US security dependent on limiting China's economic growth?』, (Brookings Institute, 2023)

장성과 생산성 측면에서 경쟁력을 잃을 가능성이 크다.

이러한 구조가 장기화되면, 외국 기업들은 지속적인 경쟁과 혁신을 통해 고품질 제품을 생산하게 되고, 미국 소비자들 또한 구매력이 향상되면서 가격이 다소 비싸더라도 품질과 성능이 뛰어난 해외 제품을 선택할 가능성이 높아진다. 예컨대, 중국 소비자들이 높은 가격에도 불구하고 애플 제품을 대거 소비하는 사례에서 가격 외적 요소의 중요성을 확인할 수 있다.

한편, 이미 글로벌 경쟁력을 보유한 미국 기업들은 관세 정책으로 어떤 영향을 받을까? 예를 들어, 애플과 같이 중국산 부품을 활용하던 기업이 관세로 인해 중간재 가격 상승이나 품질 저하를 겪게 된다면, 애플의 경쟁력 역시 위협받을 수 있다. 이 경우, 애플은 미국 내가 아닌, 관세나 제재의 영향을 덜 받는 해외 생산시설을 활용해 중간재를 조달하고, 글로벌 시장에 대응하는 전략을 선택할 가능성이 높다.

결과적으로, 미국의 관세 정책은 아이러니하게도 미국 내에는 오직 미국 시장만을 겨냥한 생산시설만 남기고, 보다 넓은 해외 시장을 겨냥한 생산 거점은 오히려 해외에 구축하는 산업 구조를 유도할 수 있다.

이 외에도, 미국의 관세 정책에 대한 보복으로 중국 등이 미국산 제품에 대해 보복 관세를 부과할 경우, 미국의 경쟁력 있는 수출기업들은 거대한 중국 시장에 대한 접근이 제한될 수 있다. 이는 제3국 기업들과의 글로벌 경쟁에서 미국 선도기업들의 장기적 경쟁력을 약화시키는 요인이 될 것이다. 이에 대한 구체적인 사례는 반도체 부문 제재의 영향에서

더욱 자세히 살펴보겠다.30

 지경학 인사이트 ⑥ 디커플링의 함정

반도체 분야 수출입 통제로 본 미국 제재 정책의 트릴레마Trilemma31

반도체 분야에서의 디커플링Decoupling(탈동조화 또는 비동조화)은 중국의 첨단 기업이 미국 시장에 접근하는 것을 제한함으로써, 통신 등 미국 핵심 인프라가 중국산 제품에 의존하는 수준을 낮춰 안보 우려를 완화하고, 중국의 미국산 첨단 제품 구매를 차단하여 중국 첨단 산업의 부상을 억제할 수 있다는 점에서 찬성론자들의 지지를 받아왔다. 또한, 미국 기업이 중국에서 생산하던 것을 본토로 이전하도록 유도하고, 기술 탈취나 비인권적 노동 관행을 활용하는 중국 기업에 대한 일종의 보복 조치로 작용한다는 점도 강조된다. 그러나 이러한 정책은 중국 시장의 거대함과 그에 따른 부작용 — 미국 기업의 매출 감소, 기술

---

30 수입대체 정책을 통해 산업을 육성하려 했던 중남미와 수출주도형 성장 전략을 채택했던 동아시아 간의 성장률 경쟁에서, 동아시아가 우위를 점했던 역사적 경험에 비추어 보면, 관세를 통해 산업 경쟁력을 강화하고자 하는 정책이 장기적으로 초래할 부작용은 충분히 예측 가능한 문제라 할 수 있다.
    2025년 2월, 맨큐(Mankiw) 역시 관세 정책이 폐쇄경제를 지향하는 국가들의 생산성과 경제 성장에 부정적인 영향을 미치며, 개방경제 국가들에 비해 저조한 성과를 보인다는 점을 지적한 바 있다. 특히 그는 트럼프 행정부의 관세 정책이 미국 산업과 경제에 오히려 불리한 결과를 초래할 수 있다고 경고하였다. (https://www.aei.org/carpe-diem/greg-mankiw-the-benefits-of-world-trade-are-obvious-any-good-student-of-econ-101-can-explain-it-to-trump/)
    나아가, 기업의 경쟁력은 가격뿐만 아니라 제품의 품질, 혁신성, 브랜드 가치 등 비가격적 요소에도 크게 좌우된다는 경영학의 일반적 통설에 비추어 봐도, 관세에 의존한 산업 경쟁력 제고 정책은 그 효율성이 낮을 가능성이 적지 않다고 볼 수 있다.

31 Agathe Demarais, 〈When Sanctions Work Too Well: Why Decoupling from China Would Backfire〉 in 『Backfire: How Sanctions Reshape the World Against U.S. Interests』

리더십 약화, 동맹국의 미국 제품 활용도 저하[32] 등— 을 충분히 고려하지 않았다는 비판이 제기된다(Demarais, 2022). 특히 중국은 전 세계 반도체 수요의 약 1/3을 차지하고 있어, 중국 시장과의 단절은 미국 반도체 기업에 막대한 매출 손실을 초래할 것으로 보인다. Demarais(2022)에 따르면, 그 감소 폭은 최대 40%에 이를 것으로 전망된다. 이로 인해 '짧은 제품 개발 주기'와 '승자독식winner-take-all' 구조라는 반도체 산업의 특성상, 미국 기업들은 연구개발R&D 투자를 축소할 수밖에 없고, 이는 매출 확대 → R&D 투자 증가 → 기술 우위 확보 및 매출 확대로 이어지는 선순환 구조를 무너뜨리는 결과를 가져올 수 있다.

반면, 미국이 중국 시장에서 비운 매출 공백은 제3국 기업들이 빠르게 메울 수 있으며, 중국 기업 역시 정부의 대규모 보조금과 투자 지원을 바탕으로 제재 상황 속에서도 경쟁력을 유지하거나 오히려 강화할 가능성이 있다.

이는 과거 미국 통신 산업의 사례와 유사하다. 1990년대까지만 해도 Lucent, Nortel, Motorola 등이 글로벌 선두주자였지만, 2000년대 초 IT 버블 붕괴로 인한 매출 급감과 R&D 투자 축소는 이들 기업의 몰락을 불러왔다. 그 결과, 미국은 자국 인프라의 핵심인 통신산업에서 스웨덴의 Ericsson, 핀란드의 Nokia, 한국의 삼성전자 등에 의존하게 되었으며, 제재 이전에는 화웨이 등 중국 기업들도 미국 시장에서 상당한 존재감을 보였던 바 있다.

한편, 미국 반도체 기업에 대한 수출 통제는 중국과의 교역뿐만 아니라 제3국 시장에서도 부정적인 영향을 미칠 수 있다. 제3국 기업들은 미국산 반도체를 사용한 제품을 중국 등 제재 대상국으로 수출할 경우 미국의 수출 통제 위험에 직면하게 되며, 이에 따라 미국산 부품이 전혀 포함되지 않은 'EAR free' 제품(미국 수출

---

32 일부 제품에 대한 제재가 아닌, 반도체 산업 전반의 디커플링은 제3국의 동참 시, 제3국 반도체 기업의 중국에 대한 매출의 대폭적인 감소(역시 연구개발 예산 축소) 등을 가져오고 제3국에 대한 중국의 보복을 야기할 수 있으며, 중국을 배제한 기술 표준 등을 적용한 상품 개발 시 중국뿐만 아니라, 중국이 네트워크를 구축한 러시아, 중남미, 아프리카 등의 시장의 진출도 곤란할 가능성이 있기 때문이다.

관리규정EAR: Export Administration Regulations의 적용을 받지 않는 제품)으로의 전환이 가속화될 가능성이 크다. 이러한 현상은 결국 미국 반도체 기업의 글로벌 시장 점유율 감소로 이어질 수 있다. 또한, "표준을 장악하는 자가 시장을 지배한다He who owns the standard, owns the market"는 문구가 유행할 만큼, 기술 표준의 선점은 막대한 전략적 의미를 지니는데, 이 관점에서 디커플링 정책은 기술 표준 경쟁에도 심각한 부작용을 초래할 수 있다. 만약 미국 주도의 기술 표준이 중국을 비롯한 광범위한 시장에서 채택되지 않을 경우, 미국은 해당 시장에 대한 접근 자체를 상실할 위험이 있다.

중국 역시 기술 표준의 중요성을 오래전부터 인식해 왔으며, ISO(국제표준화기구), ITU(국제전기통신연합) 등 국제 표준 제정 기구에 자국 고위 관료 출신 인사들을 수십 년간 꾸준히 파견해 왔다. 현재 이들 기구의 주요 직위에는 다수의 중국 인사들이 자리하고 있다. 더불어 '일대일로BRI: Belt and Road Initiative' 정책을 통해 중남미, 아프리카, 일부 유럽 국가들까지 자국의 디지털 인프라 권역(이른바 '디지털 실크로드') 안으로 편입시키며, 이들과 공동 연구 및 기술 표준 개발을 추진하고 있다. 이는 미국 주도의 표준이 다수 국가에서 배제되는 상황으로 이어질 가능성을 높인다.

이러한 상황을 종합해보면, (1) 제재의 효과를 극대화하기 위한 디커플링 조치가 미국 기업의 매출 급감, 이에 따른 연구개발R&D 투자 여력 축소, 기술 우위 약화, 제3국 기업의 경쟁력 강화, 미국의 제3국 시장 점유율 축소 등 (2) 또 다른 형태의 미국 국익 훼손을 초래하고 있으며, (3) 중국을 배제한 글로벌 기술 표준 개발이나 공급망 재편 노력에 대해 동맹국들의 소극적 참여를 불러올 수 있다. 결과적으로 (1) 제재 효과성 확보, (2) 제재 부작용 최소화, (3) 핵심 전략국 협조라는 세 가지 목표 사이에서 서로 충돌하는 트릴레마trilemma 상황이 발생할 수 있다.[33]

---

[33] 일부 제품에 대한 제재가 아닌, 반도체 산업 전반의 디커플링은 제3국의 동참 시, 제3국 반도체 기업의 중국에 대한 매출의 대폭적인 감소(역시 연구개발 예산 축소) 등을 가져오고 제3국에 대한 중국의 보복을 야기할 수 있으며, 중국을 배제한 기술 표준 등을 적용한 상품 개발 시 중국뿐만 아니라, 중국이 네트워크를 구축한 러시아, 중남미, 아프리카 등의 시장의 진출도 곤란할 가능성이 있기 때문이다.

> 나아가, 미국이 안보 강화를 위해 디커플링을 더욱 심화할 경우, 중국의 서방 의존도는 크게 감소하게 되고, 이는 결국 미국 및 동맹국의 중국에 대한 전략적 레버리지를 약화시키는 결과로 이어질 수 있다. 실제로 중국이 대만을 무력 침공하려 할 경우, 이미 경제적 디커플링이 상당 부분 진행된 상황에서는 서방이 경제제재를 통해 중국의 행동을 억제할 수단이 제한될 가능성이 있다. 따라서 미국은 지금 트릴레마라는 좁고 험난한 길 위를 걷는 거인Giant on a tightrope과 같은 처지에 있으며, 이 복잡하고 상충하는 이해관계를 얼마나 정교하고 균형 있게 조율해 낼 수 있느냐가 향후 미국 제재 정책의 성패를 좌우하는 핵심 과제가 될 것이다.

한편, 미국 경제제재로 인한 자국의 경제적 손실 중 미국 의회 등이 공식적으로 인정하는 사례 가운데 하나는 달러화의 국제적 활용도 저하다.

글로벌 시장에서 미국은 높은 재정지출과 막대한 국가부채에도 불구하고 국가 부도 위험에서 자유로운 국가로 평가받고 있는데, 그 핵심 이유는 바로 '기축통화를 발행할 수 있는 특권Key Currency-issuing privilege'에 있다. 전 세계가 여전히 미국 국채와 기타 금융자산에 투자하는 것도 이와 직결된다.

실제로 이러한 기축통화 발행 특권이 없었다면, 2008년 글로벌 금융위기(서브프라임 모기지 사태) 당시 미국은 외국 자본 이탈로 인한 국가 부도 상황에 직면했을 것이라는 것이 국제금융계의 통설이다.

달러 패권Dollar hegemony의 기반은 결국 다른 국가들이 달러를 국제 무역과 투자 결제수단으로 사용하고 있다는 점에 있다. 그러나 미국의 제재 정책은 이 달러 결제 시스템을 지렛대로 삼고 있기 때문에, 제재 대상국들은 점점 달러 의존도를 줄이는 방향으로 대응하고 있다.

예컨대, 러시아는 우크라이나 침공 이후 달러 기반 국제 결제 시스템에서 배제되자, 중국과 체결한 통화 스왑 협정을 활용해 위안화 결제 비중을 확대하고 있다.

중국 역시 미국 중심의 SWIFT(국제금융결제망) 회피를 목적으로 자체 결제 시스템CIPS을 구축해 운영 중이며, 무역 결제시 위안화 사용 빈도도 꾸준히 증가시키고 있다.

특히 바이든 행정부 시절, 미국과 사우디아라비아 간 외교적 불화가 발생하자, 중국은 이를 기회 삼아 사우디와의 원유 거래에 위안화 결제를 공식화하며 국제금융계를 놀라게 했다.34 이는 국제 원유 거래에서 달러 사용을 유지하려는 미국 재무부의 핵심 정책 목표를 정면으로 흔든 사례로, 과거 '페트로 달러Petro Dollar(중동을 포함한 주요 산유국들이 원유 및 관련 상품 교역 시 다른 통화가 아닌 달러를 통해 교역하게 하여 달러 중심 체계를 유지하려 한 것에서 나온 용어)' 체제에 도전했던 이란, 베네수엘라, 리비아 등의 사례를 떠올리게 한다.

특히 리비아는 정권 교체까지 경험한 바 있어, 이 같은 결제 방식 변화는 단순한 상업적 선택이 아니라 중대한 지정학적 함의를 지닌다.

---

34 이와 관련하여, 미국 경제제재의 숨겨진 동기 중 하나로 뉴욕 등 지방정부와 연방정부의 벌금 수입 증대와 해당 관료들의 실적 추구 행위를 지적하는 견해도 있다. 그러나 제재 대상국의 경제 규모 등에 따라 경제제재로 인한 교역 축소, 물가 상승 등으로 인한 성장률 저하 및 이에 따른 조세 수입 감소 규모가 벌금 수입 증가분을 훨씬 상회할 수 있다. 따라서 중국 등과 같이 경제 규모가 큰 국가가 주요 제재 대상이 되어 경제적 부작용이 훨씬 커진 현재의 상황에서는, 경제제재를 통한 벌금 수입 확대가 제재 지속의 주된 이유로 보기에는 한계가 있다고 판단된다.

더욱이 이러한 벌금 수입의 대부분은 글로벌 금융기관에 부과된 것으로, 이는 해당 기관들이 달러화 금융 시스템을 활용했다는 점을 근거로 삼고 있다. 하지만 이처럼 과도한 벌금은 글로벌 금융기관들로 하여금 달러화 결제에 대한 노출을 줄이려는 다양한 시도나 고려를 유도하게 만들며, 이는 결과적으로 달러화 패권 유지라는 미국의 핵심 국익과도 상충될 수 있다.

미국이 달러 패권 유지에 얼마나 민감하게 대응하는지는 러시아의 침공 이후, 우크라이나 지원 및 재건 비용 충당을 위한 러시아 외환보유액 압류 논의에서도 드러난다.

초기 미국 재무부는 러시아가 미국 내에 보유한 외환자산의 원금 압류에는 반대 입장을 보였으며, 현재까지도 해당 자산에서 발생한 이자 수익에 한해서만 압류를 추진 중이다. 이는 만약 러시아 자산을 전면 압류할 경우, 중국을 포함한 반미 성향 국가들의 중앙은행들이 보유 중인 미국 자산을 급격히 축소할 가능성을 우려했기 때문이다.

이러한 움직임은 결국 세계 최대 채무국인 미국의 자금 조달 비용 상승, 미국 금융자산 가치 하락, 재정 긴축, 군사력 확충과 세계 패권 유지 능력 약화로 이어질 것이라는 우려를 낳고 있다.

달러의 국제적 위상이 미국의 안보와 세계 전략과 직결된다는 점은 트럼프 대통령이 이를 직접 보여준 사례에서도 확인할 수 있다.

2024년 말 대선에서 당선된 트럼프 대통령은 취임 직후인 2025년 2월 브릭스BRICS 국가들에게 '새로운 공동통화를 만들거나 달러를 대체하려는 시도를 하지 않겠다는 약속Commitment을 하라'고 요구했다.

그는 만약 이를 거부할 경우 해당 국가에 100% 관세를 부과하겠다고 경고하며, 달러를 중심으로 한 글로벌 금융 질서를 지키려는 강경한 입장을 분명히 드러냈다.

지경학 인사이트 ⑦ 달러의 위상과 제재 전략의 한계

글로벌 1위 통화 vs. 제재 회피 가능성

전 세계 중앙은행이 보유한 외환보유액의 60% 이상이 달러 자산으로 구성되어 있을 만큼, 달러는 여전히 글로벌 기축통화로써의 위상을 유지하고 있다. 이러한 위상은 세계 1위의 경제력^{GDP}, 금융시장 규모, 군사력, 그리고 연방준비제도^{Fed}의 체계적인 금융시장 규율을 기반으로 한다.

즉, 달러 자산을 보유한 투자자들은 이러한 요인들을 근거로 달러의 적정 가치와 안정성에 대해 다른 어떤 자산보다 높은 신뢰^{Trust}를 가지고 있다. 이것이 금융시장 안정과 투자자 보호 측면에서 글로벌 금융기관이 안전자산을 보유할 필요성을 충족해 주는 핵심 통화로 달러가 기능하거나, 수출입 거래시 신뢰할 수 있는 결제 수단으로 달러가 통용될 수 있도록 하는 근본적인 이유이다.

물론 1960년대에는 미국이 전 세계 GDP의 40% 이상을 차지했지만, 현재는 중국과 인도의 부상으로 15% 수준으로 감소했다. 동시에 미국의 국가부채 규모도 급격히 증가하고 있으며, 코로나 팬데믹을 통해 미국의 제도적 안정성과 효율성에 대한 회의론도 확산되었다. 실제로 2000년대 초반만 해도 달러의 외환보유액 비중은 약 70%에 달했지만, 현재는 약 10%포인트 하락한 상태다.

그럼에도 불구하고, 글로벌 금융기관과 무역기업이 필요로 하는 '안정성'을 가장 잘 제공하는 자산은 여전히 미국 달러다.

유로화, 위안화, 비트코인 등 대체 가능한 통화들이 존재하지만, 각 통화의 한계는 명확하다.

- 유로화는 다양한 국가 간의 연합 통화이지만, 회원국 간 갈등 가능성, 통합된 재정정책의 부재, 미국 대비 낮은 생산성과 산업 경쟁력 등의 제약으로 인해 달러를 완전히 대체하기 어렵다.

- 중국 위안화는 경제력 면에서는 중국이 미국과 맞서고 있지만, 금융시장 개방성, 제도의 투명성과 예측 가능성 측면에서 중국 정부에 대한 신뢰도가 낮은 것이 문제이다.
- 비트코인 등 가상자산은 가치 변동성이 극심해, 안정적인 투자자산이나 결제수단으로 기능하기 어렵다.

이러한 이유로 달러의 세계 1위 거래통화 지위는 당분간 유지될 가능성이 높다.

다만, 이 같은 1위 통화 지위가 곧 달러 시스템을 활용한 경제제재의 효과성을 의미하지는 않는다.

실제로 국제무역과 국경 간 거래에서 달러를 대체할 수 있는 다양한 수단이 이미 존재하고 있다. 유로화와 엔화뿐만 아니라, 중국 위안화도 디지털 위안화 개발, 자체 결제 시스템^{CIPS} 운영, 개도국과의 통화 스왑 체결 등을 통해 국제무역에서 결제 비중을 점차 확대하고 있다. 특히 북한, 이란과 같이 미국의 제재로 달러 거래가 불가능한 국가들은 가상자산을 통한 무역 거래를 상당히 발전시켜 왔다.[35]

달러 기반 제재 효과가 점차 약화되는 또 다른 이유는 세계 경제의 점진적 분절화 Frag-mentation 때문이다. 코로나 팬데믹 이후, 공급망의 신뢰성과 안보 가치 공유를 이유로 미국 중심의 경제 블록화가 가속화되고 있지만, 이 과정에서 오히

---

35 가상자산은 익명성이 보장되는 측면이 있으나, 거래 내역이 블록체인에 공개되어 있어 추가적인 수사나 분석을 통해 해당 거래에 관여한 기업이나 개인이 미국이나 UN 등에 의해 적발될 가능성도 무시할 수 없다. 그러나 과거 달러를 거래하기 위해 미국 금융기관의 중개 기능에 전적으로 의존하던 체제에서는 미국의 제재 위협만으로도 '사전적'으로 교역이 억제되는 효과가 강하게 작용했다. 이에 반해, 현재는 거래 자체는 사전적으로 가능하지만, 사후적으로 적발될 위험이 존재하는 수준으로 변화되었다. 이러한 변화는 불량국가와의 거래를 통해 높은 수익을 기대하는 주체들에게, 수익과 리스크를 저울질해 실제 거래를 실행할 수 있는 여지를 제공한다는 점에서 과거와는 분명한 차이점을 보여준다.

려 미국 금융 시스템에 접근하지 않아도 되는 기업과 금융기관의 활동이 활발해지고 있다. 이로 인해 달러 시스템 접근 제한이 단일 국가 경제에 치명타를 주지 못하는 상황이 점차 확대되고 있는 것이다.

이는 18~19세기에 파운드, 길더, 프랑 등이 지역별 교역 통화로 공존했던 시기와 유사하다. 현재도 지역이나 정치적 성향에 따라 대표 통화가 나뉘는 현상이 나타날 가능성을 배제할 수 없으며, 일부 반미 성향 국가들 사이에서는 위안화를 통한 거래 비중이 나날이 증가하고 있다. 특히, 중국은 많은 국가의 최대 무역 상대국이 되어가고 있고, 미국의 핵심 동맹국이 아닌 개도국들은 언제든 미국 제재의 타겟이 될 수 있다는 점에서, 달러 결제 의존도를 줄이고 위안화 등으로 결제 다변화를 추구하는 것은 이들에게 합리적인 경제안보 전략이 되고 있다.

더불어, 일부 독재 국가들의 지도자들에게 있어 자신의 재산 보존은 핵심적인 이해관계이며, 과거 미국 자산 동결 사례들이 반복되면서, 이들 국가들의 비달러 결제 시스템 구축에 대한 의지는 매우 강력하다.

마지막으로, 반미 그룹의 경제력이 일정 수준에 도달한 지금, 미국이 달러 결제 관련 제재를 단행할 경우, 해당 국가의 금융기관이나 기업이 오히려 미국 금융기관에 보복 조치를 취해 피해를 야기할 수 있는 상황도 고려해야 한다. 실제로, 트럼프 1기 당시, 중국의 홍콩 통제 강화에 대응해 금융 제재가 거론되었지만, 미국 금융기관들이 홍콩 및 중국 금융시장에 막대한 자산을 투자하고 있어, 제재는 실행되지 못했다는 점은 널리 알려진 사실이다.

결국, 글로벌 1위 거래 통화로서의 달러의 위상은 여전히 견고하지만, 달러를 활용한 제재의 효과성은 예전만큼 보장되지 않으며, 달러 기반제재는 오히려 새로운 대안 통화와 결제 시스템의 등장을 자극할 수 있다는 점에서, 미국의 전략적 딜레마로 작용하고 있다.

이처럼 경제적 측면에서 미국에 손해가 될 수 있음에도 불구하고, 미국의 제재가 여전히 지속되는 이유는 무엇일까?

첫째, 앞서 언급한 경제적 손실 가능성은 중국, 러시아처럼 미국과 경제 규모가 비슷하거나 교역량이 큰 국가에 대한 제재에서 더 두드러지지만, 이란, 북한 등 상대적으로 경제 규모가 작은 국가에 대한 제재에서는 미국이 입는 손실이 그리 크지 않다. 그러나 중요한 점은 이러한 조건이 제재 결정 당시의 국제 정세나 국내 상황에 따라 달라질 수 있다는 것이다. 예를 들어, 국제 유가가 급등해 물가가 상승하고 이로 인해 미국 국민의 경제적 부담이 커지는 상황에서 중요한 선거 시점이 다가올 경우, 이란과 같은 국가가 원유 증산이라는 레버리지를 활용해 제재 완화를 유도할 수 있는 여건이 조성될 수 있다. 실제로, 2023년 9월, 러시아와 사우디아라비아의 원유 감산 발표로 유가가 급등하자, 미국은 한국의 시중 은행에 동결된 이란의 석유 판매 대금을 인도주의적 물품 구매에 사용할 수 있도록 허용한 바 있다. 이는 미국이 국제 유가와 국내 물가 상황에 따라 제재의 강도를 조절할 수 있음을 보여주는 사례다.

따라서 지금까지 미국의 제재는 자국 경제에 큰 피해를 주지 않아서 상대적으로 높은 지지를 받아왔지만, 제재 대상국이 미국과 교역 규모가 큰 국가로 확대되거나, 전 세계를 상대로 한 광범위한 제재로 전개될 경우, 미국 국민과 기업의 반발이 커지고 제재 정책의 지속성에 의문이 제기될 수 있다.

둘째, 중국과 같은 국가에 대한 제재는 경제적 손실을 초래할 수 있지만, 국익은 단순히 경제적 요소에만 국한되지 않고, 국가안보나 자유민주주의 공동체 유지 등의 가치도 함께 고려된다는 점이다. 예를 들어, 중국이 해킹, 데이터 조작, 여론 공작 등을 통해 미국의 선거나 사회 분위기에 영향을 미치려 할 경우, 양국 간 경제적 의존성에도 불구하고, 공동체의 근간을 지키기 위한 제재가 불가피해질 수 있다.

이러한 '공동체 유지'라는 개념이 다소 추상적으로 느껴질 수 있지만, 2023년 10월 《CBS》 '60 Minutes' 프로그램에서 The Five Eyes 정보 동맹의 수장들이 공동 출연해, 중국의 침해 행위가 단순한 스파이 활동을 넘어서는 전방위적 위협임을 강하게 경고한 바 있다. FBI 국장인 크리스토퍼 레이Christopher A. Wray는 중국 정부가 미국 전역에서 광범위하게 지적재산권, 무역 비밀, 개인정보를 탈취하려는 시도를 벌이고 있으며, 2023년 10월 현재 2,000건 이상의 중국 관련 정보 절취 사건이 수사 중이라고 밝혔다. 이는 포춘 100대 기업부터 소규모 스타트업, 농업, 바이오, 헬스케어, 로봇, 항공, 학술 연구 등 거의 모든 분야에서 발생하고 있으며, 미국의 일자리, 가정, 생계에 직결된 문제(즉, 일반 서민의 피부에 와닿는 "주방 식탁 위의 문제kitchen table consequences")라고 FBI 국장은 증언을 하였다.

셋째, 어떤 경우에는 미국 전체의 순편익이 마이너스임에도 불구하고 제재가 실행되는 경우가 있다. 통상적으로 정책은 이익과 비용을 비교하여 순편익(이익-비용)을 기준으로 결정된다고 가정한다. 그러나 실제로 순편익을 산출하는 과정에서 편익을 받는 집단과 비용을 부담하는 집단이 다를 수 있기 때문에, 만약 편익을 받는 집단의 정치적 영향력이 클 경우, 사회 전체 순편익은 마이너스라도 정책이 실행될 수 있다.[36]

---

36 미국의 대외경제제재 결정 과정을 이해하는 데 있어 'Public Choice Theory(공공선택이론)'는 매우 유용한 분석 틀을 제공한다. 이 이론을 제재나 무역정책과 같은 실제 정책 결정 과정에 경험적 및 이론적으로 적용한 대표적인 저작으로는 Ksrmpgrt, W.H.와 A.D. Lowenburg의 『Economic Sanctions: A Public Choice Perspective』, (Westview Press, 1992)와 Anne O. Krueger가 편집한 『The Political Economy of American Trade Policy』, (University of Chicago Press, 1996)가 있다.

다만, "제재는 모두 군산복합체나 금융권의 조종에 의해 이루어진다"는 식의 음모론적인 분석은 피해야 한다. 앞서 언급했듯, 제재 결정은 당시의 여건, 이해관계자 간의 영향력, 그리고 정책적 맥락에 따라 달라질 수 있으며, 이를 고정된 구도로 일반화하는 것은 무리이다.

예를 들어, 일반 대중은 평상시에는 기업이나 로비 집단보다 정치적 영향력이 적을 수 있지만, 선거가 임박하거나 박빙의 승부가 예상되는 경우, 일반 대중의 여론이 정책 결정에 중대한 영향을 미칠 수 있다. 이처럼 제재는 정치, 안보, 경제가 교차하는 복합적인 정책 결정의 산물로 이해해야 한다.

4. 제재 대상 또는 반미 그룹에 숨겨진 막대한 편익 제공

모든 정책은 크든 작든 간에 의도치 않은 결과를 수반하고, 경제제재도 예외는 아니다. 제재를 실행하는 국가가 직면하는 가장 당혹스러운 상황은, 제재의 주요 대상이 그 제재로 인해 정치적 또는 경제적 수혜자가 되는 경우이다. 이러한 현상은 특히 전체주의적 통치 체제를 갖춘 국가의 지배층에게서 자주 관찰된다. 예를 들어, 특정 산유국을 대상으로 미국과 그 동맹국들이 제재를 단행한다고 가정해 보자. 원유 수출을 차단하기 위해 해당 국가의 원유 수입을 금지하고, 군사적 전용 가능성을 우려하여 자동차 부품과 같은 산업재 수출을 제한하며, 금융 거래까지 제재 목록에 포함시키는 조치를 취할 수 있다. 이 경우, 해당 산유국의 국영 에너지 기업의 수익이 급감하고, 이로 인한 국가 재정 축소는 경제 전반에 부담으로 작용한다. 특히, 자동차와 같은 필수 소비재의 공급 감소는 경제 활동에 큰 타격을 준다. 금융 제재의 여파로 생필품 수출을 기피하는 제3국 기업이 늘어나면서, 일반 국민의 생활 여건도 급격히 악화된다. 이로 인해 경제 성장률 저하, 실업 증가, 외화 부족에 따른 인플레이션, 통화 가치 폭락, 복지 예산 축소 등의 악순환이 발생하게 된다.

이러한 경제적 압박은 일반적으로 국민들의 분노를 유발해 지도층에 대한 비판 여론으로 이어지고, 궁극적으로는 지도층의 교체를 도모하는 정치적 전략의 일환으로 제재가 사용되곤 한다. 그러나 이러한 메커니즘은 민주주의 국가에 적합한 설명이다. 전체주의 국가에서는 여론이 권력층의 입맛에 맞게 통제되며, 오히려 제재로 인한 고통을 미국의 '제국주의적 압박' 탓으로 돌리는 선전 도구로 활용하게 된다. 이 과정에서 반미 감정이 극대화되고, 제재 해소를 위한 협상을 주장하는 중도 세력은 탄압되며, 권력층의 정치적 입지는 더욱 공고해지는 역설적 결과가 발생한다. 예컨대, 베네수엘라 국민의 60% 이상이 미국의 제재에 반대하고 있는 가운데, 이 제재를 지지한 야당 지도자의 지지율은 하락했지만, 니콜라스 마두로Nicolás Maduro Moros 대통령은 오히려 권력 기반을 더욱 공고히 하는 데 성공했다는 분석이 존재한다. 러시아의 경우도 유사하다. 2014년 크림반도 합병에 따른 서방의 제재 이후, 블라디미르 푸틴 대통령의 지지율은 사상 최고치를 기록하였으며, 7년 뒤 우크라이나 침공과 그에 따른 추가 제재 국면에서도 높은 지지율을 유지하며 재선에 성공할 수 있었다는 평가가 제기된다.

경제적 측면에서도 제재는 의도치 않게 전체주의 국가의 지배층에 이익을 제공하는 구조로 귀결되는 경우가 적지 않다. 자동차 부품이나 생필품 등의 수입 감소는 암시장Black market의 확대를 유발하며, 부패와 정경유착이 만연한 국가에서는 이러한 암시장이 정권 실세나 고위 관료의 사익을 증대시키는 통로로 기능하게 된다. 실제로 미국의 정치평론

가이자 연구자인 리처드 하나니아Richard Hanania는 이라크 후세인 정권에 대한 미국의 제재 당시, 후세인의 아들이 석유 밀수에 깊이 관여하여 막대한 부를 축적했다고 분석한 바 있다(Hanania, 2020). 이란의 경우에도 혁명수비대가 미국의 제재 이후 원유 우회 수출, 마약 밀매, 대규모 인프라 건설, 제재 회피를 통한 금융 거래 등을 통제하게 되면서, 사실상 군-산-금(금융) 복합체의 실질적 주체로 부상하는 계기를 미국의 제재가 제공했다는 지적이 있다.

나아가 제재의 직접적인 대상이 아닌 미국의 지정학적 경쟁국들이 반사적인 편익을 얻는 사례도 빈번하다. 최근 러시아의 우크라이나 침공 이후 서방의 대러 제재로 인해 서구 기업들이 러시아 시장에서 대거 철수하거나 거래를 축소한 반면, 중국 기업들은 그 공백을 채우며 러시아 시장 점유율을 비약적으로 확대하였다. 트럼프 1기 행정부가 오바마 행정부 시절 체결된 이란 핵합의인 포괄적 공동행동계획JCPOA에서 일방적으로 탈퇴하고, 이란에 대한 전면적 제재를 복원한 사례 역시 주목할 만하다. 복구된 이란 제재 준수를 위해 석유 금수를 재개한 미국 동맹국들이 곤란에 처하는 동안, 중국은 이란산 석유를 저가에 확보하여 석유화학 제품의 국제 경쟁력을 향상시킬 수 있었다.

이처럼 제재의 주 타겟이 오히려 정치적 또는 경제적으로 수혜자가 되는 역설적 결과는 "왜 제재가 계속 반복되는가?"라는 근본적인 의문을 제기한다. 이는 앞서 지적한 바와 같이, 제재가 실행국의 총체적 편익이나 전략적 효과를 치밀하게 분석한 결과라기보다는 적지 않은 경우 정치인이나 관료들이 국내 유권자에게 '무언가 하고 있다'는 인상을 심어주기 위해 선택하는 정치적 수단으로 기능하고 있음을 보여주는 사례라고 할 수 있다. 이러한 제재의 비효율성과 의도치 않은 부작용은 이후 살펴볼 제재 효과성 평가 논의에서 상세히 드러날 것이다.

5. 제재의 실효성 논란

사실 제재는 역사상 최초의 사례부터 그 실효성에 의문이 제기되어 왔다. 고대 아테네가 메가라Megara(그리스 남부 메가리스에 있었던 도시국가)를 상대로 자국 영토 내 무단 경작 행위에 대한 제재를 가한 것은 전쟁 없이 해당 행위를 시정하려는 목적에서였다. 그러나 무역 금지와 항구 사용 불허 등의 조치는 궁극적으로 펠로폰네소스 전쟁의 도화선이 되었고, 이는 제재가 오히려 전쟁을 부추기는 결과를 초래했음을 보여준다. 물론 일부 학자들은 아테네 장군 페리클레스가 의도적으로 메가라와의 전쟁을 유도하기 위해 제재를 활용한 것이라고 해석하기도 한다. 그러나 공식적인 제재 목적이 '전쟁 회피를 전제로 한 상대국의 행동 변화 유도'에 있었다면, 그 목적은 궁극적으로 실패했다고 평가할 수밖에 없다.

대부분의 제재는 공식적으로 전쟁이라는 극단적 수단을 사용하지 않으면서도, 제재 대상국의 정책 또는 행동을 변화시키는 것을 목적으로 한다. 그러나 1970년 이후 미국의 제재 사례들을 분석한 연구에 따르면, 제재가 목적 달성에 성공한 비율은 약 13%에 불과[37]하다. 물론 전쟁을 피하면서 상대국의 행동을 바꿀 가능성이 13%라도 있다면 시도해볼 만하다는 주장도 가능하다. 하지만 앞서 살펴본 바와 같이 제재는 실

---

37 Kimberly Ann Elliott, 『Evidence on the Costs and Benefits of Economic Sanctions』, Sub-committee on Trade, Committee on Ways and Means, US. House of Representatives, (October 23, 1997) https://www.piie.com/commentary/testimonies/evidence-costs-and-benefits-economic-sanctions

행국에도 상당한 경제적 비용과 사회적 부작용을 초래할 수 있는 수단임을 감안할 때, 성공 확률이 크지 않은 제재를 실행할 실익이 크다고만 할 수 없을 것이다.

제재의 실효성을 높이는 6가지 전략

그렇다면 제재의 실효성을 높이려면 어떻게 해야 할까? 학계에서는 다음 여섯 가지 전략을 제시한다.[38]

첫째, 핵심 의사결정 집단 또는 영향력 있는 이익집단에 피해를 줄 수 있어야 한다. 남아프리카공화국의 아파르트헤이트Apartheid(남아프리카공화국 백인 정권의 유색인종에 대한 차별 정책) 정책에 대한 서방의 제재는 정교한 타겟팅의 성공적인 사례로 자주 언급된다(Kessler, 2022). 당시 남아공 사회는 세 그룹으로 나뉘었다.

- 아파르트헤이트를 지지하는 백인 노동자 및 농민
- 정책에 반대하는 흑인
- 아파르트헤이트에 찬성하지만 국제무역과 외부 여론에 민감한 백인 기업가 및 광업 종사자

이 중 가장 강력한 정책 결정 영향력을 가진 집단은 세 번째 그룹이었으며, 무역 중단 등 서방의 경제제재는 이들의 이해관계를 직접적으로 건드림으로써 남아공 정부의 정책 변화를 유도할 수 있었다. 이는 특정

---

38 Ethan Kessler, 『How Economic Sanctions are Used in U.S. Foreign Policy』, Chicago Council on Global Affair(2022)의 주요 내용 요약, 편집

계층이나 집단을 겨냥한 '스마트 제재Smart sanctions'의 이론적 정당성을 지지하는 사례 중 하나이다. 그러나 이러한 타겟팅이 항상 효과적인 것은 아니다. 특정 이익집단이 명확하지 않거나, 이들에게 영향을 미칠 수 있는 요인을 정확히 파악하기 어려운 경우, 또는 그 집단이 핵심 의사결정자에게 실질적인 영향력을 행사하지 못하는 경우, 제재는 무력할 수 있다.

예를 들어, 2014년 남수단 엘리트에 대한 제재 당시 미국은 실행 용이성을 이유로 이들의 미국 내 자산을 동결하는 방식을 택했으나, 실제로 이들의 자산은 대부분 에티오피아, 케냐, 우간다 등에 분산되어 있었고, 가족들 역시 이들 국가에 거주하고 있었다. 따라서, 미국의 남수단에 대한 제재는 이들의 정책 변화를 유도하지 못하였다. 미국이 에티오피아 등의 이웃 국가들과 협력해 여행 제한이나 자산 동결 등을 이끌어 냈다면, 보다 효과적인 제재가 가능했을 것이라는 분석이 존재한다.

둘째, 협력할 유인이 있는 국가, 특히 민주주의 국가를 대상으로 할 경우 제재의 효과는 더 높다.

역설적으로, 제재는 제재 대상국이 제재 실행국에 대해 높은 경제적·정치적 의존도를 보일수록 효과적일 가능성이 크다. 즉, 상호 교류와 상호 의존성이 클수록 제재는 더 큰 압박으로 작용할 수 있다.

반면, 글로벌 패권 국가 간(예: 미국-중국)이나 지역 내 경쟁 관계에 있는 국가 간(예: 한국-일본, 영국-프랑스)처럼 라이벌 구도가 형성된 경우, 제재는 오히려 역효과를 낳을 수 있다. 해당 국가의 지도자 입장에서는 경쟁국의 제재에 굴복하는 것이 '정치적 패배'나 '국가적 굴욕'으로 해석될 수 있기 때문이다. 예컨대, 미국의 러시아 제재는 효과를 기대하기 어려운 사례로 평가된다. 2019년 기준, 미국은 러시아의 수출 대상국 중 40위권에 불과했으며, 양국 간 경제적 의존 관계도 약했다. 또한 두 국가는 전통적인 지정학적 라이벌 관계에 있었기 때문에, 러시아가 미국의 제재에 굴복해 정책을 변경할 유인은 거의 존재하지 않았다.

실제로 러시아는 2014년 크림반도 합병 이후 점령을 철회하지 않았고, 오히려 2022년에는 우크라이나 전역을 침공하는 등 더 강경한 정책으로 나아갔다. 이는 제재 대상국이 정치적·경제적으로 실행국과 분리되어 있고, 라이벌 관계에 있는 경우 제재의 실효성이 현저히 낮아질 수 있음을 보여준다.

또한, 제재의 효과는 해당 국가의 정치체제 유형과도 밀접한 관련이 있다. 민주주의 국가의 경우, 제재로 인해 피해를 입은 국민이나 특정 산업 집단의 반발이 정치적 압박으로 이어질 가능성이 크다. 이는 선거나 여론을 통해 지도층의 행동을 제약하거나 교체하는 효과를 유발할 수 있기 때문이다. 반면, 권위주의 국가에서는 이러한 압력이 효과적으로 작동하기 어렵다. 일반 시민이나 산업계의 불만이 권력층에 제대로 전달되지 않으며, 설령 전달되더라도 지도자의 정책 방향을 변화시키거나 정권 교체로 이어지기는 어렵다.

나아가, 앞서 살펴본 것처럼 제재로 인해 권위주의 국가의 지도층이 정치적 자산을 강화하거나, 암시장 확대를 통해 경제적 이익을 취할 수 있는 구조가 형성되면, 이들은 제재 중단을 위한 양보나 협상에 나설 유인을 거의 갖지 않게 된다. 이러한 상황에서는 제재가 오히려 정권 유지를 위한 수단으로 기능하게 되며, 이는 제재의 실효성을 본질적으로 훼손하는 결과로 이어진다.

셋째, 제재 회피 경로를 최대한 차단하는 설계가 병행되어야 한다.

제재란 본질적으로 제재 대상국의 정책 전환을 유도하는 행위이기 때문에, 제재 효과가 누적되더라도 이를 상쇄할 수 있는 우회로가 존재한다면, 대상국은 제재로 인한 압박을 충분히 감내하며 기존의 행동을 지속할 수 있다.

이러한 문제는 국제연맹League of Nations이 1935년 이탈리아의 에티오피아 침공에 대해 제재를 시도했을 때부터 이미 나타났다. 국제연맹은 제재를 통해 이탈리아의 행동을 제어하고자 했으나, 당시 독일의 세력 확장에 대응하기 위해 이탈리아의 협조가 필요했던 영국과 프랑스가 소극적으로 대응하면서 제재는 형식적인 수준에 머물렀다. 그 결과, 제재는 실질적인 억지력을 발휘하지 못했고, 이는 국제연맹의 권위와 존립 근거에 심각한 타격을 주는 계기가 되었다.

현대에 들어서면서 제재 회피를 가능하게 하는 우회적 네트워크는 더욱 정교해졌다. 대표적인 사례는 2022년 러시아에 대한 미국 및 유럽연합(EU)의 대규모 제재이다. 제재는 금융, 에너지, 산업 전반을 포괄하는 강도 높은 조치였으나, 러시아는 중국, 인도 등 비동조 국가와의 교역을 통해 석유 수출을 지속하고, 주요 생필품과 부품의 수입도 유지할 수 있었다.

금융 제재에 있어서도, 독일 등 일부 EU 국가는 러시아산 가스에 대한 의존도로 인해 제재의 예외 조항을 요구하였고, 결과적으로 일부 러시아 은행은 SWIFT 배제나 달러 기반의 결제 금지에서 제외되었다. 이는 참여국 간의 이해관계 충돌과 경제적 상호 의존성을 고려할 때, 제재 조치를 설계함에 있어 불가피하게 일정한 예외와 유연성을 반영해야 함을

시사한다.[39]

　비슷한 사례는 북한에 대한 미국의 제재에서 중국이 비공식적으로 지원을 지속한 경우에도 나타나며, 중국이 호주를 제재하자 미국이 호주를 지원함으로써 중국의 경제적 압박 효과가 희석된 사례도 존재한다. 제재가 다자적 공조 없이, 라이벌 간 경쟁 구도 속에서 단독으로 실행될 경우, 제재 대상국은 다른 블록 국가와의 연계를 통해 충분한 회피 수단을 마련할 수 있는 것이다.

　미국이 압도적인 패권국이었던 과거와 달리, 오늘날은 러시아, 중국 등 반미 연합이 형성되면서 전 세계 공급망과 결제 체계가 '미국 중심 – 반미 중심'으로 이분화되는 현상이 진행되고 있다. 이는 제재의 실효성을 저해하는 구조적 요인으로 작용한다. 특히 경제안보를 중심으로 한 블록화 및 공급망 탈동조화 현상이 가속화될수록, 제재 대상국은 대체 거래 경로를 보다 손쉽게 확보할 수 있게 된다.

　더불어, 최근에는 앞서 간략히 언급한 바와 같이, 금융 제재의 핵심 수단인 달러 기반 국제금융 시스템의 차단을 우회할 수 있는 새로운 수단이 등장하였다. 바로 비트코인 등 가상화폐의 활용이다.

　일반 투자자에게 가상화폐는 가치 변동성이 큰 투자 자산으로 인식되지만, 제재 회피를 시도하는 국가나 개인에게는 금융기관을 통하지 않고 자금을 이동시킬 수 있는 수단으로 기능한다. 예를 들어, 이란이 원유를 수출할 경우, 전통적으로 수입국은 대금을 달러로 지급하며, 이를

39　제재의 실효성을 높이려면 다수 국가의 동참이 필수적이며, 이론적으로는 UN 안보리를 통한 제재가 가장 이상적이다. 그러나 상임이사국 중 하나라도 반대하면 결의가 무산되는 구조적 한계로 인해, 중국과 러시아가 포함된 현재의 UN 안보리 체제에서는 미국의 대러 제재 결의 통과가 사실상 불가능한 실정이다.

위해 수입국 은행은 미국에 소재한 코러스뱅크Correspondent Bank의 달러 계좌를 통해 이란 수출업자의 은행 계좌로 송금하는 구조를 갖는다. 미국은 이 코러스뱅크를 통한 이란 관련 금융 거래를 금지함으로써 사실상 원유 수출입 자체를 차단하는 효과를 발휘해 왔다. 그러나 가상화폐는 분산원장 기술을 기반으로 금융기관을 매개로 하지 않고도 전 세계 어디서나 이체 및 인출이 가능하며, 계좌 소유자와 거래 내역이 익명성을 기반으로 하기 때문에 추적이 어렵다. 이러한 특성은 제재 회피 수단으로서 가상화폐의 활용 가능성을 높이고 있다.

물론 이러한 가상화폐 기반 자금세탁 및 제재 회피의 위험성을 인지한 국제사회는 이에 대한 규율 체계를 수립하려는 노력을 기울이고 있다. 그러나 이는 기술적 한계와 더불어, 모든 국가 간의 협력이 전제되어야 한다는 점에서 현실적인 제약이 크다. 특히 미국이 달러를 무기화하여 제재 수단으로 적극 활용하고 있는 현 상황에서는, 달러 의존도를 낮추려는 국가들이 국제 규율 체계에 자발적으로 참여할 유인은 제한적일 수밖에 없다.

넷째, 현실적인 제재 목표를 설정해야 한다.

현실적인 제재 목표의 설정이란, 제재 대상국이 실제로 변경 가능한 정책이나 행동을 대상으로 제재를 설계해야 한다는 것을 의미한다. 예를 들어, 제재를 통해 유도하고자 하는 정책 변화가 해당 국가의 핵심 지배 권력의 정체성과 직결된 사안이라면, 그 목표는 달성 가능성이 현저히 낮아진다.

케슬러(Ethan Kessler, 2022)는 2020년경 중국과 호주 간의 외교 마찰 사례를 제시하며, 중국이 호주의 반중 성향 언론 보도 및 국회의 발언을 문제 삼아 경제적 제재를 가한 경우를 이러한 예로 들고 있다. 이는 곧 호주 정부에 언론과 의회의 표현을 검열하라는 요구에 해당하는 것으로, 자유민주주의 국가인 호주가 수용하기 어려운 요구였다.

이와 관련해 주목할 점은, 제재 대상국이 실제로는 정책 변경이 가능하더라도, 외부에는 이를 마치 핵심 국익에 해당하거나 결코 양보할 수 없는 사안인 것처럼 포장^{Bluffing}할 수 있다는 사실이다. 제재는 전략적 상호작용이 수반되는 정책 도구이기 때문에, 상대국의 내부 정보를 완전히 파악할 수 없는 불확실성의 조건에서는 이러한 블러핑이 실질적인 효과를 가질 수 있다. 예를 들어, 일부 전문가는 북한이 극심한 경제난에도 불구하고 핵무기 보유를 헌법에 명시하고 핵실험 및 대륙간 탄도미사일^{ICBM} 발사를 지속하는 행위를, 핵 포기는 비현실적이라는 인식을 미국 등 외부에 심어주기 위한 전략적 조치로 해석한다. 이는 해당 사안에 대한 제재가 무의미하다는 인식을 유도하여, 궁극적으로 제재 해제를 유도하려는 의도된 전술일 수 있다.

한편, 경우에 따라, 제재 실행국의 실제 목표가 정책 변경이 아니라 제재 자체의 지속일 수도 있다. 이 경우, 제재 대상국이 결코 수용할 수 없는 조건을 목표로 설정함으로써, 제재 지속에 필요한 정당성과 명분을 확보하는 전략이 작동하게 된다.

대표적인 사례는 미국의 쿠바에 대한 제재이다. 미국은 자유민주주의 체제로의 정권 교체를 명분으로 포괄적인 제재를 지속하고 있으나, 이는 쿠바 정권이 절대로 수용할 수 없는 요구이며, 미국 또한 이를 인식하고 있음에도 불구하고, 쿠바라는 초근접 적대국가의 역량 강화를 차단하려는 전략적 목적 아래 수용 불가능한 요구를 하면서 제재를 지속하고 있다는 분석이 존재한다.

더불어 제재의 실질적 효과가 미미한 상황이라도 이를 조기에 해제할 경우, 다른 제재 대상국들에 "몇 년만 버티면 제재는 사라진다"는 잘못된 시그널을 줄 수 있다는 우려 역시, 제재 지속의 주요 동기로 작용할 수 있다. 이 부분은 다음 항목에서 다룰 제재 정책의 '신뢰성'과 관련된다.

다섯째, 대상국의 행동을 변경할 만큼 충분한 수준의 제재 실행에 대한 신뢰성을 유지해야 한다.

제재의 효과가 있으려면, 제재 대상국이 실제로 고통을 느낄 정도로 강도 높은 제재가 지속적으로 실행될 것이라는 신뢰성^{Credibility}이 확보되어야 한다. 반대로, 제재 실행국이 실질적으로 제재를 하지 못하거나, 설령 하더라도 단기간에 종료될 것으로 인식되는 경우, 대상국은 제재로 인한 비용이 크지 않다고 판단하여 행동이나 정책을 변경할 유인이 약해진다. 예를 들어, 러시아의 우크라이나 침공 이전 미국과 유럽은 강력한 제재를 경고했음에도 불구하고, 러시아는 결국 침공을 단행하였다. 이후 서방은 유례없는 수준의 제재를 가했지만, 러시아 경제는 예상만큼의 붕괴를 겪지 않았다. 이는 중국과 인도 등 비서방 국가들과의 경제적 연계, 그리고 에너지 의존도가 높은 유럽의 구조적 한계로 인해 제재의 실질적 충격이 제한되었기 때문이다.

즉, 러시아는 제재의 실행 가능성은 높다고 판단했지만, 중국 등의 지원과 유럽의 에너지 수요 지속 등을 감안할 때 경제적 타격이 치명적이지 않을 것으로 계산하여, 우크라이나 침공이 안보상 편익 측면에서 경제적 피해를 상회한다고 본 것으로 해석할 수 있다. (→ 제재 실행에 대한 신뢰성은 충분했지만, 강도 부족으로 정책 변경 효과가 제한적이었던 사례)

이 사례는 향후 중국의 대만 침공 가능성을 가정할 때 중요한 교훈을 제공한다. 미국이 단지 평균적 수준의 제재를 경고하는 것만으로는 충분하지 않으며, 필요하다면 군사적 대응까지 고려하고 있음을 제도적으로 보여주는 것이 중요하다. 예컨대 대통령의 발언을 넘어서, 의회의 결의안, 국방수권법^{NDAA} 등 입법 조치로 구체화할 경우, 중국은 미국의 군사력을 포함한 특별한 대응이 단순한 위협이 아니라 현실화될 수 있다고 인식하여 행동을 재고할 유인이 커지게 된다.

반대로, 미국의 경고가 대통령의 일회성 발언에 그치고, 의회에서 이를 뒷받침하는 실질적 조치가 결여되거나, 해당 대통령의 재선 가능성이 낮은 경우 등 정치적 불확실성이 클 경우, 중국은 이를 신뢰성이 낮은 블러핑^{Bluff}(공갈 또는 거짓말)으로 간주할 가능성이 높다. 이는 중국이 침공을 실행할 위험을 증가시킬 것이다.[40]

유사한 맥락에서, 1990년대 인도와 파키스탄의 핵개발 과정에서도 미국은 여러 차례 제재를 경고했으나, 행정부의 일관되지 않은 대응과 의회의 정치적 지지 결여로 인해 제재의 신뢰성이 약화되었고, 결국 양국 모두의 핵무기 보유를 기정사실로 수용하는 결과를 초래하였다. (→ 제재 실행 시 강도는 충분했을지 모르지만, 신뢰성이 부족했던 사례)

여섯째, 제재 철회뿐만 아니라 협력에 따른 인센티브를 동시에 제시해야 한다.

앞서 살펴본 바와 같이, (1) 미국 또는 제재 동참국에 대한 경제적 의존도가 높고, (2) 미국에 대한 일반 국민들의 인식이 우호적이며, (3) 민

---

[40] 중국은 유럽이 대만 문제에 대해 미국만큼 적극적으로 관여하지 않을 것이라는 인식을 갖고 있다. 따라서 대만에 대한 적대 행위에 따른 경제제재의 강도는 러시아의 사례보다 약할 것으로 예상할 수 있으며, 군사적 충돌을 제외한 상황에서는 행동에 나설 유인이 상대적으로 더 크다고 판단할 수 있다.

주주의 국가일수록 제재의 효과가 높다. 그러나 현실에서 이러한 조건을 모두 갖춘 국가를 제재 대상으로 삼는 경우는 드물며, 특히 제재 대상 행위가 해당국의 핵심 국익 또는 정권 생존과 직결되는 경우, 단순한 제재만으로는 행동 변화나 정책 수정을 유도하기 어렵다. 따라서 제재의 효과를 제고하려면, 제재라는 '채찍'뿐 아니라, 행동 변화에 대한 실질적인 '당근^{Incentives}'이 병행되어야 한다. 이는 특히, 미국 등 외부 국가의 압박에 굴복한 것으로 비춰질 경우 정치적 정당성을 상실할 위험이 큰 지도자들에게는 더욱 중요하다.

이러한 상황에서 효과적인 전략은, 정책 변화에 대한 보상책 ― 예컨대 단순한 제재 해제 외에도 경제적 지원의 재개, 외교적 지위 회복, 대규모 투자 유치 및 무역 확대 등 ― 을 함께 제시하여, 지도자가 이를 국민에게 외교적 성과로 포장하거나 체면을 유지할 수 있도록 출구전략을 제공하는 것이다.

대표적인 성공 사례로는 리비아의 카다피 정권을 들 수 있다. 미국과 영국은 리비아가 핵 및 생화학 무기 개발을 중단할 경우, 단순한 제재 해제를 넘어 유럽 시장 접근 및 투자 활성화를 약속했고, 이를 실제로 이행함으로써 협상 타결을 이끌어냈다. 또한, 우크라이나와 카자흐스탄의 핵무기 포기, 브라질과 아르헨티나의 핵개발 중단 역시 경제적 지원과 국제적 인센티브가 병행된 대표적인 성공 사례로 평가된다.

지경학 인사이트 ⑧ 제재의 실효성 논란

미국의 대(對) 중국 제재, 과연 실효성이 있을까?

미국의 대(對) 중국 제재는 다양한 형태로 나타난다. 단순히 무역수지를 개선하기 위해 중국의 수출을 줄이고 미국으로부터의 수입을 늘리려는 조치가 있는가 하면, 홍콩 민주화 운동을 억압한 중국 및 홍콩 지도자에 대한 미국 입국 금지나 금융 거래 제한 등의 조치도 있다. 또한 국가안보를 목적으로, 국방력 증진에 활용될 수 있는 첨단 기술이나 부품의 중국 수출을 제한하는 경우도 있다. 여기서는 최근 논의가 활발한 고성능 반도체 등 첨단 기술에 대한 중국의 접근을 제한하는 미국의 조치에 대해 앞서 논의한 실효성 확보 조건을 바탕으로 설명해 보려 한다.

중국은 지속적인 경제 성장과 이를 통한 고용 확대 및 삶의 질 향상을 목표로 삼고 있으며, 궁극적으로는 경제 패권을 달성하기 위해 첨단 산업을 집중적으로 육성하고 있다. 이러한 목표 달성을 위해 세계 최대 시장인 미국과의 교역 및 미국 기술 활용은 중국에게 매우 중요한 사안이다. 따라서 이에 대한 접근을 제한하는 미국의 제재 조치는 다음과 같은 측면에서 효과성을 확보할 수 있다.

- 두 번째 조건: 중국은 미국 경제·기술에 대한 높은 의존성으로 인해 협력 의사를 가지고 있으며,
- 세 번째 조건: 핵심 기술이나 부품은 미국 이외에는 확보하기 어려우며, 2차 제재 우려로 인해 제3국으로부터의 조달도 제한되기 때문에 제재 회피 옵션이 비교적 억제된다.

그러나 나머지 조건들과 앞서 언급한 조건들조차도 보다 면밀히 들여다보면 반드시 미국에 유리하다고 보기 어려운 측면이 존재한다.

먼저, 첫 번째 조건(핵심 의사결정자 또는 이해관계자에 대한 포커스)과 관련하여 볼 때, 중국은 공산당이 강력히 통제하는 국가로, 이익집단이나 기업들이 정책 결정에 미치는 영향력이 매우 제한적이다. 더군다나 과거의 집단 지도 체제가

약화되고, 시진핑 주석의 1인 통치 체제로 전환되고 있는 상황은 대외 제재의 압박이 내부 정치에 영향을 미치기 어려운 구조임을 보여준다.

두 번째 조건(협력할 의사가 있는 상대방 또는 민주국가)과 관련해서도, 중국이 미국과의 높은 경제적·기술적 상호 의존성을 통해 협력 의사를 갖고 있는 것은 사실이나, 권위주의 체제를 갖춘 중국은 민주국가에 비해 외부 압력에 대한 정치적 내성이 높고, 국민의 불만이 정권 교체로 직결되지 않기 때문에 제재에 따른 압력 효과가 상대적으로 작다.

또한, 네 번째 조건(상대가 수용할 수 있는 현실적인 제재 목표 설정)의 측면에서 보자면, 미국의 제재는 겉으로는 군사력 강화에 활용될 수 있는 기술의 수출을 막겠다는 것이지만, 중국 입장에서는 미국과의 패권 경쟁에서 스스로 뒤처지겠다는 것을 인정하라는 요구로 받아들여진다. 중국은 미국의 제재를 단순한 안보적 조치가 아니라, 자국의 첨단 산업 발전을 저지하려는 산업정책적 성격으로 인식하고 있다. 이는 중국에게는 현실적으로 수용하기 어려운 목표이다.

이와 같이 미국은 중국이 수용하기 어려운 목표를 설정해 제재를 실행하고 있음에도 불구하고, 여섯 번째 조건인 '행동 변화에 대한 인센티브 제공'에 대해서는 미국의 입장이 무엇인지 공개적으로 알려진 바가 거의 없다. 중국의 행위가 변화할 경우 어떤 보상이 주어질지에 대한 명확한 메시지가 없는 것이다.

이처럼 제재의 목표를 수용하기 힘들고 인센티브도 제시되지 않으니, 중국은 이를 회피하기 위한 모든 수단을 강구하고 있다. 막대한 산업 보조금 지급, 한국 등으로부터의 기술 인력 영입, 기술 탈취, 반도체 밀수[41] 등이 이에 해당한다.

---

41 또한 앞서 언급한 바와 같이, 2023년 10월, 미국을 포함한 Five Eyes 정보기관 수장들은 중국의 기술 도용이 최근 전례 없이 증가하고 있다고 증언하며, 서방 기업에 각별한 주의를 당부한 바 있다.

실제로 화웨이HUAWEI의 5G 스마트폰이 자국산 반도체로 구동 가능해졌다는 점은 중국의 제재 회피 전략이 일정 부분 성과를 내고 있음을 보여준다.

외신 보도에 따르면, 과거에는 사치품 밀수에 관여하던 '보따리상'들이 이제는 첨단 반도체 밀수에 나서고 있으며, 홍콩이나 베트남을 통한 우회 수입 방식도 활용되고 있다.[42] 이는 세 번째 조건(제재를 회피할 수 있는 옵션 억제)도 현실적으로 약화되고 있음을 방증한다. 2024년 12월 21일, 바이든 前 정부 말기에 《월스트리트저널The Wall Street Journal》과의 인터뷰에서 지나 러몬도Gina Raimondo 당시 상무부 장관은 "중국이 민감한 기술에 접근하지 못하도록 하는 것은 중요하지만, 수출 통제는 '과속방지턱'에 불과하다"며, "중국의 반도체 산업 발전을 막으려는 조치는 헛수고fool's errand"라고 밝힌 바 있다. 그녀는 중국에 대한 수출 규제보다 미국 내 첨단 산업에 대한 투자 확대가 더 중요하다고 강조했다.

한편, 다섯 번째 조건(제재에 대한 신뢰성 확보) 측면에서도, 최근 미국 반도체 기업들이 중국 제재로 인해 자국 기업의 시장 접근성이 저하되고 있다며, 제재 사유와 범위를 보다 명확히 하고 행정부의 자의적 확대를 억제해야 한다는 건의서를 정부에 제출한 바 있다. 이는 제재의 지속 가능성에 의문을 제기하게 하고, 결과적으로 중국 입장에서 제재의 신뢰성credibility을 약화시키는 요인으로 작용한다.

종합하면, 미국과 경제·기술적으로 상호 의존성이 높은 중국은 잠재적으로는 미국과 협력할 의사를 가진 국가로 볼 수도 있다. 그러나 현재의 첨단 제품 수출 통제 등의 제재는 중국 정부가 수용하기 어려운 목표를 설정한 채, 행동 변

---

42 바이든 정부 당시 중동 국가에 제한하였던 AI 관련 제품의 수출을 트럼프 정부에서 2025년 5월 다시 허용한 결정에 대해 미국 언론 등은 중국의 우회 수입 경로가 추가될 수 있다는 우려를 제기한 바 있다. (이는 제재의 신뢰성과도 관련된 문제이다.)

화에 대한 인센티브 없이 강제만을 추구하고 있다. 따라서 제재의 실효성을 높이기 위해서는 제재의 목표를 보다 현실적으로 조정하고, 행동 변화에 따른 명확한 보상 혹은 협력 조건을 제시하는 방식이 바람직하다. 예를 들어, 미국 기술 도용 및 불공정 경쟁 관행을 문제 삼는다면, 이에 대해 미·중 양국 정부가 공동으로 단속하고, 위반 시 대규모 벌금을 부과하는 방안을 제시할 수 있다. 현재 중국 내에서도 저작권 보호와 공정 경쟁에 대한 인식이 확대되고 있는 만큼, 이러한 제재는 중국의 수용 가능성을 높일 여지가 있다.

반면, 지금과 같이 중국 산업 전반의 발전 자체를 제한하려는 방식은 중국의 강력한 회피 노력과 맞물려 제재의 실효성을 약화시키는 구조로 작용하고 있다. 결국, 실효적인 제재를 위해서는 현실에 기반한 목표 설정과, 제재 대상국의 수용성을 높일 수 있는 전략적 설계가 병행되어야 할 것이다.

6. 핵심 전략국의 협력[43]

제재는 제3국에게도 미국의 2차 제재와 같은 정책을 통해 큰 영향을 미친다. 따라서 글로벌 차원에서 효율적인 제재 운용을 위해서는 제3국도 이러한 제재 관련 의사결정에 일정 부분 참여하는 것이 바람직하다. 그러나 현실적으로 미국은 제재를 결정할 때 제3국의 의견을 어느 정도 참고하긴 하지만, 그 의견이 제재 결정에 실질적인 영향을 미치는 경우는 드물다. 이는 UN 차원의 제재가 아닌 단독 제재가 많고, UN 제재조차도 실질적으로는 소수 안보리 이사국이 결정 과정을 주도하기 때문이다.

---

43 핵심 전략국이란 미국의 제재 유효성을 높이는데 있어 협력이 필수적인 국가이거나, 미국의 일반적인 국익을 넘어서 핵심적인 국익에 중대한 영향을 미칠 잠재력을 지닌 국가를 의미한다.

이러한 점에서 제재는 본질적으로 글로벌 차원에서 과잉 또는 과소 공급될 가능성이 높은 재화이며, 비용과 편익의 괴리에 따른 긴장 관계 속에서 지속적이고 적정한 수준으로 공급되기 어려운 성격을 지닌다. 다시 말해, 제재의 편익을 향유하는 주체(예: 제재 실행국의 국민)와 그 비용을 부담하는 주체(예: 제3국의 기업)가 다르기 때문에, 제재 실행국 입장에서는 제3국의 편익은 정책 결정에서 주요 고려 요소가 아니며, 무시될 수 있다는 점에서 정책적 비대칭이 발생한다.

특히 제재의 유형이나 방식 등 정책이 이미 결정된 이후에는, 집행 과정에서 동맹국의 기업일지라도 이를 위반할 경우 벌칙을 면제받기 어려운 구조다. 제재 위반에 대해서는 미국 법무부, 재무부, 금융감독당국 등이 공조하여 수사에 착수하며, 벌금 부과나 미국 내 업무 정지 등의 명령이 집행된다. 이는 형사 사건 절차와 유사한 사법적 성격을 띠므로, 외교적 설득보다는 '의도성'과 '반복성'이 없었다는 형법적 경감 논리를 기반으로 대응하는 것이 현실적으로 더 효과적이다. 실제로 프랑스의 한 은행이 이란 관련 제재 위반으로 천문학적인 벌금을 부과받았을 때, 프랑스 대통령이 오바마 대통령에게 정상회담을 계기로 유예를 요청했지만, 오바마 대통령은 3권 분립을 이유로 이를 거절한 일화가 있다.

따라서 미국과 제재의 결정이나 방식에 대해 협상할 때는 단순히 '동맹국에 대한 선처를 기대한다'는 순진한 접근보다는, 미국이 제재를 결정할 때 중시하는 요인을 정확히 파악하고 이를 근거로 미국을 설득하는 것이 보다 효과적이다. 다만, 다음과 같은 조건이 충족될 경우에는 동맹국의 이익 침해도 미국의 주요 고려 요인이 될 수 있다. 첫째, 해당 제재의 실효성을 높이기 위해 동맹국의 적극적인 협력이 필수적인 경우다. 예를 들어, 러시아의 우크라이나 전면 침공에 대응한 미국의 제재가 그 대표적인 사례다. 미국은 러시아와의 교역 규모가 적어, 미국 단독의 경제제재만으로는 러시아에 큰 타격을 주기 어렵다. 이에 따라, 미국은 침공이 예견된 시점부터 유럽 등 러시아 원유 및 가스 수입국들과 지속적으로 협의를 거쳐 제재의 유형과 강도를 조율해 왔다. 실제로 제재 집행 과정에서도 러시아 경제에 실질적인 타격을 가하면서도 유럽 국가들의 이해관계를 일정 부분 고려한 형태의 제재가 시행되었다. 예컨대, 우크라이나의 비판에도 불구하고 미국은 러시아 주요 은행들을 국제 결제 시스템SWIFT에서 배제하면서도, 유럽의 원유 거래와 관련된 일부 은행의 결제 기능은 허용한 바 있다.

둘째, 동맹국 중에서도, 혹은 심지어 동맹국이 아니더라도 미국의 핵심 국익에 중대한 영향을 미칠 수 있는 '레버리지'를 가진 국가 — 이하 '핵심 전략국'이라 칭한다 — 의 이익이 심각하게 침해되는 경우다.[44]

미국이 이러한 핵심 전략국의 협력을 필요로 하는 경우는 무엇일까? 과거 파키스탄이 소련의 아프가니스탄 침공을 견제하기 위해 지정학적으로 중요한 역할을 했던 사례에서 알 수 있듯, 러시아나 중국 등 미국의 전략적 라이벌을 군사적 또는 경제적으로 견제하는 데 필수적인 국가들이 이에 해당한다. 또한, 최근 전략국제문제연구소 Center for Strategic and

---

44 이는 곧바로 '미국 국익에 손해가 되는 경우'와 동일한 기준으로 간주할 수는 없다. 즉, 어떤 국가가 미국의 제재로 인해 경제적 손해를 입는다고 해서, 그 국가가 자동으로 미국에 해로운 행위를 한다고 판단하는 것은 무리가 있다. 이 두 기준은 명확히 구분되어야 하며, 따라서 미국에 해로운 행위를 하는 국가와 미국 제재로 손해를 입는 국가를 별도로 분류하는 것이 타당하다.

예를 들어, 한국의 반도체 산업은 미국의 전략적 관점에서 매우 중요한 자산이지만, 미국의 대중 제재로 인해 한국이 피해를 입는다고 해서, 한국이 곧바로 미국에 대한 반도체 수출을 제한하거나 협력 관계를 철회할 것이라고 보는 것은 논리적 비약이다. 그럼에도 불구하고, 미국은 한국의 전략적 가치를 인지하고 있으며, 한국이 갖는 불만이나 우려에 대해 일정 수준의 경청과 조율을 할 필요성은 충분히 인식하고 있다고 보아야 할 것이다.

International Studies, CSIS 의 보고서[45]에서 지적되었듯이, 중국을 배제한 공급망 및 기술 동맹을 구축하기 위한 미국의 전략적 구상에서 핵심 파트너 국가들의 중요성이 부각되고 있다. 반도체뿐만 아니라 AI, 양자역학, 바이오, 통신 등 다양한 첨단 기술 분야에서 미국이 선도적인 위치에 있음에도 불구하고, 모든 분야에서 미국이 절대적인 우위를 점하는 것은 아니다. 일부 기술 분야는 파트너 국가들이 선두에 있으며, 이들과의 협력이 없이는 미국의 전략도 한계를 가질 수밖에 없다. 따라서 이들의 이익을 일정 부분 반영하는 것은 전략적으로 불가피한 선택이다.

또 하나의 사례는 금융 시스템과 관련된다. 미국은 달러의 기축통화 지위를 유지하고, 제재 대상국이 가상자산 등을 통해 제재를 회피하는 것을 막기 위해 국제적인 자금세탁 방지 협력을 필요로 한다. 이러한 측면에서 미국 국채나 달러 자산을 다량 보유하고, 글로벌 금융 시스템에서 비중 있게 활동하는 동맹국들과의 협력 역시 필수적이라 할 수 있다. 특히 미·중 간 경제력과 군사력이 냉전 시기와 달리 비등한 수준에 근접해 가는 상황에서, 핵심 파트너 국가들이 미국이 아닌 중국 진영에 속하게 될 경우, 미국이 구상하는 글로벌 공급망 및 기술 네트워크 구축은 심각한 차질을 겪을 수 있다. 이러한 맥락에서, 핵심 전략국들은 제재와 관련된 미국의 의사결정 과정에서 자국의 이해관계를 제시하고 조율할 수 있는 '협상 공간room for negotiation'을 어느 정도 확보할 수 있다고 볼 수 있다.

여담이지만, 이러한 측면에서 한국의 지정학적 위치가 경우에 따라

45　William A. Reinsch, Denamiel, Thibault Denamiel, Emily Benson, Margot Putam, 『Optimizing U.S. Export Controls for Critical and Emerging Technologies: Working with Partners』, (CSIS, 2024)

'부채Liability'가 아니라 '자산Asset'으로 작용할 수 있다는 점을 인지할 필요가 있다. 예를 들어, 주한미군은 미국의 해외 주둔 부대 중 가장 큰 규모로 알려져 있다. 이는 단지 미국이 한국을 '도와주기 위한' 목적만으로는 설명하기 어렵다. 오히려 미국 입장에서는 핵심 전략적 라이벌인 중국 인근에 동맹 세력이 존재하고, 그곳에 미군을 직접 주둔시킬 수 있다는 점이 전략적으로 매우 중요한 자산인 것이다.

강대국들은 일반적으로 라이벌 국가나 그 동맹국이 자국 인근에서 군사 활동을 하는 것을 극도로 회피하려는 성향이 있다. 이는 쿠바에 소련이 군사 기지를 건설하려다 3차 대전 위기를 초래했던 사례나, 우크라이나의 나토 가입 시도에 러시아가 강력히 반발하며 전쟁까지 감행한 사례에서 극명히 드러난다. 이처럼 미국의 주요 라이벌을 견제하는 데 기여할 수 있는 한국이나 일본 같은 전략 국가들은 미국 입장에서도 결코 가볍게 볼 수 없는 존재다.

이와 같은 이유로, 트럼프 대통령이 1기 정부 때 주장했던 주한미군 철수 방안에 대해 많은 참모들이 반대한 것이다. 또한 비용 측면에서도, 주한미군을 철수한 뒤 미국 본토나 제3국에 재배치하고 운영하는 데 들어가는 예산이, 한국에 주둔하면서 한국 정부와 비용을 분담하는 방식보다 더 크다는 분석이 존재한다는 점도 중요하게 인식할 필요가 있다.

이상으로, 미국 정부가 제재 정책을 결정할 때 고려할 필요성이 있는 주요 이슈를 정리하였다. 이 이슈들은 앞서 제시한 순서에 따라 (1)~(6)으로 나눌 수 있으며, 이는 前 장에서 제시한 다음의 다섯 가지(①~⑤)

의 제재 정책 결정 요인에서 파생된 것이라 볼 수 있다.[46]

- ① 헌법, 행정절차법, 국제법 등 관련 제도의 준수 (→ (1) 제재에 대한 사법적 통제, (2) 인도주의적 관점에서의 명백한 인권 침해)
- ② 여론, 의회, 주요 관계자들의 지지
- ③ 제재의 실효성 확보 (→ (4) 제재 대상 또는 반미 그룹에 숨겨진 막대한 편익 제공, (5) 제재의 실효성 논란)
- ④ 국내 부작용 최소화 (→ (3) 미국의 다른 핵심 국익과의 상충)
- ⑤ 핵심 전략국의 협력 획득 (→ (6) 핵심 전략국의 협력)

앞서 설명했듯이, 위의 다섯 가지 요소 중 앞의 두 요소인 '제도 준수'와 '이해관계자의 지지'는 정책 당국자들에게 충분조건에 가까운 의미를 가지며, 나머지 세 가지는 제재 정책이 달성해야 할 정책 목표인 필요조건에 해당한다.

이상적으로는 미국 당국이 다섯 가지 요소를 모두 충족하는 것이 바람직하겠지만, 현실에서 이를 동시에 실현하는 것은 결코 쉽지 않다. 특히 제재 정책의 세 가지 목표인 '제재의 실효성 확보', '국내 부작용 최소화', '핵심 전략국의 협력 획득'은 서로 충돌하거나 긴장 관계에 놓이는 경우가 많다. 이러한 상황은 이른바 '제재 트릴레마 Sanction Trilemma'로 설명할 수 있다.

이처럼 제재 결정 요인 간의 상충성은 제3국 기업이나 이해관계자들이 미국 정부와 제재 관련 협의를 진행할 때 상대방의 입장을 이해하는

---

46 '여론, 의회, 주요 관계자 지지' 요소는 앞서 설명한 바와 같이 前 장에서 상세히 설명하였으므로, 이 장에서는 별도로 설명하지 않았다.

데 유용한 정책 해석 프레임으로 기능할 수 있다.

나아가, 미국 국민들 또한 자국의 제재 정책이 과연 국가 전체의 순편익$^{Net\ benefit}$을 증진시키는 것인지 판단하는 데 있어 이 프레임워크가 의미 있는 기준점을 제공할 수 있을 것으로 기대된다.

그렇다면 이러한 프레임워크는 글로벌 제재 경쟁의 또 다른 당사자인 중국에도 적용할 수 있을까? 적용 가능하다면, 그 함의는 과연 무엇일까?

6장

중국의 반격

"세계는 지금 격동과 변화의 시기로 접어들었으며, 국제 경쟁은 제도, 규범, 법률을 둘러싼 다툼의 형태로 점점 더 표면화되고 있다. 이에 따라 우리는 대외 관계와 관련된 법령과 제도의 정비를 강화하고, 관련 법 집행 및 사법 업무의 효율성을 제고하며, 국가의 주권, 안보, 발전 이익을 확고히 수호해야 한다."
The world has entered a period of turbulence and change, and international competition is increasingly manifested in disputes over systems, rules, and laws. We must strengthen the construction of foreign-related laws and regulations, improve the efficiency of foreign-related law enforcement and judicial affairs, and resolutely safeguard national sovereignty, security, and development interests.

— 시진핑 중국 주석, 《CPC》, 2022년 4월 1일
「대외 관계에서 법의 지배 원칙(Foreign related Rule of Law)을 지지하기 위한 건실한 법적 토대를 제공할 필요」 중에서

6
중국의 반격

수동적 대상국에서 능동적 행위자로

중국은 과거 미국의 독자 제재에 대해 '경제적 제국주의Economic imperialism'라고 표현하며, 이를 비도덕적이고 반인도주의적인 조치로 강하게 비판해 왔다. 특히 1989년 천안문 사태 이후 서구 사회로부터 고립되고, 이중용도(민간 상업용 및 군수용) 부품의 수입 금지와 같은 제재를 본격적으로 받게 되면서, UN이 아닌 서방 국가들에 의한 독자 제재에 대해 깊은 반감을 드러냈다.

당시 중국은 국제사회에서 경제적 또는 정치적 영향력이 아직 의미 있는 수준에 도달하지 못한 상황이었기 때문에, 스스로 제재라는 수단을 활용할 여건이 되지 않았던 점도 이러한 태도에 영향을 미쳤다. 그러나 1990년대 이후 WTO 가입 등을 계기로 중국의 경제력이 급격히 향상되고, 여러 국가의 주요 교역 파트너로 자리 잡으면서, 중국 역시 필요시 타국에 제재를 가하는 사례가 점차 나타나기 시작했다. 다만, 그 방식은 통관상의 안전·보건 문제 등을 이유로 한 지연·거부, 대규모 소비자 보이콧, 인적·문화적 교류 축소 등과 같이, 갈등에 따른 정책 대응임을 공식적으로 인정하지 않는 비공식적이고 은밀한 방식으로 집행되었다. 대표적인 사례는 다음과 같다.

- 2010년 센카쿠 열도 분쟁 시 일본에 대한 희토류 수출 제한
- 2010년 중국 반체제 인사에게 노벨 평화상이 수여된 이후, 노르웨이산 연어에 대한 검역 강화
- 2017년 한국의 사드^{THAAD} 배치 이후, 중국인 단체관광 제한 및 한국 문화 콘텐츠에 대한 규제 강화 등

외부에서는 비교적 명확하게 인식되는 이러한 조치들에 대해, 중국 정부가 관련성을 부인하고 공식적으로 인정하지 않는 이유는 다음과 같이 해석할 수 있다.

첫째, 그러한 제재가 서방 국가의 단독 제재에 대한 자국의 기존 비판 입장과 상충되는 것으로 보일 수 있다는 점이다.

둘째, 상대국의 대응 제재를 회피할 수 있고, 동시에 자신들에게 여전히 유효한 수단으로 평가되는 WTO 다자주의 규범을 위반했다는 비난과 이에 따른 WTO 차원의 제재를 피하기 위한 의도도 있는 것으로 보인다.

하지만 트럼프 1기 정부 당시 미·중 무역 갈등이 본격화되고, 미국이 이란과 거래한 중국 은행과 기업들에 제재를 가하는 한편, ZTE와 화웨이 등 주요 기업에 대한 직접적 제재에 착수하자, 중국 정부는 2020년 이후부터 제재 관련 제도들을 보다 명시적이고 체계적으로 정비하기 시작했다.

- 2020년: 신뢰할 수 없는 기업 리스트Unreliable Entity List 발표
- 2021년: 반외국제재법Anti-Foreign Sanctions Law 제정
- 2023년: 대외관계법Foreign Relations Law 제정 및 반간첩법Anti-Espionage Law 개정
- 2024년: 관세법Customs Law 개정

이러한 일련의 제도 정비는, 중국이 과거의 수동적인 제재 대상국에서 벗어나 자국의 국익을 수호하기 위한 수단으로 제재를 능동적으로 활용하는 국가로 전환하고 있음을 보여주는 신호로 해석될 수 있다.

중국의 주요 제재 내용[1]

1. 신뢰할 수 없는 실체 리스트UEL: Unreliable Entity List 발표

2020년, 트럼프 1기 정부가 위챗WeChat과 틱톡TikTok에 대해 제재를 가한 이후, 그해 9월 중국은 신뢰할 수 없는 실체 리스트Unreliable Entity List, UEL 관련 규정을 중국 상무부를 통해 공포하였다. 이는 미국의 SDN 리스트Specially Designated Nationals and Blocked Persons List와 유사한 제도로, 중국의 주권, 안보, 발전 이익을 해치거나, 중국 기업들과의 거래를 비상업적인 이유로 중단하는 등의 비시장적·차별적 행위를 하는 외국 기업 등을 제재 대상으로 삼는다.

---

[1] 최원석, 문지영, 김영선, 『최근 중국의 경제안보 대응조치와 시사점』, (대외경제연구원, 2023), Evan S. Medeiros, Andrew Polk, 『China's New Economic Weapons』, (The Washington Quarterly, 48:1, 99-123, 2025) 참고.

이 리스트에 등재된 기업에는 중국과의 수출입 제한, 중국 내 투자 금지, 관련 인물 및 교통수단의 중국 영토 진입 제한 등의 조치가 행해진다. 실례로, 2024년 5월 중국 정부는 보잉 디펜스Boeing Defense, 제너럴 다이나믹스General Dynamics 및 관련 자회사 등을 이 리스트에 등재한 바 있다.

　2025년 4월 현재, 총 38개 기업이 등재되어 있으며, 이 중 약 95%는 타이완에 대한 무기 제공과 관련된 것으로 알려져 있다. 그러나 Medeiros and Polk(2025)의 연구[2]에 따르면, 2024년 말부터는 이와 무관한 기업들도 등재되기 시작했다. 이는 바이든 前 정부의 첨단 제품 수출 통제 조치나, 트럼프 2기 정부의 관세 부과 조치에 대한 대응 차원에서 미국 기업들을 UEL 리스트에 포함시키고 있기 때문이다. 예를 들어, 2025년 2월에는 캘빈 클라인Calvin Klein과 토미 힐피거Tommy Hilfiger의 미국 모회사인 PVH 그룹이, 미국의 '위구르 강제노동 방지법Uyghur Forced Labor Prevention Act'을 준수하며 신장 면화를 사용하지 않도록 조치했다는 이유로 UEL 리스트에 등재되었다. 또한, 미국의 바이오 기업인 일루미나Illumina는 중국 바이오 기업들이 미국 시장에서 배제되도록 하는 '바이오 산업 보안법BIOSECURE Act' 제정을 위한 로비 활동을 벌였다는 이유로 UEL 리스트에 등재되었다.

---

[2] Evan S. Medeiros, Andrew Polk, 『China's New Economic Weapons』, (The Washington Quarterly, 48:1, 99-123, 2025)

2. 반외국제재법 Anti Foreign Sanction law 제정

2021년 6월, 중국은 외국 조직 또는 개인이 국제법과 국제관계의 기본 원칙을 위반하고, 자국 법률에 따라 중국을 억제·억압하며 중국 국민 및 조직에 대해 차별적·제한적 조치를 취하거나 내정에 간섭하는 경우, 이에 상응하는 조치를 시행할 권리가 있음을 명시한 반외국제재법 Anti-Foreign Sanctions Law을 제정하였다.

이 법은 반제재 명단 Counter-Sanctions List의 발표를 허용하며, 명단에 포함된 주체에 대해 다양한 대응조치를 취할 수 있도록 규정하고 있다.

주요 제재 조치로는 비자 발급 거부, 입국 불허, 비자 취소, 강제 추방, 중국 내 동산·부동산 및 기타 자산에 대한 차압, 압류, 동결, 그리고 중국 내 조직 및 개인과의 거래, 합작 활동 금지 또는 제한, 기타 필요한 조치를 취할 수 있도록 규정하고 있다.

특히 이 법은 직접 또는 간접적으로 제재 조치의 형성, 의사결정, 집행 등에 관여한 조직이나 개인 모두를 제재 대상에 포함할 수 있도록 하고 있다. 또한, 제재 대상자와 밀접한 관계에 있는 자까지 포괄할 수 있도록 규정하고 있다. 예컨대, 해당 개인의 배우자와 직계 친족, 관련 고위 관리, 기업의 실제 지배자, 관련 조직, 그리고 반제재 명단에 포함된 개인이나 조직이 실제 통제하거나 설립·운영에 참여한 조직까지도 포괄할 수 있다.

이처럼, 외국인이나 외국 조직일지라도 중국 내 자산을 보유하고 있는 경우 압류가 가능하며, 해당 개인 또는 조직과 특별한 관계에 있는 자들까지도 제재의 적용 대상이 될 수 있어, 제재 범위가 매우 광범위하게 확장될 수 있다는 점에 주의해야 한다.

이 법에 근거해 실제로 2023년에는 타이완에 무기를 판매한 록히

드 마틴Lockheed Martin 등 미국 방산업체들과, 낸시 펠로시 前 미국 하원 의장의 타이완 방문을 지지한 미국 싱크탱크 등이 반제재 명단에 등재되었다. 2024년에는 전직 미국 하원의원 두 명과 캐나다 인권 단체 등이 같은 명단에 추가되었다.

한편, 이 법과 관련하여 주목할 점은 EU의 '제3국 제재 방지법Blocking Regulation'과 유사한 요소를 포함하고 있다는 점이다. EU는 쿠바, 이란, 시리아 등에 대한 미국의 일방적 제재에 동참하지 않았기 때문에, EU 기업들은 이러한 제재를 따르지 않아도 되며, 이를 준수하지 않았다는 이유로 손해를 입었을 경우, EU 법원에서 미국 기업 등을 상대로 손해배상 청구를 할 수 있도록 허용하는 법을 시행하고 있다.

이에 따라 Medeiros and Polk(2025)는, 중국 기업이 미국의 제재 조치를 따르는 외국 기업이나 개인으로 인해 손해를 입었을 경우, 반외국제재법을 근거로 중국 법원에 손해배상 소송을 제기할 수 있을 것으로 전망하고 있다.[3]

3. 대외관계법Foreign Relations Law 제정

2023년 7월, 중국은 대외관계 발전 및 외교 전략 수립을 위한 기본 법률로서 '대외관계법Foreign Relations Law'을 제정하였다. 이는 중국 내에서 처음으로 대외정책의 원칙과 제도적 체계를 포괄적으로 규정한 법으로, 향후 대외전략의 법적 기반을 마련했다는 점에서 중요한 의미

---

3 이는 중국 테크 기업들이, 중국 테크 기업에 대한 부품 등의 수출을 제한하는 미국 및 제3국 기업 등을 상대로 중국 법원에 소송을 제기할 수 있는 법적 근거로 작용할 수 있음을 의미한다. 이에 따라 제3국 기업 입장에서는 미국의 제재를 준수해야 할지, 아니면 중국 내 소송 리스크를 감수해야 할지 딜레마에 직면할 가능성이 적지 않다.

를 가진다.

　이 법은 중국공산당의 대외업무에 대한 권한을 제도적으로 강화하고 있으며, 글로벌 거버넌스, 국제안보, 인권, 기후·환경, 대외 개방, 대외원조 등 광범위한 대외 관련 분야를 규율하고 있다. 특히 제재와 관련하여, 국제법과 국제관계의 기본 원칙을 위반하고 중국의 주권·안보·발전 이익을 침해하는 행위에 대해, 상응하는 대응 및 제한 조치를 시행할 수 있도록 명시하고 있다. 이는 기존의 개별 법률이나 정책에 의존하던 제재 조치를 보다 통합적이고 명문화된 체계 속에 편입시켰다는 점에서 주목할 만하다. 또한, 이 법은 외교 및 영사 관계의 변경 또는 중단, 해외 중국 공민과 조직 보호, 외국인의 입국 및 체류에 대한 허가 또는 거부, 외국 조직의 중국 내 활동 관리 등을 위한 법적 근거를 마련하고 있다.

　이러한 내용은 시진핑 주석이 제재를 포함한 대외정책의 체계화를 직접 지시한 이후 마련된 것으로, 중국이 향후 필요에 따라 보다 적극적이고 명시적인 제재 정책을 시행할 수 있는 법적 기반을 확보했음을 시사한다. 결과적으로, '대외관계법'은 중국의 제재 정책이 점차 비공식적·모호한 수준에서 공식적·제도적 수준으로 이행하고 있음을 보여주는 또 하나의 징표라 할 수 있다.

4. 반간첩법 Anti-Espionage Law 개정

　2023년 7월, 중국 정부는 '반간첩법'을 개정하여 간첩 행위의 정의를 보다 포괄적으로 확장하였다. 이에 따라, 국가 기밀에 해당하지 않더라도 중국 정부가 국가의 안전과 이익에 관련된다고 판단하는 모든 정보는 보호 대상에 포함된다. 특히, 이번 개정을 통해 간첩 행위의 범위는 사이버 영역까지 확대되었으며, 형사 처벌 외에도 벌금, 구류, 면담, 통보, 허가 정지 등 다양한 행정처분이 가능한 제재 수단으로 추가되었다. 이는 과거보다 행정적 통제의 강도가 높아졌음을 보여주는 변화로 평가된다.

해당 법 개정 당시에는 외국인, 특히 한국인에게도 적용되는지에 대한 우려와 논란이 제기되었는데, 실제로 2023년 12월, 중국의 한 반도체 기업에 근무하던 전직 한국 반도체 회사 출신 교민이, 반도체 관련 정보를 한국에 유출했다는 혐의로 중국 당국에 의해 구속된 사건이 발생하였다.

5. 수출 및 기술 통제

중국은 국가안보와 관련된 민감한 품목의 수출 관리를 강화하기 위해 2020년 10월 수출 통제법을 제정하였다. 이 법은 중국의 국가안보 및 이익을 보호하는 데 중요한 물품, 기술, 서비스, 데이터 등에 대한 수출, 재수출, 간주수출Deemed Export(허가받지 않은 외국인 등에게 수출 규제 대상 기술 등을 이전하는 행위를 수출 또는 재수출로 간주)을 대상으로 삼고 있다.

이 법에 따라 통제 리스트 제도가 도입되었으며, 해당 리스트에 포함된 기업은 특정 수출 통제 품목의 구매가 제한된다. 이는 신뢰할 수 없는 실체 리스트Unreliable Entity List보다 제재 범위는 좁지만, 보다 명확한 기준과 절차에 기반하여 운용되고 있다.

수출 규제의 법적 근거로는 수출 통제법 외에도 대외무역법, 국가

보안법, 데이터보안법, 핵안전법, 해관법, 행정허가법, 행정처벌법, 형법 등 다양한 법령에 걸쳐 있으며, 이중용도 품목$^{Dual-use\ items}$에 대한 규제는 상무부를 포함한 유관 부처가 조율하여 발표할 수 있도록 되어 있다.

    기술통제와 관련하여서는 대외무역법 등을 근거로 수출 금지/제한 기술 목록이 발표된다. 이중 수출 금지 기술은 원칙적으로 수출이 금지되며, 수출 제한 기술은 허가 절차를 거쳐 수출이 가능하다. 희토류 추출 및 분리 기술은 대표적인 수출 제한 기술로 분류된 사례이다.

    2023년 이후, 중국은 다양한 수출/기술 통제 조치를 시행하였다. 예를 들면, 2023년에는 반도체와 배터리 원료 제조에 핵심적인 광물에 대한 수출 통제가 실행되었고, 2024년에는 희토류 추출/분리 기술에 대한 수출 금지가 발표되었다. 또한, 2025년 2월에는 트럼프 2기 정부의 관세 부과에 대응하여 방산, 클린 에너지, 기타 테크 산업에 필요한 텅스텐, 인이움 등 광물에 대한 수출 통제가 시행되었다. 이후 2025년 4월 미국이 중국에 고율의 상호 관세를 부과하자, 중국 정부는 대응 조치 차원에서 희토류에 대한 수출 통제 조치를 시행한 바 있다.

    이러한 수출 및 기술 통제에서 주목할 점은 제3국에 대한 적용 가능성을 중국이 공식화했다는 점이다. 2020년 제정된 수출 통제법에 근거하여, 2024년 12월 중국 정부는 이중용도 핵심 광물의 수출 금지가 제3국 기업에도 적용될 것이라고 발표하였다. 이는 중국이 제재의 국외 적용$^{Extraterritorial\ application}$을 본격적으로 시도하고 있음을 나타내는 사례로 해석될 수 있다.

    중국 정부는 해당 조치에 제3국이 협조하지 않을 경우, 핵심 광물에 대한 수출 허가를 일방적으로 취소하거나 제한할 수 있다고 시사한 바 있다. 실제 다수의 언론 보도 등에 의하면, 2025년 4월 희토류 수출 통제를 실시하면서 중국 정부는 한국의 기업에 중국산 희토류를 사용해 생산한 제품을 미국 군수업체에게 수출하면 패널티를 부과하겠다는 경고성 공문 등을 보낸 것으로 알려져 있다.

6. 관세법 개정

2024년 4월, 중국은 '관세법'을 개정하여 자국에 불리한 국제조약 또는 협정 위반에 대응한 보복 관세의 법적 근거를 명문화하였다.

개정된 조항에 따르면, "특정 국가나 지역이 중국과 체결한 국제조약이나 협정을 위반하여 중국의 이익에 영향을 미치는 조치를 취할 경우, 해당 국가 또는 지역에서 생산된 수입품에 대해 보복 관세를 부과할 수 있다"고 규정하였다. 이로써, 미국·EU·캐나다 등에서 중국산 전기차, 철강 등 제품에 부과한 관세에 대해, 중국이 공식적이고 제도적인 근거를 갖고 맞대응할 수 있는 법적 기반이 마련되었다.

한편, 이러한 보복 관세는 이번 법 개정 이전에도 이미 시행된 바 있다.

예를 들어, 트럼프 행정부 1기(2017~2020년) 당시, 중국은 미국의 대중 관세 조치에 대응하여 미국산 농산물에 대한 관세를 부과함으로써, 미국 농가에 실질적인 경제적 타격을 준 바 있다. 당시 중국은 중간재보다는 소비재와 농산물에 보복 관세를 집중함으로써 정치적으로 민감한 계층에 압력을 가하려는 전략을 취하였다.

이러한 전략은 관세법 개정으로 보복 관세가 제도화되면서 트럼프 2기 행정부가 출범한 2025년에도 재현되었다.

2025년 3월, 미국이 중국산 철강, 전기차, 배터리 등에 대한 추가 관세를 부과하자, 중국은 이에 대응하여 닭고기, 밀가루(15%), 소고기, 돼지고기, 유제품(10%) 등 미국산 농식품에 보복 관세를 부과하였다. 그러나 사태는 더욱 격화되었다.

  2025년 4월, 미국 정부는 중국산 제품 전반에 걸쳐 관세율을 대폭 인상하겠다고 발표하며, 사실상 중국산 전 제품에 대해 평균 145%의 관세를 부과하겠다는 조치를 단행했다. 이에 맞서 중국도 미국산 제품 전반에 대해 125%의 관세 부과를 결정하면서, 양국은 전례 없는 '관세 전면전Tariff War' 상황에 진입하게 되었다. 그러던 중 2025년 5월 12일, 90일 유예 기간 동안 양측 모두 115%씩 관세율을 낮추고 협상을 진행하기로 합의하였다. 그러나 중국의 보복 관세에 대한 적극적인 자세로의 전환은 향후 협상이 미국의 뜻대로만 진행되지 않을 것임을 함의한다.

  이런 점에서 볼 때 중국의 '관세법' 개정은 단순한 법령 변경을 넘어, 중국의 보복 제재가 임의적 또는 일회성 조치에서 벗어나, 법적·제도적 틀 안에서 구조화되고 있음을 보여주는 중요한 전환점이라 할 수 있다.

7. 사이버 보안 조사 및 규제, 반독점/인수합병 규제 등

  중국은 2014년 사이버관리청CAC을 설립하여, 미국 기업 등 외국 기업의 사이버 보안 상황을 조사하고 있다. 2023년에는 미국 반도체 기업 마이크론이 생산한 제품에 대해 중국의 핵심 인프라 산업CIIOs, 예컨대 통신 및 은행 부문에서는 제품을 구매하지 못하도록 규제하였다. 이는 미국 정부의 유사한 조치에 대응한 것으로 해석된다. 미국의 대중 반도체 수출 통제가 심화됨에 따라, 2024년에는 인텔에 대해서도 같은 이유로 중국 당국의 조사가 진행 중이다.

또한, 중국은 미국 대기업들이 주요 사업을 확대하는 방식인 인수합병에 대해 경쟁 저하 등의 이유를 들어 승인을 지연시키거나 거부함으로써 미국 기업에 타격을 주고 있다. 예를 들어, 2018년 트럼프 1기 정부와의 무역 마찰이 발생하자, 퀄컴의 NXP 인수합병에 대한 승인을 거부하였다. 또, 2023년에는 인텔과 이스라엘 반도체 파운드리 기업 간의 합병을 무산시킴으로써, 인텔이 글로벌 파운드리 시장에서 도약하려는 시도를 좌절시킨 바 있다. 나아가 2024년 9월에는, 2019년에 완료된 엔비디아의 멜라녹스 인수에 대해 심사를 재개하겠다고 발표하였다. 이는 이미 완료된 인수합병에 대해 다시 심사를 실시하는 사례로 주목을 받았으며, 그 이유로는 중국 경쟁 당국이 당시 제시했던 조건들(예: AI 가속기 기술의 중국 시장 지속 공급)이 충족되지 않았다는 점이 제시되었다.

아울러, 2025년 트럼프 2기 정부의 대중 관세 부과에 대한 대응으로, 중국은 구글의 안드로이드 시장 내 독점적 지위에 대한 조사를 시작하겠다고 발표한 바 있다.

이처럼 다소 비전통적으로 보이는 미국 주요 테크 기업들에 대한 제재는, 중국이 미국의 산업 및 정치 구조를 면밀히 분석하여 정밀하게 타겟팅smart targeting한 보복 조치라는 평가가 일반적이다. 즉, 미국은 제조업 분야에서 무역적자를 보이고 있지만, 테크 기업들은 미국의 핵심 수출 산업으로서 중요한 경제적 비중을 차지하고 있으며, 구글 등이 활동하는 서비스 산업 분야에서는 미국이 중국을 비롯한 다수 국가에 대해 상당한 무역흑자를 기록하고 있다. 나아가, 이들 기업은 미국 내에서 로비 활동이 활발히 이루어지고 있어, 이들의 불만은 미국 행정부에 상당한 영향력을 미칠 수 있다. 이러한 점을 고려할 때, 중국은 향후에도 이와 같은 방식의 보복 조치를 적극적으로 활용할 것으로 예상된다.

미국의 제재에 맞서는 중국의 선택

앞서 살펴본 바와 같이, 중국은 최근 제재 관련 법과 제도를 전면적으로 제·개정하여 공식화하는 방향으로 기조를 전환하고 있다. 그렇다면 그 이유는 무엇일까?

첫째, 트럼프 정부와 바이든 정부가 지속적으로 중국에 대한 전방위적 견제를 펼치면서, 중국은 이제 포괄적이고 체계적인 대응이 필요하다고 판단했을 것이다. 미국의 단편적인 제재에 대해서는 일회성 또는 임기응변식 대응이 가능하지만, 포괄적이고 지속적인 제재에 대해서는 체계적으로 대응하기 위한 정부 조직의 신설과 제도화가 필수적이다.

또한, 중국 내 수많은 기업에게 명확한 가이드를 제공할 필요성도 커졌다. 유럽은 이미 미국의 제재에 대응하기 위해 'Blocking Rule'이라는 법을 제정해, 유럽 기업들이 부당한 미국의 독자적 제재에 따를 의무가 없도록 하고, 피해를 구제받을 수 있는 방법까지 규정한 바 있다. 중국은 이를 본떠 '반외국제재법'을 제정하였으며, 이는 중국 내 기업들에게 비즈니스의 불확실성을 줄여주는 역할을 한다.

아울러, 미국이 중국의 핵심 이익(예: 대만 문제, 신장 위구르 인권 문제, 홍콩 문제 등)에 대해 명시적으로 적대적인 정책을 펼침에 따라, 이에 대응하지 않으면 시진핑 정부의 권위와 정통성이 흔들릴 수 있다고 판단했을 것이다.

마지막으로, 중국 경제가 글로벌 경제에서 차지하는 비중과 영향력이 커지면서, 제재를 실행하거나 이를 바탕으로 위협할 수 있는 역량을 확보했다고 판단한 점도 중요한 배경으로 작용하고 있다.

따라서 시진핑 주석은 중국 제재 정책의 체계화를 강조하며, 제도와 조직을 미리 정비해 두어 언제든지 실행할 수 있도록 준비하는 것이 중요하다고 판단했을 것이다. 실제로 제재를 실행하는 것과 제재를 실행할 것처럼 위협하는 것은 별개의 문제인데, 제재를 실제로 집행하는 것보다 제재 위협의 신뢰성을 높이는 것이 비용 효과적인 방식으로 여겨지기 때문에, 제재 체계의 정비는 중요하다고 볼 수 있다.

그렇다면 중국 정부는 실제로 제재를 얼마나 활용할 것인가? 다수의 학자는 중국이 제재를 본격적으로 활용하기에는 다음과 같은 세 가지 한계가 있다고 주장한다.

첫째, 미국의 제재에 대해 '경제적 제국주의'에 기반한 정책이라고 비판해 온 중국의 공식 입장과 상충된다는 점이다.

둘째, 중국이 아직 산업이나 금융 등에서 미국만큼 성숙하지 않은 상태이기 때문에, 갑작스러운 정책 변경이 시장과 투자자들에게 어떤 영향을 미칠지 불확실하다는 점이다.

마지막으로, 중국은 미국과 비교해 상대적으로 역량이 부족한 부분(예: 미국 달러와 같은 기축통화의 역할 미비, 국제금융시장에서의 영향력 부족, 첨단 기술과 산업에서의 서방과의 단절 우려)이 있다는 점이다.

그러나 첫 번째 이유에 대해서는, WTO 설립 이후 특정 산업에 대한 보조금 정책과 자유무역을 훼손하는 관세 장벽 등을 비판해 온 미국이, 최근에는 반도체 등 특정 산업을 육성하기 위해 보조금 정책을 도입하거나 전 세계 모든 국가를 대상으로 획일적인 관세를 부과하고 있는 현실을 고려할 때, 중국 역시 제재 관련 입장을 변경하더라도 국제사회에서 일방적으로 비난받거나 압박받을 가능성은 낮아 보인다.

게다가 중국 정부는 이미 "일방적인 제재는 원칙적으로 반대하지만, 상대방 제재에 대응하기 위한 제재는 불가피하다"는 입장을 표명한 바 있어, 미국이 중국에 대한 제재를 지속하는 한, 이에 대응하기 위한 제재는 정당화될 수 있는 논리를 확보한 것으로 보인다.

둘째, 시장과 투자자들의 불확실성은 제재를 실행하는 모든 국가가 겪는 문제이며, 미국 역시 이러한 문제를 피할 수 없다. 중국은 그동안 금융 개방도를 적절히 조절하고, 수출뿐만 아니라 내수를 중시하는 '쌍(雙)순환 전략'으로 제재에 대비해 왔다. 또한 중국은 국가 개입이 용이한 경제 체제를 가지고 있어 위기 상황에서 빠른 정책적 대응이 가능하다.

중국은 또한 전체주의 국가로서 민주국가에 비해, 시장 불안이나 경기 후퇴에 대한 사회적 면역력이 상대적으로 높다고 할 수 있다.

마지막으로, 중국은 다양한 분야에서 아직 미국의 역량에 미치지 못하지만, 급성장한 국내 시장과 핵심 광물 보유 등을 통해 글로벌 영향력을 행사할 수 있는 수준에 도달했다고 볼 수 있다.

만약 미국과 중국이 전면전처럼 상호 역량이 소진될 때까지 제재를 상호 보복 형식으로 단기간에 집중적으로 진행한다면, 역량이 조금이라도 부족한 쪽은 섣불리 도발하지 않을 것이다. 그러나 현실의 제재는 전쟁과 달리 단기간에 끝나는 것이 아니며, 국가 전체적인 역량이 아닌 정치적 상황이나 핵심 의사결정자의 이해관계 등에 따라 보복이나 대응의 중점 분야나 강도가 달라지는 것이 일반적이다. 예를 들어, 미국의 중요한 선거가 예정되어 있을 경우, 이는 제재와 같은 주요 정책이 변할 수 있는 기회가 될 수 있기 때문에, 중국은 그 시점까지 버티는 전략을 구사할 수 있다. 더욱이 미국과 같은 민주국가에 비해, 중국과 같은 권위주의 국가의 국민은 외부로부터의 충격에 대해 사회 전체적인 인내력을 발휘할 여지가 일반적으로 더 높다고 볼 수 있다.

 이러한 이유로, 현실에서도 미국만이 제재를 실행하는 것이 아니라, 러시아도 나름의 대응 제재를 실시하고 있으며, 사우디아라비아 등도 원유 등의 자원을 무기로 삼아 미국의 비우호적 정책에 대응하고 있다. 실제로 이러한 조치들이 효과를 발휘하여, 미국 정부의 러시아 및 사우디아라비아에 대한 대응이 변화하기도 한다.

 따라서 중국 정부가 제재를 실제로 실행할 의향은 있을 수 있으나, 다양한 제약 조건들이 존재한다는 분석은 한계가 있다. 우선, 이러한 제약 조건이 과연 충분히 나열되어 있는지에 대한 의문이 제기되며, 제약 조건이라고 지칭되는 비용 측면 이외에 어떠한 편익이 발생할 수 있는지, 그리고 정책 의사결정 시 주요 고려 요인 중 어떤 요소들이 추가로 반영되어야 하는지에 대한 분석이 부재하다. 즉, 앞서 살펴본 제재 실행국이 제재를 결정할 때 고려하는 요인들과 비교해 볼 때, 이러한 분석은 체계성과 포괄성 측면에서 부족함이 있는 것으로 평가될 수 있다.

 따라서, 아래에서는 앞서 서술한 미국이 제재를 결정할 때 고려하는 요인을 종합적으로 살펴본 분석 틀을 바탕으로, 중국이 제재 정책을 본격적으로 활용할 가능성에 대해 보다 체계적으로 분석해 보고자 한다.

1. 중국 제재에 대한 중국 법원 등의 사법적 통제

중국의 제재가 비공식적으로 진행되던 시기에는 제재의 법적 근거가 사실 필요하지 않았다. 그러나 중국에서도 제재 관련 법령이 체계적으로 정비되고 제·개정됨에 따라, 중국 당국의 제재 정책이 이러한 법령에 위배되지 않는지 등에 대해 민간이든 정부든, 법령을 위반하는 행위에 대한 고유의 판단 권한이 부여된 사법부는 원칙적으로 이를 판단할 수 있을 것이다.

실제로 2022년 이후, 중국의 한 로펌은 중국 당국이 제재 관련 법령을 발표함에 따라 제재 관련 팀을 구성하고, 중국 진출 기업들에게 제재를 사법적 리스크의 범주에 포함시키도록 조언하고 있다.

하지만 중국에서 사법부의 독립성이 상대적으로 낮아, 행정부의 제재 정책에 대해 사법 당국이 실질적으로 견제할 수 있을지에 대한 의구심이 존재한다. 필자가 알기로는, 중국 사법 당국은 아직까지 중국 정부의 제재 정책에 대해 판결을 내린 사례가 없다. 물론 국제법이나 중국이 체결한 무역협정 등에 의거하여 국제사법재판소나 WTO 등이 중국의 제재 정책에 대해 판단할 수 있을 것이다. 더구나 중국 정부는 2022년 12월에 미국의 국가안보를 이유로 한 반도체 수출 규제가 WTO 룰에 위배된다고 WTO에 제소하는 등, 여러 차례 미국의 제재 정책이 WTO 규칙을 위반하고 있다고 비판한 바 있다. 따라서 중국이 WTO 룰을 위반하면서 제재를 실행하는 것은 스스로의 주장에 위배된다는 측면이 있다. 그러나 미국이 WTO 룰 위반 가능성 등을 이유로 스스로의 제재를 자제하지 않듯, 중국도 그럴 것이라 기대하는 것은 순진한 생각일 수 있다. 또한 국제 사법적으로, 상대방의 불법·부당한 행위를 상쇄하기 위한 대응조치는 WTO 일반 원칙 등을 위반하였더라도 예외적으로 인정되는 경향이 있다. 따라서 중국은 미국의 불법·부당한 제재 행위에 대항하기 위한 조치라고 주장하면서, 제재 조치를 지속할 가능성이 높다.

2. 중국 제재와 인도주의적 제약

중국은 미국의 제재가 경제적으로 어려운 대상국들의 경제 성장을 더욱 악화시키고, 특히 취약계층인 어린이와 노인에게 비대칭적인 피해를 초래할 수 있어 비인도주의적이라고 비판해 왔다. 따라서 중국이 제재를 시행할 경우, 인도주의적 원칙을 위반하는 행위는 어느 정도 자제할 가능성이 있다. 그러나 인도주의적 조치에 대한 국제적인 압력은 제재 실행국의 의지가 강할 경우, 제재를 철회하거나 변경하는 수준까지 이르지 못하는 경우가 많다. 이러한 맥락에서 인도주의적 조치를 위한 실질적 구속 수단은 해당국의 국회나 비영리단체 등의 역할에 달려 있는 경우가 많다. 하지만 중국은 비영리단체의 영향력이 미미하고, 전국인민대표대회와 같은 정치 기관도 최고 지도자의 결정을 견제하기 어려운 구조이다.

여기서 고려해야 할 점은, 중국이 미국에 대해 제재를 시행할 때 과연 미국 국민에 대한 인도주의적 영향을 이유로 중국이 자제를 고려할 가능성이 일반적으로 존재하는가이다. 우선, 중국의 제재 대상국인 미국은 이란, 북한, 베네수엘라 등과는 달리 세계 최강의 경제대국이다. 이러한 국가의 국민들에게 제재를 가한다고 해서 인도주의적 위기가 발생할 가능성은 상대적으로 낮다.

또한 미국 내 다수의 공산품이 중국산이며, 이는 미국의 물가 안정에 기여하고 있는 것은 사실이지만, 중국이 실제로 제재를 가할 경우 일반 소비재보다는 미국 산업에 필수적인 중간 부품이나 원료에 초점이 맞춰질 가능성이 크다. (오히려 중국의 일반 공산품에 대해서는 미국이 관세를 부과하며 수입을 제한하려는 경향이 있다.)

물론 예외적으로, 특정 의약품의 원료 생산에 중국산 중간재가 필수적일 경우, 이에 대한 중국의 수출 통제가 미국 내 의학적 치료 기회를 제한하는 상황을 초래할 수 있으며, 이는 인도주의적 문제가 될 수 있다. 한편, 최근 미국에서 광범위한 피해를 일으키고 있는 펜타놀 문제와 관련하여, 중국이 제조를 지원하거나 중간재를 공급하는 행위를 고의로 단속하지 않을 경우, 미국이 이를 입증한다면 인도주의적 차원에서 비난하거나 대응조치를 취할 가능성도 있다.

즉, 미국이 중국의 펜타놀 공급 축소를 유도하기 위해 현재는 관세를 활용하고 있으나, 중국의 소극적 단속이 고의적 비인도주의 행위로 해석될 경우, 국제형사재판소[ICC] 등에 제소할 가능성을 배제할 수 없다. 이러한 명백한 비인도주의적 제재가 시행된다면, 미국은 푸틴 대통령에게 했듯이 시진핑 주석을 상대로 국제사법적 조치를 취할 수도 있다.

더불어 여타 제재 대상국의 지도자들과 달리 국제 활동이 활발한 중국의 고위급 인사들은 이러한 국제 사법적 제재에 민감하게 반응할 수 있으며, 명백한 비인도주의적 행위는 반중국 정서 확산 및 개도국과 미국 제재 반대 진영과의 연대에 악영향을 줄 수 있다. 따라서 중국은 명백한 비인도주의적 행위를 자제할 것으로 판단되며, 이는 어느 나라나 마찬가지로 중국의 제재 정책에서도 일정 부분 제약 요인으로 작용할 수 있다. 그러나 미국 국민을 대상으로 한 중국의 제재에서 이러한 명백한 비인도주의적 상황이 발생할 가능성은 매우 제한적이기 때문에, 중국 정부의 제재 활동을 전반적으로 제약하는 요인으로 작용하기는 어려울 것으로 판단된다.

3. 중국 제재와 중국 국익의 훼손

중국이 제재 실행국으로서 입을 수 있는 경제적 피해 가능성은 다음과 같다. 교역을 하지 않으면 교역 당사국 쌍방이 손해를 입게 되고, 이는 제재 실행국인 중국도 예외가 아니다. 즉, 중국이 통제권을 가진 핵심 광물에 대해 미국에 수출을 금지할 경우, 제재 대상국뿐만 아니라 제재 실행국인 중국 내 해당 산업의 기업이나 노동자들도 매출 감소 등으로 직접적인 영향을 받을 것이다. 미국과 같은 주요 수요처와의 거래 축소는 관련된 투자 감소로 이어지고, 이는 해당 산업의 경쟁력 저하로 연결될 수 있다. 또한, 미국이 다른 국가들로 공급처를 다변화할 인센티브가 커지면서, 중국을 배제한 공급망 구축이 가속화되고, 중국을 대체할 수 있는 제3국 기업이 미국 시장을 잠식하는 반사적 이익이 발생할 수 있다.

여기에 더해, 중국의 제재는 미국의 반격을 유도할 수 있고, 이는 중국의 여타 산업에 부정적인 파급 효과를 가져올 것이다. 매출 감소뿐 아니라, 미국이라는 거대한 시장과의 교류 축소는 여러 산업에 걸쳐 중국 경제 전반의 경쟁력을 떨어뜨릴 가능성이 있다. 특히, 중국이 반간첩법 등 제재 관련 법령을 외국 기업에 포괄적으로 엄격하게 적용할 경우, 글로벌 기업 임직원에 대한 처벌 가능성이라는 불확실성과 위험이 커져 이들의 경제 활동이 위축되고, 중국으로의 진출이나 투자가 감소할 수 있다. 이는 아직 선진국 수준에 도달하지 못한 중국의 경제 성장에 큰 장애가 될 수 있다.

이러한 측면에서, 중국은 제재 관련 법령의 제·개정을 통해 언제든 제재를 실행할 수 있는 제도적 기반을 갖추었으나, 자국의 국익(특히 경제적 이익)을 위해 제재를 본격적으로 활용하지 않을 것이라는 전망이 많다. 그러나 경제적 이익의 관점에서도, 제재가 순편익을 가져올 수 있는 경우는 존재한다. 예를 들어, 중국이 제재를 실행하면 위에서 설명한 경제적 피해가 발생할 수 있지만, 그렇다고 제재를 하지 않을 경우 피해가 줄어들 것인지에 대해서도 의문이 제기된다.

그동안 미국은 국가안보 위협, 소수민족 인권 억압 등을 명목으로 중국에 제재를 가해왔으나, 실제로는 중국의 성장 및 경제력 증강 자체를 견제하려는 숨은 의도가 있었다. 중국이 이에 대응하지 않으면, 미국은 더욱 자유롭게 중국을 제재하고 봉쇄하게 되며, 이는 경제적으로도 중국의 성장을 구조적으로 제약하게 된다. 따라서, 중국은 경제적인 측면에서도 미국의 제재와 적대적 정책을 일정 부분 억제하기 위해 제재를 활용할 필요성이 있다.

또 다른 관점으로는, 미국이 그러하듯 중국도 산업정책적 차원에서 미국의 경쟁 기업 성장을 견제하기 위해 제재를 활용할 수 있다. 예를 들어, 중국은 광범위한 데이터 수집을 통해 AI 기술이나 자율주행 등에서 미국보다 앞서 나갈 가능성이 있다. 이 경우, 미국 AI 기업에 대한 중국 데이터 접근 제한이나 시장 진출 규제는 미국 기업의 경쟁력을 저해할 수 있다. 또한, 전기차 분야에서 중국은 가격 및 품질 면에서 미국이나 유럽 기업보다 경쟁력이 있다는 평가를 받고 있으므로, 배터리 핵심 부품이나 소재의 미국 수출을 제한함으로써 자국 산업의 경쟁력을 보호하려는 시도가 있을 수 있다.

물론 이러한 조치가 미국의 보복을 초래할 수 있으며, 이에 따라 중국도 미국 시장 접근 제한 등의 피해를 입을 가능성은 존재한다. 그러나 만약 AI나 전기차 분야에서 중국이 아무런 조치를 취하지 않아도 미국이 이미 중국 기업에 대한 시장 접근을 차단하고 있다면, 중국은 최소한 자국 기업의 국내 시장을 보호하기 위한 조치로써라도 제재를 실행하는 편이 경제적 피해를 줄이는 결과를 가져올 수 있다. 따라서 이러한 제재로 인한 경제적 편익과 앞서 언급한 경제적 피해를 함께 비교·형량하면서, 제재 실행 여부와 실행 시기 및 방식이 결정될 것으로 보는 것이 합리적이다.[4] 이러한 경제적 요인 외에도, 국가안보나 공동체 유지와 관련된 국익 측면에서도 중국은 미국에 제재를 가할 이유가 적지 않다. 예컨대, 미국은 중국이 안보상 최우선 과제로 삼고 있는 대만과의 통일, 태평양 진출 등을 견제하고 있으며, 중국의 소수민족 정책에 대해서도 개입하고 있다고 중국은 판단한다. 따라서 중국 입장에서는 국가안보 및 공동체 유지 차원에서 제재는 주권 보존을 위한 불가피한 수단일 수 있다.

또한, 제재 관련 의사결정에서 국가 전체의 편익보다는 핵심 의사결정자의 이해관계가 더 중요하다는 이론에 따르면, 중국 고위층의 인식과 선호가 제재 결정에 중요한 영향을 미칠 것이다. 특히 중국처럼 권위주의적 성격이 강한 국가는 이러한 경향이 더욱 두드러진다. 잘 알려졌듯, 시진핑 주석은 장기 집권 체제를 공고히 하며 공동 부유

---

4   한편, 이러한 논리를 따를 경우, 미국 입장에서는 중국이 무엇을 하든 제재는 유지될 것이라는 시그널을 보내는 것보다는, 중국의 태도나 정책 변화에 따라 미국의 제재도 달라질 수 있다는 신호를 보내는 것이 중국으로부터의 반격을 줄이는 데 도움이 될 것으로 판단된다.

를 지향하고, 강력한 중국의 부활을 정당화 수단으로 활용하고 있다. 대만 통일이나 중국 내부 결속은 이러한 리더십 정당화의 핵심 콘텐츠이며, 이를 방해하는 미국의 정책은 정권 생존에 대한 위협으로 간주될 수 있다.

외부에서 보기엔 경제적 자해로 보이는 정책들(예: 2021년 IT 대기업 규제 강화)도 집권 철학 실현을 위해 과감히 실행된 바 있으며, 이는 중국 지도부가 적지 않은 경우에 안보나 공동체 유지를 경제보다 우선시한다는 점을 보여준다. 이와 같은 맥락에서 보면, 경제적 어려움을 이유로 중국의 제재 실행 가능성을 낮게 보는 것은 위험한 판단일 수 있다. 오히려 실업 증가와 경기 침체로 인한 국민 불만이 정권 안정성을 위협한다고 판단되면, 중국 지도부는 외부 갈등 유발을 통해 이를 돌파하려 할 가능성이 있다.

결국, 중국의 제재 실행 여부는 단순히 경제적 요인이 아닌, 국가안보·공동체 통합, 그리고 지도부의 정치적 우선순위에 따라 좌우될 것이다. 따라서 경제적 위기나 외부의 도전에 직면한 상황에서는, 중국의 제재가 강화될 가능성도 배제할 수 없으며, 이는 향후 국제 경제와 정치에 중대한 영향을 미칠 것이다.

4. 중국 제재가 반중 그룹의 이익에 기여할 가능성

중국이 미국에 대한 제재를 강화하고, 중국을 대상으로 한 미국 기업의 수출이 감소하거나 핵심 부품 등을 수입하기 어려운 상황이 발생할 경우, 미국 경제는 매출 감소와 고용 축소 등의 부정적인 영향을 받을 수 있다. 더 나아가, 중국의 보복 제재가 미국의 동맹국들에게도 피해를 줄 수 있으며, 이는 글로벌 교역 축소를 초래할 가능성이 있다. 그러나, 미국은 미·중 갈등이 초래하는 경제적 타격을 상쇄할 수 있는 두 가지 채널을 보유하고 있다.

첫 번째 채널은 미국 기업들이 중국에 진출하여 현지 고용 및 투자를 하고 있다는 점이다. 만약 중국의 제재로 미국 기업들이 철수한다면, 일부 기업들은 미국 본국으로 돌아올 가능성이 높다. 이는 미국 내 고용을 증대시키고, 투자 확대를 이끌어낼 수 있으며, 트럼프 정부의 제3국에 대한 관세 정책 같은 지원책을 통해 이 효과가 강화될 수 있다.[5] 만약 미국으로 투자 회귀가 발생하지 않고, 제3국으로 공장 등이 이전된다고 하더라도 제3국으로의 공장 이전이 미국의 동맹국인 인도나 중립국으로 이루어질 가능성도 높아지며, 이는 미국의 전략적 이익에 부합할 수 있다.

두 번째 채널은 미국의 기축통화 역할이다. 미·중 갈등이 심화되면 실물 경제뿐만 아니라 금융시장에도 불안이 초래된다. 이때 많은 투자자금이 안전자산인 달러와 미국 국채로 몰리게 된다. 강한 달러는

---

[5] 물론, 기업의 해외 진출이 해당 기업에만 이득이 되고 전체 경제에는 도움이 되지 않는지에 대해서는 여전히 논쟁이 존재한다. 로렌스 서머스(Lawrence Summers)와 같은 경제학자는, 핵심 기업들의 해외 진출이 미국 기업의 생산성과 국제 경쟁력을 향상시킴으로써, 미국 내에 있을 때보다 오히려 더 큰 글로벌 매출과 이윤을 창출하고, 이와 연계된 미국 내 다른 기업들의 성장도 견인하는 등 긍정적인 파급효과를 기대할 수 있다고 지적한다. 산업 발전 측면에서도, 값싼 노동력에 의존하는 구조에서 벗어나 미국 내에서 양질의 일자리를 창출하는 산업으로 전환할 수 있고, 핵심 산업에서 미국의 패권을 유지함으로써 결과적으로 미국의 부가가치와 GDP가 지속적으로 증가하는 효과를 가져올 수 있다는 점에서, 그는 기업의 해외 진출을 일관되게 옹호해 왔다. 이러한 측면에서 보면, 지정학적 이유로 미국 기업이 다시 국내로 회귀하는 것이 장기적으로 미국 경제에 실질적인 이익이 될 수 있을지는 불확실하다. 그럼에도 불구하고, 단기적으로는 미국 정치인들이 이를 국민들에게 유리하게 포장하여 정치적 성과로 내세우는 것이 가능하며, 이는 중국의 정책 결정자들 입장에서는 자신들의 제재가 오히려 미국 지도층의 정치적 자산 축적에 기여하는 상황으로 비춰질 수 있어 달가울 리 없을 것이다.

미국 제조업의 수출 감소를 초래할 수 있지만, 미국은 수출보다는 내수 경제와 금융업이 주요한 성장 동력이다. 따라서, 달러 강세는 미국 소비자들에게 저렴한 수입품을 제공하고, 미국 금융시장에서의 투자가 증가하면서 경제적 이익을 창출할 수 있다. 또한, 미국 국채에 대한 글로벌 수요 증가는 미국 정부의 재정적자 완화와 국제적 입지 강화에도 기여할 수 있다.

제3국에 대한 영향도 중요한 부분이다. 중국이 제재를 강화하면, 제3국은 중국과의 교역을 축소하고, 이를 미국과의 교역으로 대체하려 할 것이다. 이는 미국에게 긍정적인 영향을 미칠 수 있으며, 제3국들이 미국 시장을 통해 중국 시장의 축소로 인한 피해를 보완하려는 움직임이 강화될 것이다. 제3국들은 또한 미국이나 반중국 그룹에 속하면서 미국과의 협력을 확대할 가능성이 크다.

특히, 인도의 역할도 중요한 부분이다. 인도는 중립을 지키면서 미·중 갈등의 본격화로 최대 수혜국으로 떠오르고 있다. 많은 서구 기업이 중국을 대체할 생산지로 인도를 선택하고 있으며, 이는 인도 경제와 글로벌 공급망에서의 역할 확대에 기여할 것이다. 이러한 변화는 큰 시장을 지닌 아시아 국가로서 전통적으로 인도와 경쟁하고 있는 중국에 불리한 상황으로 작용할 수 있다.

결론적으로, 미·중 갈등이 심화되면 중국은 제재를 통해 경제적, 정치적 압박을 가할 수 있지만, 미국은 이러한 제재가 자국 경제에 긍정적인 영향을 미칠 수 있는 두 가지 채널을 통해 피해를 상쇄하거나 패권을 강화하는 결과를 가져올 수 있다. 또한, 제3국들은 중국의 제재로 인해 미국과의 교역을 강화할 가능성이 크며, 이는 미국에 유리한 상황을 만들어낼 것이다.

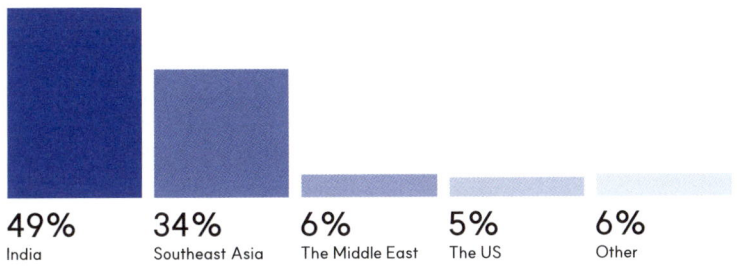

Source: Bloomberg MLIV Pulse survey Dec. 18-29, 2023 with 417 Participants.

따라서, 제재 대상국이나 그 동맹국에 편익을 주는 역작용을 최소화하려면, 중국은 자국에 많은 투자나 고용을 제공하는 미국 기업과 제3국 기업에 대해서는 제재를 자제하거나 완화하는 방식으로 적용하는 것이 합리적이다. 이러한 제한적 제재는 글로벌 시장의 불안 가능성을 줄이고, 미국 달러와 미국 국채의 영향력 확대를 방지하는 한편, 중국의 경쟁국인 인도의 급성장을 일정 부분 억제할 수 있을 것이다.

5. 중국이 실행하는 제재의 실효성 여부

앞서 제재의 효과성은 다음 여섯 가지 하위 기준에 따라 평가할 수 있다고 보았다.

1. 핵심 의사결정 집단 또는 그에 영향력을 행사할 수 있는 이익집단을 타겟으로 설정할 것
2. 제재에 협력할 유인이 있는 국가(특히 비권위주의 국가)를 대상으

로 할 것
　3. 제재 회피 옵션을 최소화할 것
　4. 현실적인 목표를 설정할 것
　5. 제재가 지속될 수 있다는 신뢰성을 확보할 것
　6. 제재 철회 외에도 협력에 따른 추가 인센티브를 제시할 것

　이러한 하위 기준에 의하면, 중국의 미국에 대한 제재가 미국의 중국에 대한 제재보다 더 높은 효과를 낼 가능성이 크다고 볼 수 있다. 그 이유를 세부 기준별로 살펴보면 다음과 같다.
　첫째, 핵심 의사결정 집단 또는 그에 영향을 미칠 수 있는 이익집단을 타겟으로 하는 기준에서, 미국은 기업 등의 이해관계 집단이 정치에 강한 영향력을 미치는 대표적인 국가다. 이들 이익집단은 로비 활동이 제도화되어 있으며, 정치자금의 흐름도 비교적 투명하게 공개되어 있어 외부 세력이 영향력 있는 산업이나 단체를 파악하고 타겟팅하기 용이한 구조다. 예를 들어, 미국 반도체 기업들은 중국 시장 접근 제한 조치에 반발하여 미국 정부에 제재 수위를 재조정해달라는 요청을 공식적으로 전달한 바 있다. 이는 중국의 제재가 특정 산업이나 기업에 실질적 압박을 가함으로써 미국 정책 결정에 간접적 영향을 미칠 수 있는 구조임을 시사한다. 이는 중국의 핵심 의사결정 집단이 불투명하고 외부로부터 접근이 어려운 점과는 대비된다.
　둘째, 협력 유인을 지닌 비권위주의 국가라는 기준에서도, 중국이 미국을 제재하는 경우 효과성이 상대적으로 높을 수 있다. 일반적으로 라이벌 국가 간에는 제재가 행동 변화를 유도하기 어렵지만, 미국과 중국은 정치적으로는 경쟁 관계에 있으면서도 경제적으로는 높은

상호 의존성을 유지하고 있다. 공급망 재편을 통해 중국 의존도를 줄이려는 노력이 진행 중이나, 완전한 디커플링은 현실적으로 어렵고, 경제적·정치적 비용 또한 크다. 미국 前 재무장관 재닛 옐런Janet Yellen 역시 중국과의 완전한 단절은 불가능하며, 바람직하지도 않다는 입장을 밝혔다. 더욱이 미국은 비권위주의 국가로서 입법부, 사법부, 언론, 시민사회, 기업 등이 다양하게 작동하며, 특정 정권의 대외정책이 국내외에서 지속적인 견제를 받는 구조이다. 따라서, 중국이 미국에 일정 수준 이상의 실질적 압박을 가하고, 미국 내 이익집단의 이해와 직결되는 사안에서 협상 가능성을 열어 둔다면, 미국은 국내적 압력에 의해 일정 수준에서 정책 조정을 선택할 유인이 존재한다.

게다가, 중국은 표면적으로 미국을 대체하는 글로벌 패권 추구보다는 자유무역과 상호 번영의 틀 속에서 부당한 제재에 대한 방어적 대응을 주장하고 있어, 미국이 협상을 고려할 명분을 부여하는 전략적 태도를 취하고 있기도 하다. 이는 구소련이나 이란과 같이 체제나 전략적 목적이 명확히 대립되는 국가들과는 다르게, 제재가 행동 변화로 이어질 가능성을 높이는 요인으로 작용할 수 있다.

셋째, 제재 회피 가능성의 억제 여부 측면에서, 미국은 중국에 대한 의존도를 줄이기 위해 공급망 재편 및 자국 내 생산 능력 확대에 지속적으로 노력하고 있으며, 우호국들과의 연대를 통해 중국의 대응 제재 시 교역 대체 경로를 확보하려는 시도도 병행하고 있다. 그러나 중국은 이에 대응하여 자국이 보유한 희토류 및 기타 핵심 원자재에 대한 독점적 지위, 그리고 이를 활용한 기술 기반을 오랫동안 전략적으로 강화해 왔다. 이로 인해 중국은 미국에 대해 단기간 내 실질적인 피해를 줄 수 있는 직접적이고 효과적인 제재 수단을 보유하고 있는 상황이다.

특히, 희귀 원자재 외에도 중국 시장 접근 자체의 상실은 미국 기업들에 중대한 손실을 초래할 수 있다. 이는 단순한 공급망 차원의 문제가 아니라, 시장 접근 권한이라는 회피가 어려운 지렛대를 통한 전략적 제재가 가능하다는 점에서 주목할 만하다. 2025년 초 중국이 애플과 구글에 대해 반독점 조사를 개시한 이후, 관련 기업의 주가가 급락한 사례는 이러한 제재의 경제적 충격이 결코 작지 않음을 보여준다.

미국은 자국의 전략산업 보호뿐만 아니라 경제 성장, 고용, 기술 주도권 유지 등을 중요시하는 구조적 특성상, 회피 수단이 제한된 분야에서의 중국 제재는 더 큰 피해로 체감될 수 있으며, 이에 따라 정책 변화의 가능성 또한 존재한다.

넷째, 현실적인 제재 목표 설정 여부에 있어서도 중국의 제재는 비교적 설득력을 가진다. 중국은 미국과의 경쟁을 부인하지 않으면서도, 자국의 발전을 저지하려는 미국의 정책에 대해 정상적인 무역 질서로의 복귀를 요구하는 데 초점을 맞추고 있다. 즉, 패권 쟁취라는 이상적 목표보다는 미국의 제재 철회라는 구체적이고 협의 가능성이 있는 현실적 목표를 설정하고 있다는 점에서, 과거 미국이 이란이나 북한에 설정했던 목표보다 상대적으로 실현 가능성이 높다고 평가할 수 있다.

다섯째, 제재 지속 가능성에 대한 신뢰성 측면에서도 중국은 유리한 위치에 있다. 민주주의 국가인 미국은 정권 교체, 의회의 견제, 여론 변화 등으로 제재 지속성에 한계가 있을 수 있으나, 중국은 장기집권 구조와 강력한 중앙집중형 의사결정 체제를 통해 정책 지속성과 일관성을 유지하기 용이한 제재 집행 구조를 갖추고 있다.

여섯째, 제재 철회 외에 협력에 따른 추가 인센티브 제공 여부는 아직 명시적으로 나타나진 않았지만, 미·중 정상 간 전략 대화에서 기후변화 대응, 인공지능 규범 설정, 마약 원료 수출 규제 등 다양한 공동 이슈에서의 협력 가능성이 논의된 바 있다. 이는 제재 해제뿐만 아니라 미국이 실질적인 협력 편익을 누릴 수 있다는 신호로 해석될 수 있으며, 중국이 추가 인센티브 제공의 잠재력을 보유하고 있음을 시사한다.

위에서 살펴본 바와 같이, 제재의 구체적인 방식이나 제재 당시의 미국 및 미국 협력국들의 상황에 따라 제재 효과는 달라질 수 있다. 그러나 일반적으로, 권위주의 국가이자 거대한 시장규모를 가진 중국의 제재는 그 목표가 미국의 발전을 저해하여 패권을 탈취하려는 것이 아니라, 중국에 대한 제재 철회 또는 감경 정도를 목표로 한다면, 실행 시 그 효과는 적지 않을 것으로 판단된다.

6. 중국 제재와 중국 핵심 전략국의 협조 획득상 함의

중국의 핵심 파트너 국가들은 대체로 미국과 외교 관계가 원활하지 않으며, 경제적 교역 역시 크지 않다. 따라서 중국이 미국을 제재하고 이에 대한 동참을 파트너 국가들에게 요청할 경우, 미국 동맹국들과 달리 큰 불만을 제기하지 않을 가능성이 크다. 오히려 북한, 이란 등 일부 국가들은 미·중 간 대립이 자신들의 국제적 활동 범위를 확장시키고, UN 제재 등을 무력화할 수 있는 기회로 보고 이를 환영하고 있다. 특히 러시아의 우크라이나 침공 이후, 러시아와 중국의 연대가 강화되었고, 이스라엘과 하마스 간 전쟁 등으로 중동의 반이스라엘 및 반미 정서가 확대되었다. 이로 인해 반미적인 정책을 취하는 제 3국들이 미국을 대체해 교역할 수 있는 블록을 형성하였고, 이들 국가들의 반미 정책에 따른 국가적 비용이 크게 줄어들었다. 이는 브라질, 인도, 사우디아라비아 등이 전략적 반미 또는 중립적 정책을 더욱 뚜렷하게 채택할 수 있는 배경이기도 하다. 그 결과, 2023년 하반기 브릭스BRICS 국가들은 기존 회원국인 브라질, 러시아, 인도, 중국, 남아프리카공화국 외에도 이집트, 이란, 에티오피아, 사우디아라비아, 아랍에미레이트 등 신규 회원국을 추가하여 외연을 확장하였다.

이상과 같이, 중국의 제재 정책 결정 시 고려해야 할 여러 요인들을 분석해 보았다. 종합적으로 보면, 다음과 같이 말할 수 있다.

제재에 대한 사법적 통제나 인도주의적 측면 등은 미국과 달리 중국의 제재 정책을 결정할 때 큰 결정 요인으로 작용하지 않으며, 중국은 국익을 종합적으로 고려할 때 제재의 효과성, 제재 대상국 및 동맹국에 미치는 영향이 주요 고려사항이다.

좀 더 구체적으로 설명하자면, 중국의 제재 실행은 미·중 갈등 이전, 미·중 간 상대적으로 자유로운 교역 및 투자 상황과 비교할 때 미·중 간 교역 감소와 글로벌 기업의 중국 투자 감소 등으로 중국 국익에 부정적인 영향을 미칠 수 있다. 그러나 현실적으로 중국에 대한 미국의 본격적인 견제와 제재가 이미 시작되었고, 이로 인해 미·중 간 교역 감소 등의 부작용은 이미 발생한 상황이다. 또한, 미국은 중국을 배제한 공급망 구축에 박차를 가하고 있다. 이러한 상황에서 중국은 대응 제재를 통해 미국의 제재 행위를 어느 정도 억제하고, 미국의 자유로운 제재 활용으로 인한 중국 경제의 피해를 줄일 수 있는 방안을 모색

할 필요가 있다.

  나아가 중국의 특수성을 강조하며 장기 집권을 추구하는 중국의 핵심 의사결정자들은 국가안보와 공동체 유지를 강조하고 있다. 반면, 미국과 일부 제3국들은 국가안보와 공동체 유지 측면에서 중국의 국익을 간섭하거나 훼손하는 행위를 강화하고 있기 때문에, 국가안보와 공동체 유지를 위해 제재로 대응할 유인이 크다. 특히 권위주의 국가는 민주국가에 비해 제재나 갈등 상황에서 경제적 피해를 입더라도 기업이나 일반 국민의 불만이 핵심 의사결정자의 권력을 위협하는 정도가 상대적으로 덜하기 때문에, 제재를 실행하는 데 있어 강점을 지닌다.

  또한 제재의 효과성 측면을 고려할 때, 중국의 제재 대상국인 미국은 민주국가로서 기업 등 이해관계자의 정책 형성 과정에서 의사결정에 미치는 영향력이 크기 때문에, 권위주의 국가에 비해 제재 정책의 효과 발휘가 상대적으로 용이한 편이다. 아울러 중국의 경제 성장으로 인해 글로벌 공급망에서 중국이 핵심적 역할을 담당하는 분야가 크게 늘어났으며, 중국 시장에 대한 접근 제한은 주요 미국 기업들에게 유럽 등 경쟁 기업과의 경쟁에서 상당히 불리한 요인으로 작용하고 있어, 제재를 회피하기 어려운 구조를 형성하고 있다. 이에 따라 중국의 제재 실행에 대한 신뢰도Credibility 역시 과거보다 높아진 상황이다. 더구나 중국의 동맹국들은 대체로 미국과 적대적 관계에 놓여 있는 경우가 많아, 미·중 갈등은 오히려 이들 국가의 대중국 접근성을 확대시키고 있으며, 이를 통해 해당 국가들의 생존과 성장에 도움을 줄 수 있다. 이러한 배경은 미국에 대한 중국의 제재를 촉진하는 요인으로 작용할 가능성이 크다. 반면 미국의 경우, 대부분의 동맹국이 중국과 깊은 교역 관계를 유지하고 있어, 미국의 중국에 대한 제재와 이에 동맹국들에게 준수를 강요하는 2차 제재에 대해 상당한 불만을 지니고 있다.

이러한 점들을 종합해 볼 때, 중국은 과거에 비해 향후 제재 정책에 의존할 가능성이 높다고 할 수 있다.[6] 다만 중국 경제의 발전을 위해 여전히 미국 시장이 중요한 점, 그리고 중국의 제재가 반중국 연합 구축을 더욱 공고히 하고, 중국의 경쟁국인 인도 등을 급성장시키는 부작용이 존재하는 점을 고려할 때, 중국은 미국 제재에 대응하는 차원에서 전면적·포괄적 방식의 제재보다는, 상황과 대상에 따라 제재의 강도와 대상을 달리하는 전술적 유연성을 확보하는 방식을 적극적으로 채택할 가능성이 크다. 특히, 미국과 이해관계를 무조건 일치시키거나, 중국의 핵심 이익을 훼손하는 특성을 가진 국가를 제외한 제3국(예: 유럽)에 대해서는 미국보다 낮은 수준의 제재, 또는 제재 면제 등의 유연한 전략을 병행할 것으로 예상된다.

유럽 등 제3국 기업의 이익은 미국 기업의 손실로 이어지므로, 이를 통해 미국에 간접적으로 추가 제재 효과를 유발할 수 있는 장점도 존재한다. 이를 통해 반중국 연대의 공고화, 인도와 같은 중국의 대체국가 성장을 최대한 억제하려는 전략을 펼칠 것으로 예상된다. 또한, 제

---

6 이러한 측면에서 트럼프 2기 정부가 출범하며 미국이 중국에 대해 고율의 관세를 부과하고, 이에 대한 보복시 더 높은 관세를 부과하겠다고 위협하였음에도 불구하고, 중국이 결국 보복 관세를 부과하여 2025년 4월 현재 미국과 중국이 각각 145%, 125%의 관세를 부과하였던 상황은 어떻게 보면 예견된 결과라 할 수 있다. 2025년 5월 12일, 미·중 양국은 스위스에서 90일간 유예 기간을 가지고 협상을 진행하는 동안에는 115%씩 관세를 낮추기로 합의하였다. 그러나 이 장에서 살펴보았듯, 제재에 있어 수동적 대응국이던 중국이 능동적 행위자로 변모하고 있으므로, 미국은 예전처럼 제재로만 중국의 정책을 변경해보겠다는 전략에 대해서 재고할 필요가 있을 것으로 사료된다.

재의 가성비를 높이기 위해 중국의 제재에 미국이 취약해질 수 있는 시점(예: 선거기간, 경기 침체기) 등을 노리거나, 제재 외에도 제3국에 대한 추가적인 협력 인센티브를 제시함으로써 미국을 국제사회에서 고립시키려는 정책을 병행하는 등 다양한 전술을 시도할 것으로 보인다. 예컨대 트럼프 대통령 재선 이후, 미국이 파리협약 탈퇴 등 기후변화 문제에 소극적 태도를 보이고 있는 점을 활용하여 중국은 유럽과 손을 잡고 '기후변화 동맹'과 같은 중국-유럽 간 연합체 구성을 제안하는 방식 등을 적극 활용할 것으로 예상된다.

# 7장

한국의 선택

7
한국의 선택

제재 대상국으로서의 한국

앞장의 분석을 종합하면, 다음과 같은 유형의 제재 대상국^{Target}은 상대적으로 제재 실행국의 목적(예: 핵무기 개발 포기, 반인권적 정책 철회 등)에 비교적 쉽게 굴복하는 경향이 있다.

1. 제재 실행국에 대한 경제적·군사적 의존도가 높은 경우
2. 제재로 인한 피해를 입는 이해관계자나 일반 국민의 목소리가 정책에 쉽게 반영될 수 있는 민주적 정치체제를 갖춘 경우
3. 제재 대상국의 핵심 의사결정자들이 제재로 인해 피해를 보는 경우
4. 제재의 목적이 제재 대상국의 핵심 국익과 직접적인 관련이 없는 경우
5. 제재를 회피할 수 있는 메커니즘이 없거나, 대응 제재를 통해 제재 실행국에 실질적인 피해를 줄 수 있는 수단이 없는 경우

그렇다면 한국은 어떤 경우에 해당하는가? 한국은 기본적으로 대외 교역 의존도가 높은 민주국가로서, 이러한 조건에 비추어볼 때 제재에 취약한 구조임은 분명하다. 특히, 주요 제재 실행국인 미국과 중국 모두와 경제적 교역 및 의존도가 상당히 높은 상황이다. 그러나 이러한 조건에도 불구하고, 경우에 따라 한국이 제재에 굴복하지 않고 버티는 사례도 존재한다.

대표적인 사례로는 사드THAAD 배치에 따른 중국의 '한한령(限韓令)' 조치를 들 수 있다. 앞서 제시된 (1), (2) 기준에 따르면, 한국은 경제적으로 중국과의 상호 의존도가 적지 않고, 민주주의 체제이기 때문에 기업과 국민의 반발이 정책 결정에 영향을 줄 수 있어 제재에 쉽게 굴복할 수 있는 구조이다. 그러나 실제로는 그렇지 않았다. 그 이유는 무엇일까?

첫째, 사드 배치는 한국의 핵심 국익인 '국가안보(특히 북한 미사일 대응)'와 직접적으로 연관되어 있어, (4)번 조건을 충족하지 못하였다.

둘째, 중국의 압박에 대한 국내 여론의 반감이 커지면서 정치 지도자들이 이러한 여론에 순응하는 것이 오히려 정치적 리더십 강화 및 지지율 유지에 유리한 상황이 전개되었다. 이는 (3)번 조건에도 위배되는 사례라 할 수 있다.

그 결과, 중국의 한한령으로 인해 중국 진출 기업의 매출 감소, 중국인 관광객 급감 등 상당한 경제적 피해가 발생했음에도 불구하고, 한국은 끝내 사드 배치를 철회하지 않았다.

지경학 인사이트 ⑨ 국익과 제재

국가의 이익 vs. 기업의 이익

앞서 살펴본 사드 배치에 따른 중국의 제재와 한국의 대응 사례에서 확인할 수 있듯이, 기업의 이익과 국가의 이익, 그리고 정치인의 이익이 서로 충돌하는 상황은 종종 발생한다. 정책 결정자 입장에서는 일부 기업이 손해를 보더라도 국가 전체의 이익을 위한 조치라면 이를 시행하는 것이 타당하다. 그러나 때로는 정치적 영향력이 큰 기업이나 산업에서 자신들의 이익을 지키기 위해 정책 결정을 왜곡시키는 경우도 있다.

예를 들어, 미국이 중국의 반도체 산업 성장을 억제하기 위해 중국 내 반도체 공장에 첨단 반도체 생산에 필요한 중간재 수출을 금지하는 제재를 발표했다고 가정해 보자. 한국 반도체 기업이 이미 중국에 생산시설을 운영하고 있는 상황에서, 이러한 제재는 해당 시설의 경쟁력을 약화시키고 기업에 큰 손실을 초래할 것이다. 당연히 한국 기업은 이를 반대할 가능성이 높다. 그러나 한국 정부의 입장은 다를 수 있다. 해외로 빠져나간 반도체 기업들이 이 기회를 통해 한국으로 복귀해 생산과 투자를 늘릴 경우, 국내 고용과 첨단 반도체 생태계 강화라는 정부 목표에 부합할 수 있기 때문이다. (물론 이들이 한국이 아닌 인도, 베트남으로 이전할 가능성도 있으나, 논의의 단순화를 위해 여기서는 이를 배제한다.)

한국 내 첨단 반도체 생산 증대는 국가안보와 공급망 안정 측면에서도 긍정적이다. 이에 따라 한국 정부는 미국과의 협상에서, 너무 급격한 시행은 기업의 적응과 투자 조정에 어려움을 주므로 초기 몇 년간 한국 기업에 예외를 인정하고, 장기적으로는 중국 내 투자를 단계적으로 중단하는 방식의 합의를 추진하는 것이 국익에 부합할 것이다. 즉, 국가적 관점에서는 원칙적으로 미국의 제재에 찬성하는 것이 바람직하다.

한편, 중국이 이러한 미국의 수출 통제에 맞서 미국 반도체 기업의 중국 시장 접근을 제한했을 때, 미국이 다시 한국 반도체 기업에 미국 기업이 상실한 중국 시장의 공급을 대신하는 '백필링Backfilling'을 금지하는 요구를 하고 있다고 가정해 보자. (단, 미국에 생산기지를 보유하고 미국에서 생산한 한국 반도체 기업의 제품은 예외.)

한국 반도체 기업은 이미 미국 내에 생산시설을 많이 확보하고 있어, 한국 내 생산을 줄이고 미국 내 생산을 늘리는 방식으로 대응할 수 있다. 따라서 기업 입장에서는 큰 불만이 없을 수 있다. 그러나 한국 정부 입장에서는 한국 내 생산 감소가 고용과 투자의 축소로 이어지기 때문에 받아들이기 어려운 조건이다. 게다가 미국의 제재는 군사적 용도의 첨단 반도체로 국한돼야 마땅한데, 미국 기업은 수출 가능하였던 비민감 제품까지 한국의 수출을 제한하려는 것은 제재의 정당성이 떨어진다. 따라서 한국 정부는 미국의 공정거래법 위반 가능성(담합), 미국 기업의 기존 수출 물량 확인의 불확실성, 공정한 제한 규모 산출의 어려움 등을 근거로 미국에 반대 입장을 표명하는 것이 국익에 부합할 것이다. 즉, 국가적 관점에서는 미국의 이 같은 제재에 반대하는 것이 바람직하다.

결국, 미국이라는 동일한 국가에서 실행되는 제재라 하더라도 제재 유형에 따라 한국 기업의 이익과 국가의 이익은 충돌할 수 있으며, 한국 정부는 국익을 기준으로 어떤 제재에는 찬성하고, 어떤 제재에는 반대하는 전략을 선택할 수밖에 없다. 이런 전략은 '친미냐, 친중이냐'의 이분법적 시각으로 보면 모호해 보일 수 있지만, 국익의 관점에서는 오히려 합리적이고 자연스러운 접근이다.

이러한 상황에서 기업은 정부 정책에 순응할 수 있지만, 다양한 방법을 통해 자신의 이익을 극대화하기 위해 노력할 것이다. 정책 결정자에게 영향을 미칠 수 있는 국내 정치 세력에 로비를 할 수도 있을 것이고, 심지어 미국과 같은 제재 실행국에게 자신들의 어려움을 간접적으로 호소할 수도 있을 것이다. 즉,

> 한국 기업이 자신들과 미국의 이익을 위해 한국 정치인이나 미국 정부 등을 통해 한국 정부를 설득하는 노력을 진행할 수도 있는 것이다.
>
> 물론 이는 가상의 시나리오다. 그러나 각자의 이해관계를 위해 국경을 넘어 치열한 경쟁이 펼쳐지는 상황 속에서, 이것들이 과연 전혀 현실성이 없는 얘기일까?

한국의 전략

제재에 쉽게 굴복하지 않으려면, 앞서 제시한 5가지 요소를 모두 줄이는 것이 하나의 방법일 수 있다. 그러나 이를 위해 대외교역 중심의 경제 구조나 민주화된 정치체제를 바꾸자고 주장하는 데 동의할 사람은 거의 없을 것이다. 특히 한국처럼 소규모 개방경제를 지닌 국가에게 있어 대외시장을 포기하는 일은 현실적으로 매우 어렵다. 따라서 가능하다면, 우리나라와 교역 및 투자 관계가 긴밀한 국가들과는 제재로 인해 부정적인 관계가 형성되지 않도록 하는 것이 바람직하다. 실제로 한국이 이란이나 북한에 대한 미국과 유엔의 제재에 비교적 쉽게 동참할 수 있었던 것도, 이들 국가와의 경제적 교역 규모가 크지 않았기 때문이다.[1] 하지만 불행하게도, 한국의 1, 2위 교역 대상국인 미국과 중국 간의 갈등이 본격화되었고, 양 진영 간 블록화가 진행되면서 제재에 따른 교역 제한과 그로 인한 피해는 앞으로 더욱 확대될

---

1 이란에 대한 제재 당시에도 이란산 석유 제품 수입 감축으로 인한 국내 석유화학 기업의 피해나, 이란에 수출을 하던 중소기업들의 손실이 적지 않았던 것은 사실이다. 그러나 이러한 피해는 국가 전체 경제에 중대한 위협이 될 정도는 아니었다고 평가할 수 있다.

것으로 보인다.

이러한 상황 속에서 한국은 과연 어떤 전략을 선택해야 할 것인가?

1. 한국 국익상 제재의 유불리(有不利) 판단하기

앞서 살펴본 바와 같이, 모든 제재가 한국에 불리한 것은 아니다. 미국이 중국의 첨단 반도체 생산을 저지하려는 제재로 인해, 중국에서 반도체를 생산하는 한국 기업의 활동이 위축될 가능성은 있지만, 동시에 중국 반도체 산업의 발전이 지연되어 한국 반도체 산업이 첨단 제품 분야에서 상대적인 경쟁력을 유지할 수 있다면, 이는 한국의 전반적인 국익 측면에서는 오히려 유리할 수도 있다. 따라서 제재에 대한 첫 번째 전략은 제재가 한국 국익상 어떤 영향을 미치는지 정확히 파악하는 것이다. 이를 위해서는 제재에 따른 한국의 전반적인 국익을 균형 있는 시각에서, 그리고 적시에 판단할 수 있는 체계를 갖추는 것이 긴요하다.(예: 일반적으로 제재가 발표되기 '이전'이 발표된 '이후'보다 정부 간 교섭을 통해 이를 수정하기에 더욱 용이하다.)

균형적인 접근이 중요한 이유는, 미국의 제재가 발표될 때 언론과 여론이 특정 산업이나 경제적 국익을 우선시하는 경향이 있기 때문이다. 하지만 특정 산업에는 불리하더라도, 다른 산업이나 국민경제 전체에는 유리할 수 있는 경우도 존재한다. 또한, 때로는 단기적인 경제적 국익이 일부 희생되더라도 국가안보적 이익이 매우 크다면, 이를 따르는 것이 전반적인 국익과 장기적인 경제 안정성 — 예를 들어, 국가 신인도 유지 및 안정적인 투자 환경 조성을 통한 성장 잠재력 확보 — 에 부합하는 선택일 수 있다. 그렇기 때문에 경제, 안보, 나아가 공동체의 가치 등을 균형 있게 고려할 수 있는 시각과, 이를 뒷받침할 수 있는 제도적 설계가 중요하다.

2. 미국 제재 정책의 트릴레마를 활용하여 설득하기

제재가 종합적인 국익에 불리하다고 판단될 경우, 제재 실행국과의 협상이 필요하다. 협상의 핵심 논리는 미국 제재 정책 자체의 트릴레마^{Trilemma} 상황을 적극 활용하는 것이다. 즉, '중국 억제 정책 등의 실효성 확보', '미국 국익 저해 최소화', '대외 핵심 파트너십 유지'라는 세 가지 목표를 동시에 달성하기 어렵다는 상충성을 중심으로, 미국 정부를 설득하는 과정이 중요하다.

이를 위한 설득 논리는 다음과 같은 순서로 전개될 수 있다.

(1) 미국 기업의 손실 및 미국 국민의 후생 감소 논리

예: 피터슨국제경제연구소$^{PIIE: Peterson Institute for International Economics}$의 2024년 보고서[2]에 따르면, 트럼프 대통령이 대선 당시의 관세 공약을 그대로 이행할 경우, 미국 중위소득자는 매년 약 2,600달러의 비용을 추가로 부담하게 된다.

(2) 제재가 오히려 반미 국가의 이익을 강화한다는 논리

예: 이란 석유 금수가 중국에게 저가 석유를 확보할 수 있는 기회를 제공함으로써, 제재가 역설적으로 중국의 경제적 이익을 키워주는 결

---

2 Kimberly Clausing, Mary E. Lovely, 『Why Trump's tariff proposals would harm working Americans』, (PIIE, Augst, 2024)

과를 초래하였다.

(3) 제재가 본래 목적을 달성하기 어렵다는 논리

예: 미국이 우주개발 독점을 위해 수출 통제를 강화했지만, 결과적으로 유럽 등에 대한 미국 기업의 진출을 제한하고 유럽 기업의 자립기반을 강화시켜, 전략적 목표와 상반된 결과를 낳았다.

(4) 제재로 인한 한국의 피해가 미국 외교 및 국제금융 정책에 대한 협조 저하로 이어질 수 있다는 논리

예: 한국이 중국 배제 공급망 및 기술 동맹(AI, 반도체, 바이오, 통신 등) 구축에 소극적으로 대응하거나, 미국 농산물의 수입 확대 또는 달러화 국제 활용(예: 미국 금리 안정을 위한 미 국채 매입) 등 주요 경제 협력 사안에 대한 협조가 약화될 수 있다. 이는 미국이 글로벌 리더십을 유지하는데 필수적인 국제 협력 체계 구축에 부정적인 영향을 미칠 수 있다.

상황에 따라 설득 논리의 주요 포인트는 추가되거나 순서가 바뀔 수 있다. 그러나 여기서 중요한 점은, 단순히 동맹국이라는 이유만으로 "사정을 봐달라"고 요구하는 방식보다는, 위와 같이 미국의 관점에서 제재 정책 변경의 필요성을 논리적으로 설득하는 접근법이 더 효과적이라는 것이다.

2025년 1월 트럼프 2기 정부가 출범하면서, 미국은 제조업 강국으로의 부활과 무역적자·재정적자 해소를 목표로, 관세 부과, 달러 고평가 해소(단, 달러의 기축통화 지위는 유지), 그리고 외국 정부가 안보에 적절한 비용을 분담하도록 하는 정책을 발표하고 있다. 트럼프 정부는 동맹국이라 하더라도 이러한 원칙에 따라 대응할 것이라고 천명하고 있다.

따라서 미국 정부와의 협상에서 단순히 동맹국으로서의 예외적 유연성을 기대하기보다는, 트럼프 정부의 정책이 미국의 다른 국익에 반하거나, 의도와는 달리 반미 국가의 이익을 확대시키거나, 목표 달성이 현실적으로 어렵다는 점을 분석해, 이를 근거로 미국을 설득하거나 협상 카드를 제시하는 것이 보다 효과적일 것이다.

지경학 인사이트⑩에서는 트럼프 2기 정부의 주요 대외정책 도구를 중심으로, 이러한 제재 정책이 어떻게 트릴레마 상황을 야기할 수 있는지를 논의해 보고자 한다.

 지경학 인사이트 ⑩ 미국 제재의 트릴레마

트럼프 2기 정부 주요 대외 정책 관련 예비적 고찰 preliminary review

트럼프 2기 정부가 출범한 이후, 이 글을 작성하는 2025년 4월 현재까지 많은 정책이 발표되었으나, 아직 모든 정책이 확정된 것은 아니며, 정권 초반이라는 점에서 트럼프 2기 정부의 주요 대외정책을 평가하기에는 시기상조일 수 있다. 그러나 트럼프 정부의 핵심 참모로 활동하고 있는 인물이 트럼프 2기 정부가 추진해야 할 주요 정책을 제안한 바 있다면, 이를 기준으로 현 시점에서 잠정적 또는 예시적으로 해당 정책이 실행될 경우 어떤 상황이 전개될 수 있을지 추측해보는 것은 가능할 것이다.

이 글에서는 트럼프 2기 행정부에서 미 대통령 경제자문위원회Council of Economic Advisors 위원장으로 임명된 스테판 미란Stephen Miran 박사가 2024년 11월에 발간한 보고서[3]를 바탕으로 이러한 논의를 진행하고자 한다. (참고로, 2025년 4월에 발표된 관세 부과 정책은 보편 관세를 제외하고는 며칠 후 유예되는 등 현재까지도 불확실성을 내포하고 있다 그럼에도 불구하고, 이들 정책이 향후 지속적으로 실행될 경우, 미란 위원장의 보고서에서 제시된 관세 부과의 논리를 통해 배경 등이 설명 가능하다. 또한 이 보고서는 관세 외에도 보다 포괄적인 정책 수단과 목표를 포함하고 있어, 트럼프 2기 정부 전반의 대외정책을 예비적으로 살펴보는 목적에 적합하다 판단된다.)

보고서에 따르면, 미국은 기축통화로서의 달러 고평가와 세계 경찰국가로서의 국방비 과지출로 인해, 제조업의 쇠퇴와 대규모 무역 및 재정적자라는 구조적 경제 취약성을 겪고 있다고 지적한다. 특히, 달러 고평가와 국방비 과지출에 대해서는 적대국뿐만 아니라 동맹국들에도 책임이 있다고 주장한다. 즉, 동맹국들이 환율 조작 등을 통해 미국 달러 자산을 과도하게 보유하거나, 자국이 부담해야 할 국방비를 절감하면서 미국에 과중한 부담을 전가하고 있다는 것이다. 이러한 방식으로 동맹국들이 미국 안보와 통화 체제에 무임승차하고 있으며, 이들의 행동을 바로잡기 위해서는 동맹국에 대해서도 제재를 실행할 필요가 있다고 주장한다. 이에 따라, 스테판 미란 박사는 다음과 같은 제재 수단을 동맹국에게도 적용해야 한다고 제안한다.

- 관세 부과 강화
- 안보 우산Security Umbrella 제공의 축소 또는 거절

3　Stephen Miran, 『A User's Guide to Restructuring the Global Trading System』, (Hudson Bay Capital, 2024)
　　https://www.hudsonbaycapital.com/documents/FG/hudsonbay/research/638199_A_Users_Guide_to_Restructuring_the_Global_Trading_System.pdf

- 외국 정부나 중앙은행이 달러 자산(특히 달러 현금 또는 단기 미국 국채)을 과도하게 보유할 경우 불이익 제공[4](예: 수수료 부과 또는 위기 시 미 중앙은행의 달러 통화 스왑 라인 제공 거부 등)

즉, 미국의 대규모 무역적자 해소에 협조하거나, 미국 제조업의 부활을 지원하거나, 미국의 국방비 지출을 줄이고 자국의 국방비를 증대시키거나, 달러를 기축통화로 활용하면서도 달러 저평가 정책에 협조하거나, 기타 방식으로 미국의 국익에 기여하는 국가들(예: 중국에 대한 관세 부과에 동참하여 중국에 대한 '관세 벽tariff wall' 형성에 기여하는 국가들)에게는 낮은 관세, 미국의 안보 우산 제공, 위기 시 달러 안전판 지원 등이 제공된다.

---

4 미란 위원장에 의하면, 달러의 기축통화 지위는 유지되어야 하므로, 각국 중앙은행이 달러 자산은 보유하되, 달러를 현금 형태로 보유하지 말고, 초장기 미국 국채(예: 100년 만기)를 보유하도록 유도하여 미국의 안정적인 재정 자금 확보와 이자 비용 지출 감소를 도와야 한다는 것이다. 특히 이 과정에서 달러 현금의 매도는 달러화의 가치 절하를 가져오므로, 미국 달러가 기축통화로 유지되면서도 달러의 가치는 낮아지는 목표 달성에 기여할 수 있다는 논리이다. 문제는 대규모 외환보유액을 지닌 나라가 이를 그대로 수용할 가능성이 높지 않을 것이라는 점이다. 특히 초장기 미국 국채는 이자율 변동 시 큰 가치 변동을 초래할 수 있고, 무엇보다도 달러 가치 절하는 대규모 달러 자산을 보유한 외국의 외환보유액에 대규모 평가손실을 야기할 수 있다. 이에 미란 위원장의 보고서에서는, 이를 수용하는 나라에 대해서는 미국 중앙은행이 액면가격으로 해당 국가 중앙은행이 보유한 초장기 미국 국채와 달러를 교환해 주는 유동성 공급장치에 접근할 수 있도록 하여, 위기 시 대응을 원활히 해주는 편익 등을 부여하자는 제안을 담고 있다.

이 제안은 주요국의 달러 저평가 지지를 이끌어내어, 이른바 '마라라고 합의(Mar-a-Lao Accord)'를 실현하기 위한 수단 중 하나로 설명되고 있다. 한편, 이러한 인센티브 제공에도 불구하고 다자간 환율 합의(Multilateral Currency Approach)가 성사되지 않을 경우, 보고서는 양자간 접근(Unilateral Currency Approach)도 시도할 수 있다고 주장한다. 이 양자 접근(또는 미국의 일방적 접근)을 유도하는 도구로는, 국제긴급경제권한법(IEEPA)에 근거하여 외국 정부의 미 단기 국채 과도 보유가 미국 경제와 안보에 '특이하고 과도한(Unusual and extraordinary)' 위험을 초래한다고 판단될 경우, 미 재무부가 해당 외국 정부에 지급되는 국채 이자에 수수료(User fee)를 부과하여 이자 지급액 일부를 제한하는 방식의 패널티를 가하는 방안 등이 제시되고 있다.

반면, 그러한 협조가 부족한 국가들에게는 위에서 언급한 세 가지 제재 수단(관세 부과, 안보 우산 축소, 달러 안전판 배제)을 적절히 혼합하여 지속적인 압력을 행사할 것이라고 보고서는 주장한다. 이는 미국이 외국을 '우호국^{Friend}/적국^{Foe}/중립국^{Neutral}'으로 분류하여 차등 대응하는 전략으로 해석할 수 있다(Miran, 2024, p.37).[5]

우호국 그룹에 속하는 국가들은 낮은 관세, 안보 우산 제공, 달러 안전판 지원 등의 혜택을 누릴 수 있지만, 이러한 혜택을 얻기 위해 자국이 감수해야 할 비용도 상당하다. 예를 들어, 미국에 대한 기업 투자 증가는 자국의 다른 투자 및 고용 감소를 초래할 수 있으며, 중국에 대한 제재에 동참할 경우 중국 시장 상실과 보복의 가능성도 있다. 또한, 과도한 국방비 지출은 자국의 재정적자 확대를 불러일으킬 수 있다.

한편, 미국 입장에서는 가능한 많은 국가가 우호국 그룹에 속하는 것이 바람직하지만, 그렇지 않은 국가들에게는 높은 관세 부과, 안보 우산 축소, 국방비 지출 감소 등을 통해 재정 수입을 늘리고 지출의 효율성을 제고할 수 있으므로, 이러한 정책 또한 미국 국익에 부합한다고 보고서는 주장한다.

이와 같은 가정적인 미국의 정책에 대해 제재의 트릴레마^{Trilemma} 상황을 적용하여, 정책의 부작용(예: 정책 목표가 아닌 다른 미국 국익의 희생 가능성, 반미 그룹에게 편익을 줄 가능성, 핵심 전략국의 소극적 협조 가능성 등)이나 본래의 정책 목표 달성에 대한 문제점들을 살펴볼 수 있을 것이다.

---

[5] 스테판 미란 박사의 보고서(p.22)에 따르면, 스콧 베센트(Scott Bessent) 미국 재무장관은 재무장관으로 임명되기 이전인 2024년 이미 외국 정부를 통화 정책, 양자 무역 조건, 안보 협정, 다른 가치 등("based on their currency policies, the terms of bilateral trade agreements and security agreements, their values and more")의 기준에 따라 그룹별로 분류하고, 이에 따라 관세를 차별적으로 부과해야 한다는 입장을 밝힌 바 있다.

- 정책 목표 달성 과정에서 다른 미국 국익의 희생 가능성
- 제재 대상이 아닌 반미 성향 국가들에게 의도치 않은 편익 제공 가능성
- 핵심 전략 파트너국의 소극적 협조 가능성
- 본래 정책 목표 달성의 어려움 등

(※ 주의: 아래 논의는 제재 트릴레마 상황에 대한 이해를 돕기 위해, 앞서 설명한 분석 틀을 예시적으로 적용해보는 것이며, 엄밀한 실증 분석에 기반한 정책 평가가 아님을 명확히 밝혀두고자 한다. 따라서 가상의 미국 정책이 반드시 이러한 부작용을 초래할 것이라고 단정할 수는 없다.)

(1) 미국 국민의 후생 하락 등 (정책 목표가 아닌) 다른 미국 국익의 희생 가능성

관세 부과는 앞서 설명했듯이 물가 상승을 유발할 수 있으며, 이는 미국 국민의 효용을 감소시키는 결과를 초래할 수 있다. 특히 관세는 개별 소비자의 경제적 능력과 무관하게 동일한 세율이 적용된다는 점에서, 부가가치세와 유사한 역진적 성격을 지닌다. 이는 제조업 부활을 통해 중산층 및 서민층의 경제적 기회를 확대하고자 하는 정책적 취지와 달리, 오히려 이들의 부담을 가중시킬 가능성이 있다.

미란 보고서에서는 관세 부과로 인해 이자율 상승 기대가 형성되면서 달러 강세가 유발되고, 이에 따라 관세로 인한 비용 증가가 달러 강세에 의해 상쇄되어 미국 소비자가 부담하는 실질 비용에는 큰 변화가 없을 것이라고 전망한다. 그러나 이는 수입 상품의 소비 가격에 변화가 없다는 의미로, 결국 수입품 소비가 지속된다는 뜻이며, 미국 제조업의 매출 증가나 해외 기업의 미국 내 진출 유인을 유발하지 못하게 된다.

즉, 관세로 인한 물가 상승이 달러 고평가로 상쇄될 경우, 미국 제조업 부활 효과와 상충되는 결과를 초래하게 된다. 반대로 관세로 인해 수입품 가격이 상승하면 해당 산업의 회복에는 도움이 될 수 있지만, 이 경우에도 물가 상승으로 인한 소비자 편익의 감소라는 또 다른 상충 관계가 발생하게 된다.[6]

또한, 관세와 같은 무역 전쟁은 전 세계 교역과 성장률을 둔화시키며, 이는 미국의 성장률에도 부정적인 영향을 미칠 수 있다. 특히 세수는 성장률 변화에 민감하게 반응하므로, 성장률 악화는 세수 감소와 재정지출 확대를 초래해 재정적자 확대라는 부작용으로 이어질 수 있다. 결국 제조업 부활과 무역적자 축소를 목표로 한 관세 부과가, 미국의 재정적자를 확대시키는 정책 목표 간 상충성을 초래할 수 있는 것이다.

한편, 세계 성장률 둔화는 저개발국의 경기 침체와 위기 발생이라는 파급 효과를 낳을 수 있다. 미국이 저개발국에 관세를 부과할 경우, 이들 국가에서 생산된 상품이나 원자재의 미국 수출이 감소하게 되며, 미국 외 다른 지역의 소득 및 수요 축소로 인해 저개발국의 산업 및 농업 생산 전반이 위축될 수 있다. 이로 인해 해당 국가들은 성장 둔화와 불황을 경험하게 되며, 글로벌 경기 침체는 국제금융시장의 불안정, 저개발국 통화 가치 하락 등의 악순환으로 이어져 결국 경제 위기를 불러일으킬 수 있다.

---

[6] 미국 국민에게 관세는 경제적인 측면 이외에도 역사적, 정치적으로 적지 않은 의미를 지니고 있다. 영국에서 독립한 이후, 중앙 집권적 체계가 성립되기 이전까지 미국 연방정부는 주요한 세입원으로 관세에 대한 의존도가 높았다. 특히, 미국 내 남북전쟁은 노예 해방이라는 명분과 더불어 관세 문제가 중요한 배경으로 작용하였다. 당시 북부는 산업 지역으로서, 선진국인 영국의 상품을 관세를 통해 막고 국내 제조업을 보호해야 한다는 이유로 관세를 지지하였다. 반면, 남부는 농업 지역으로 농기계 수입 비용을 높이고 공산품 가격을 상승시키는 부작용을 초래하는 관세에 대해 반대한 것으로 알려져 있다. 아울러, 당시 미국에서 농산품은 영국 등으로 판매되는 유일한 '수출품'이었으며, 관세 부과는 영국의 보복 관세를 유발하여 미국 농산물 수출에 타격을 주었고, 이는 남부가 관세에 더욱 반대하는 계기로 작용하였다는 것이 다수의 견해이다.

이로 인해 남미 국가들에서는 실업 증가, 복지 지출 축소, 마약 등 비공식·불법 영역의 활동이 증가할 수 있으며, 이는 다시 미국 내 불법 이민이나 마약 확산과 같은 사회 문제로 이어질 수 있다. 이러한 현상은 트럼프 정부가 중시하는 이민자 통제 및 마약 문제 해결 노력에 오히려 부정적인 영향을 미칠 가능성이 있다.

또한, 안보 우산을 비용을 지불하는 국가에만 제공하겠다는 방침은, 미국과 민주적 가치를 공유하는 국가라 할지라도 경제적·군사적 역량이 부족한 경우 러시아나 중국 등 권위주의 국가에 굴복하는 정책을 채택하게 하거나, 친러·친중 세력이 집권하는 사태를 초래할 가능성을 높일 수 있다. 이는 반미 성향 국가의 증가로 이어져, 장기적으로는 미국의 국가안보를 위협하는 요인으로 작용할 수 있다.[7]

더불어, 이러한 미국의 태도에 실망하여 자국 스스로의 국방 역량을 확충한 경우나 또는 미국 이외 국가들과 공동으로 새로운 안보 동맹(예: EU와 캐나다 간 북극 지역 안보 동맹 결성)을 결성한 경우, 미국에 대한 의존도 감소로 미국의 패권 유지 또는 중국과의 대항 전선에서 적극적인 협조를 하지 않을 가능성도 있다. 단적으로 EU가 역내 국방비 지출을 확대하고 EU 독자적인 연합 방위 태세를 강화하면서, 러시아에 대한 미국의 소극적 대응에 비례하여, 중국에 대한 미국의 대응에 EU는 소극적인 자세를 취할 가능성이 있다.[8] 군사적인 상

---

[7] 이는 미국 국민에게 또 다른 국익의 중요한 요소라 할 수 있는 '미국적인 공동체 가치(민주주의 확산 및 인권 보호 등)의 유지 및 확산'이라는 측면에도 위배되는 것이다.

[8] 일부에서는 EU가 중국의 '기술 굴기(중국의 기술 약진에 초점을 맞춘 말로, 머지않아 '중국이 미국을 제치고 세계의 패권을 움켜쥘 무서운 기세'를 뜻한다)'를 전략적으로 활용하기 위해, 중국과의 교역을 허용하는 대가로 '지적재산권 이전(Intellectual Property Transfer)'을 요구하는 등 더욱 적극적이고, 실용적인 태도를 취할 가능성도 제기된다. (Tej Parikh, 『Globalisation will triumph over Donal Trump: Economic incentives outweigh politics in the long run』, 《Financial Times》, 2025)

호 공조 이외에도, 중국에 대한 첨단 제품과 같은 수출 통제에 대한 참여에 있어서도 EU는 — 이전부터 EU는 미국의 이러한 요구를 국제법 위반으로 판단하고 있는데 — 소극적 자세를 취할 가능성을 배제할 수 없다(또는 이러한 제재 동참에 대한 명시적인 반대급부 요구).

뿐만 아니라, 안보 우산 제공이라는 편익의 대가로 달러의 기축통화 지위를 인정해 온 EU가, 유로화의 활용도를 높이거나, 중국·러시아와 유사한 탈달러 무역 및 투자 결제 시스템을 적극적으로 추진할 경우, 미국은 국방비 절감에 따른 재정적자 축소 효과뿐만 아니라, 그에 수반되는 비용과 리스크 증가 효과를 함께 고려해야 할 것이다.

트럼프 정부는 동맹국들이 안보에 무임승차하고 있다고 인식하고 있으나, 실제 동맹국들 입장에서는 달러 기축통화 지위 인정(미국 국채 다량 보유 등), 중국 공동 대응(중국 시장 상실 위험 감수 및 중국을 배제한 첨단 기술 개발 네트워크와 공급망 구축 참여 등), 전략 지역 내 미군 주둔 허용, 반미국가에 대한 제재 동참 등 상당한 비용을 이미 부담해 온 측면이 있으며, 이에 대한 계산착오 miscalculation가 있었던 것은 아닌지 미국 또한 재고해 볼 필요가 있다.

한편, 미국 수출기업의 경쟁력 강화를 위한 달러 저평가 정책도 여러 문제점을 내포하고 있다. 이는 미국 소비자의 구매력을 약화시키고, 달러 및 미국 국채에 대한 글로벌 수요를 위축시켜 이자율 상승과 재정적자 확대를 초래할 가능성이 있다. 무엇보다, 달러 가치의 안정성과 미국 정부의 비시장적 개입에 대한 신뢰를 훼손함으로써, 기축통화로서의 달러 지위를 위협할 소지가 있다. 달러 기축통화 지위가 상실될 경우, 이는 금융 제재의 기반 붕괴뿐만 아니라 미국 경제의 신인도 급락과 국가 재정 파산이라는 심각한 사태로 이어질 수 있다.

물론 보고서에서는 기축통화로서의 위상을 유지하기 위해, 달러 저평가 정책을 활용하는 국가를 지원하고 이에 협조하지 않는 국가에는 압력을 행사할 것을 제안하고 있다. 이를 위해 관세, 안보 우산, 달러 유동성 공급 등 다양한 정책 수단을 미국이 활용할 수 있다고 주장한다. 그러나 아무리 미국의 정책이라 하더라도 시장의 자율성과 압력을 장기간 견딜 수 있을지는 의문이다.

보고서에 따르면, 미국의 정책 대상은 외국 정부나 중앙은행에 국한되며, 외환시장에서 더 큰 비중을 차지하는 민간 투자나 거래에 대한 제한은 OECD 자본자유화 규약 위반으로 간주되어 실행하지 않는 것을 전제로 하고 있다.

보고서 역시 이러한 정책의 한계를 일부 인정하며, 달러 기축통화를 대체하려는 움직임에 대비해 미국 정부는 금이나 가상화폐 보유 확대 등 보완적 조치를 병행할 필요가 있다고 권고하고 있다. 실제로 2022년 하반기부터 2025년 초까지 주요국 중앙은행들의 금 보유 비중이 이전보다 두 배 이상 증가한 사실도 이를 뒷받침한다.

(2) 미국의 정책이 오히려 반미국가의 이익을 강화할 가능성

미국의 관세 부과나 안보 우산 제공 거절과 같은 배타적 정책은 결국 친미 국가들의 숫자를 축소시킬 가능성이 있으며, 미국 시장에 대한 접근성이 제한된 국가들은 중국 시장에 대한 의존도를 더욱 높일 개연성이 크다. 앞서 설명한 바와 같이, 안보 우산에 포함되지 못한 국가들은 친미 기조를 유지할 경우 안보 리스크가 급증하므로, 중국이나 러시아 세력에 편입될 가능성도 적지 않다. 이는 패권 국가 간 경쟁 구도에서 중국 등이 큰 노력 없이도 세력을 확장할 수 있는 계기가 될 수 있음을 의미한다.

미국이 글로벌 GDP에서 차지하는 비중이 1960년대 40% 수준에서 최근 20% 중반 수준으로 하락한 상황을 고려할 때, 미국은 동맹국과의 연합을 통해 군사적, 기술적, 경제적 패권을 유지할 필요성이 더욱 커지고 있다. 따라서 이러한 부작용은 결코 가볍게 볼 수 없는 문제이다.

한편, 중국과 러시아 입장에서는 적대국의 수가 줄어들어 미국에 대한 대응에 더욱 집중할 수 있으며, 안보 비용을 절감할 여지도 존재한다. 또한, 중국이 개방적인 자세로 경쟁과 기술 교류 확대 정책을 추진할 경우, 장기적인 성장 가능성이 더욱 높아질 수 있다. 예를 들어, 미국 시장 접근성이 제한된 EU와 중국이 상호 시장 개방을 확대할 경우, 글로벌 무역 축소 위기에 공동 대응할 수 있으며, EU와 중국 기업이 미국 기업이 차지하던 시장 지분을 잠식할 가능성도 있다. 더불어, 기후변화와 같은 중요한 글로벌 과제에 공동 대응함으로써 양자 간 긴밀한 협력 관계를 구축할 가능성도 존재한다.

(3) 미국 정책이 본래 의도했던 목적 달성이 어려울 가능성

앞서 말한 두 가지 내용이 정책의 부작용[9]에 관한 것이라면, 여기서는 정책이 본래 추구하려던 목적 자체도 달성하기 어려울 수 있는 가능성에 관해서 논의해 보려 한다.

---

9 앞서 정책의 부작용으로 '핵심 전략국과의 협조 저하 가능성'을 별도 항목으로 분석한 바 있으나, 미란 보고서에서 가정한 바와 같이 미국이 동맹국에 대해서도 예외 없이 관세 인상이나 안보 지원 축소 등의 조치를 취하는 경우, 이는 사실상 핵심 전략국에 대한 직접적 제재로 해석될 수 있으며, 이로 인한 해당 국가들의 미국 어젠다에 대한 협조 저하 가능성은 비교적 명확한 사안이다. 또한 (1), (2) 부분에서 EU 등과 같은 핵심 전략국의 정책 변화 가능성에 대해 이미 설명한 바 있으므로 여기서는 별도로 나누어 논의하지는 않기로 한다.

우선, 관세 부과로 인해 공동화된 미국의 제조업이 과연 부활할 수 있을지에 관해서 살펴보자.[10] 관세는 '보호되는 국내 산업'의 생산과 고용을 증가시킬 수 있다. 그러나 이러한 산업 외의 분야에서는 피해가 발생할 수 있다. 소비자 후생 감소 문제는 이미 설명했으므로, 여기서는 산업 경쟁력 측면에 집중하고자 한다. 이와 관련해 대체로 두 가지 이유가 제시된다.

첫째, 관세가 부과된 산업 제품을 이용하는 다른 산업은 비싼 중간재를 사용하게 되므로, 해당 산업의 생산과 고용이 축소될 가능성이 있다. 둘째, 관세는 대부분 상대국의 보복 관세를 유발한다. 이로 인해, 수출에 대한 세금$^{export\ tax}$과 같은 역할을 하게 된다. 특히, 어떤 수출기업이 관세로 보호된 산업의 제품을 중간재로 사용해 수출하는 경우, 상대국의 보복 관세와 함께 이중의 비용

---

[10] 한편, 2024년 말 기준으로 미국 내 제조업의 공동화는 실제 발생하지 않았으며, 무역적자 자체가 반드시 부정적인 것으로 간주되어야 하는지도 재검토가 필요하다는 견해가 적지 않은 경제학자들 사이에서 제기되고 있다. 대표적으로 래리 서머스(Larry Summers)와 필 그램(Phil Gramm) 등은 무역적자가 반드시 경제적 약화를 의미하는 것은 아니며, 오히려 미국 경제의 구조적 변화와 성장에 기여한 측면도 있다고 주장한다.

이들의 주장에 따르면, 미국은 1975년 마지막 무역흑자 이후 지속적으로 적자를 기록해 왔지만, 2024년 말 기준으로는 당시보다 약 2.5배에 달하는 실질 산업 생산(물가 상승을 보정한 수치)을 달성하고 있으며, 이는 역사상 최고 수준에 해당한다는 것이다. 또한, 제조업 고용 비중은 감소했으나, 서비스 산업으로의 고용 이동이 활발히 이루어져 사실상 완전고용에 근접한 고용률을 유지하고 있는 점도 지적된다. 이는 미국 경제가 단순 제조업 중심에서 고부가가치 산업 중심으로 전환되고 있다는 구조적 진화를 반영한다는 평가다.

『Gramm and Summers: A Letter on Tariffs From Economists to Trump, Phil Gramm and Larry Summers』, (《The Wall Street Journal》, 2025)

을 부담하게 되어, 관세 부과로 보호받는 산업 외 국가 경제 전반의 산업 경쟁력은 하락할 가능성이 높다.[11]

일례로, 미국의 한 연구[12]에 따르면 2002~2003년 동안 미국이 철강 제품에 부과한 관세로 인해 철강을 이용하는 산업(예: 자동차, 농업기계, 가정용 가전, 건설 및 시추 등)에서 매년 168,000명의 고용이 감소하는 부작용이 발생한 것으로 나타났다.

둘째 논리인 보복 관세로 인한 수출기업의 피해에 대해서는, 트럼프 1기 정부의 관세 부과 이후 상대국이 보복 관세를 부과함에 따라, 미국 수출기업이 평균 약 2% 수준의 관세를 내고 수출을 해야 했다는 보고서[13]가 있다. 특히, 중국이 보복 조치로 관세 외에도 비관세적 조치(예: 공정거래법)를 통해 미국 기업의 중국 시장 접근을 제한하고, 대신 EU 기업에는 시장을 개방할 경우, 미국 수출기업의 경쟁력 저하는 더욱 심화될 수 있다.

---

11 이러한 이유로, 앞서 저자는 글로벌 다국적 기업들이 미국의 관세 정책 및 기타 무역 규제를 회피하기 위해 생산기지를 재배치할 가능성을 제기한 바 있다. 즉, 미국 내수 시장을 대상으로 한 제품은 미국 내에서 생산하고, 반대로 미국 외 지역을 대상으로 한 제품은 미국 외 지역에서 생산하는 방식으로 생산기지를 이원화하는 전략을 채택할 수 있다는 것이다.

12 Lydia Cox, 『The Long-Term Impact of Steel Tariffs on U.S. Manufacturing』, (Harvard University, 2022) https://economics.princeton.edu/wp-content/uploads/2022/06/cox_steel_20220601.pdf

13 Erica York, 『Separating Tariff Facts from Tariff Fictions』, (CATO Institute, 2024) https://www.cato.org/publications/separating-tariff-facts-tariff-fictions

일반화할 수는 없으나, 많은 경우 수출기업은 한 나라 안에서도 세계 시장에서 경쟁력이 있는 기업을 의미하며, 이들은 생산성과 임금이 높고, 양질의 일자리를 제공하는 것으로 알려져 있다. 그렇다면 이러한 수출기업을 희생시키고, 관세로 보호받아야 생존할 수 있는 내수용 기업을 살리는 정책이 과연 전략적으로 타당한지에 대해서는 신중하게 검토할 필요가 있다.[14]

다음으로, 재정적자 감소 목표에 대해 살펴보겠다. 관세 부과와 외국 정부의 국방비 분담 비율 상승이 재정적자 감소 목표 달성에 도움이 될 가능성이 있다. 우선, 관세는 추가적인 세수 수입을 의미하고, 외국 정부의 국방비 분담 비율 상승(또는 미국의 안보 우산 축소)은 미국 정부 지출 축소를 의미하므로 1차적으로는 재정적자 감소에 긍정적인 효과를 줄 수 있다. 특히, 미국 정부 지출의 약 13%가 국방비로 지출되며, 미국은 해외 군사 활동이 가장 활발한 국가 중 하나이므로, 해외 미군 비용을 축소할 수 있다면 재정에 상당한 도움이 될 가능성이 있다. 그러나 이에 대해 고려할 점이 존재한다. 앞서 설명한 바와 같이,

---

14 이와 관련하여, 미국은 상품 무역수지는 적자를 기록하고 있으나, 서비스 무역수지는 흑자를 기록하고 있는데, 트럼프 2기 정부에선 이러한 서비스 무역수지 부분은 협상의 목표로 제시하는 무역수지액 계산에는 포함시키지 않고 있다는 보도(Trump's Trade Math Ignores a Major Export: American Services, 《Wall Street Journal》, April 10, 2025)가 있다. 즉, 2024년 기준 1.21trillion 달러의 상품 무역수지 적자를 기록하였으나, 서비스 부문에서는 295 billion 달러의 흑자를 보았으며, 이들 대부분이 구글, 마이크로소프트, 알파벳, JP 모건 등의 테크 및 금융회사 등 미국의 경쟁력이 높은 기업들의 수출액이라는 것이다. 무역갈등이 심화되어 이들에 대한 파트너 국가들의 독과점 조사, 사이버 보안 문제 지적, 소비자들의 보이콧 등이 실시될 경우 이들 기업의 피해가 커지면서 (이들 대부분은 해외 시장의 매출 규모가 국내 매출을 초과한 상황) 미국 산업 전반의 경쟁력에 타격이 될 수 있다고 다수의 전문가들이 지적하고 있다.

예를 들어 주한미군의 경우, 한국에 주둔하는 것이 미국 본토에 주둔하다가 필요 시 한국으로 파병하거나 이를 위해 별도의 훈련을 하는 것보다 훨씬 비용 절감 효과가 크다는 분석이 있다. 그러므로 미국에게 전략적 가치가 없는 지역이라면 미군 철수나 해당국에 상당 수준의 비용 전가가 타당할 수 있으나, 중국 견제나 동아시아 안보 전략 등 미국의 전략적 편익을 위해 반드시 파병해야 하는 지역의 경우, 상대국에 과도한 부담을 지우지 않는 선에서 합리적인 협상이 필요하다는 점을 감안해야 할 것이다.

한편, 관세의 재정적자 감소 효과에 대해 회의적인 시각도 존재한다. 관세는 미국 세입의 약 1~2% 수준에 불과하며, 관세 부과 시 보호 산업 이외 대부분의 산업에서는 비용 상승으로 인해 기업 수익이 줄어들고 고용이 감소하여 법인세 및 소득세 등 주요 세수 항목의 감소로 이어질 가능성이 크다. 미국 의회 예산처CBO의 보고서[15]에 따르면, 전 세계 국가에 10%의 보편관세를, 중국에 60%의 차별관세를 부과할 경우 2034년에 0.6%포인트의 성장률 감소가 예상된다고 한다. (다만, 이 보고서는 성장률 하락으로 인한 세수 감소 규모는 별도로 추정하지 않았다.)

트럼프 정부 등 미국 보수 정부는 감세 정책을 추진할 때마다 감세가 기업 활동 및 경제 활동 증가를 유도하고, 이는 성장률 상승과 세수 확대를 가져와 재정적자 감소에 기여한다는 논리를 활용해 왔다. 만약 이러한 논리를 따른다면, 관세로 인해 성장률이 하락할 경우, 세입 비중이 미미한 관세 수입 증가보다 성장률 하락으로 인한 법인세 및 소득세 감소분이 더 클 수 있을 것이다. 특히,

---

15 『Effects of Illustrative Policies That Would Increase Tariffs』, (CBO, 2024) https://www.cbo.gov/system/files/2024-12/61112-Tariffs.pdf

관세는 물가 상승 요인으로 작용하고, 이에 따라 고금리 기조가 지속될 경우, 미국 국채 이자 지급 비용이 증가하게 된다. 2025년 3월 현재 미국 정부의 이자 비용은 전체 국방비에 근접할 정도로 큰 규모를 차지하고 있으며, 이러한 이자 비용 증가는 재정적자 축소에 적지 않은 부담으로 작용할 가능성이 높다.

마지막으로, 관세나 안보 우산 축소, 그리고 외국 정부의 달러 자산 운용에 대한 통제 확대가 달러의 기축통화 지위를 유지하면서 저평가 상태로 유지하는 목표 달성에 도움이 될 것인지 살펴보겠다.

우선, 관세 부과나 방위 지원 축소를 통해 미국 산업 경쟁력이 향상되고 재정적자가 감축될 경우, 이는 미국 경제의 펀더멘털 개선을 의미하므로 달러 강세 요인으로 작용할 수 있다. 따라서 산업 경쟁력 향상, 재정적자 감축, 달러 고평가 해소라는 세 가지 목표는 서로 상충되는 내재적 특성을 지니고 있다.

기축통화를 유지하면서 달러 고평가를 해소하겠다는 목표 또한 양립하기 어려운 특성을 가진다. 기축통화는 전 세계적인 수요를 전제로 하며, 이러한 높은 수요는 자연스럽게 통화 가치 상승을 가져오기 때문이다. 이를 극복하기 위해 미란(Miran)의 보고서에서는 외국 정부나 중앙은행이 보유한 외환보유액 중 달러 및 단기 미국 국채 보유를 줄이도록 유도하는 정책을 통해 달러 고평가를 해소하는 방안을 제안하고 있다.

그러나 동 보고서에서도 지적했듯이, 이러한 미국의 정책적 간여를 외국 정부나 중앙은행이 수용할 가능성은 낮다. 설사 수용하더라도 외환시장에서 민간 금융회사 및 투자자들의 비중이 압도적으로 크기 때문에 실질적인 시장 조절 효과를 기대하기 어렵다. 시장의 원리상 글로벌 안전자산 및 결제수단으로 활용되는 기축통화에 대한 민간 수요를 조절하거나, 산업 경쟁력 향상 및 재정적자 감축으로 펀더멘털이 개선된 국가에 대한 투자를 제약하는 것은 매우 힘든 것이다.

만약 민간 부문에 이러한 조치를 강행할 경우, 이는 자본통제에 해당할 수 있으며, OECD의 자본자유화 규약 위반 가능성이 존재한다. 자본통제를 실시하는 국가는 제도적 신뢰성이 부족하다는 인식이 확산되어 기축통화로서의 위상이 약화될 수 있다. 이는 경제 규모가 확대되었음에도 자본통제 등 중국 정부의 통제 가능성 때문에 위안화가 기축통화로 발전하지 못하는 사례와 유사하다. 결국, 달러 고평가 해소를 위한 자본통제는 달러 기축통화 유지라는 보다 중요한 정책 목표와 충돌할 가능성이 높다.

물론, 과거 플라자 합의Plaza Accord의 선례를 들어 가능성을 기대할 수도 있다. 그러나 당시 일본, 독일 등 주요국들이 장기간 경기 둔화와 고용 축소를 경험했던 점을 고려하면, 미국이 상당 수준의 인센티브를 제공하지 않는 한 새로운 합의를 도출하기는 쉽지 않다. 특히, 무역 부문에서는 관세로, 안보 부문에서는 안보 우산 축소로 미국 이익을 최우선하는 정책 기조가 지속되고 있는 현재, 미국에 대한 외국 정부와 국민들의 신뢰가 낮아진 상황에서는 자국 경제나 산업에 피해를 줄 수 있는 정책[16]을 취하는 것이 각국 정책 결정자의 정치적 자산이나 리더십에 부정적인 영향을 줄 가능성이 크다. 따라서 미국이 실효성 있는 보상 정책을 제시하지 않는 한 주요국과의 새로운 합의는 쉽게 이루어지기 어려울 것으로 예상된다.

---

16 물론, 자국 통화 가치의 과도한 하락으로 인해 물가 상승과 실질 구매력 저하 등의 경제적 어려움을 겪고 있는 일부 국가의 경우, 자국 통화의 절상(달러 가치 저평가) 유도를 지지할 가능성은 존재한다. 그러나 해당 정부나 중앙은행이 자국 화폐의 고평가를 유도하기 위해 민간의 흐름을 (단기간이 아닌 구조적으로) 이기고 시장에서 환율을 변화(자국화폐 가치 상승)시키는 역량을 보유하고 있을지, 그리고 이를 실행 시 발생할 비용(예: 외환보유액의 대규모 감소)을 감당할 수 있을지 등을 고려할 때, 쉽지 않은 선택일 것이다.

이상의 논의를 종합하면 다음과 같다. (289페이지 트럼프 정책 Trilemma 그림 참조)

미란(Miran, 2024)의 보고서에 따르면, 미국은 '제조업 경쟁력 강화, 재정적자 감소, 달러 저평가 유도'라는 목표를 위해 '관세 부과, 안보 우산 축소, 외국 정부의 달러 자산 통제' 등의 수단을 활용하고자 한다. 그러나 이러한 수단을 활용할 경우, 다음과 같은 부작용이 발생할 수 있다. 미국 국내에서는 물가 상승, 소비자 편익 감소, 교역 축소로 인한 성장률 감소, 글로벌 성장 약화 및 개도국 위기 등으로 이민 및 마약 문제 악화, 민주국가에 대한 안보 우산 제공 거부로 인한 민주주의와 인권 등의 전통적 공동체 가치 훼손 등의 문제가 발생할 수 있다.

대외적으로는 미국의 '미국 이익을 위한 공격적 일방주의Aggressive Unilateral Nationalism' 정책이 동맹국들의 중국에 대한 공동 대응을 약화시킬 수 있다. 경우에 따라서는 독자적 국방력을 증진한 EU가 중국 시장 확보, 첨단 산업 분야 중국 노하우 습득[17], 기후변화 공동 대응 등을 위해 오히려 중국과 밀착할 가능성도 존재한다. 또한, AI, 양자컴퓨터, 바이오 등 첨단 기술 분야에서 미국과 동맹국 간 협업이 약화될 수 있다. 안보 측면에서도 전략적 요충지에 대한 미국의 영향력이 축소될 수 있으며, 궁극적으로 달러의 기축통화 지위 또한 주요국들의 소극적 협조로 점차 약화될 가능성을 배제할 수 없다.

---

[17] 더욱 상세한 내용은 Tej Parikh, 『Globalisation will triumph over Donal Trump: Economic incentives outweigh politics in the long run』, (《Financial Times》, 2025) 참조

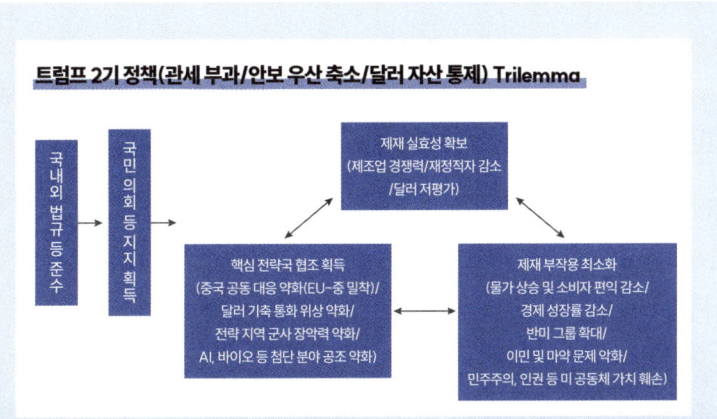

물론, 트럼프 정부는 이러한 부작용을 완화하기 위해 다른 정책 수단을 병행해 왔으며, 앞으로도 이를 적극적으로 활용할 것으로 보인다. 예를 들어, 강력한 규제 완화와 감세 등을 통해 기업 활동을 보장하고 성장률을 높이려 하거나, 화석 에너지 개발을 통해 에너지 가격과 물가를 안정시키려는 시도가 그것이다. 이러한 보완 조치로 부작용이 일정 부분 감소될 수도 있을 것이다.

그러나 주목할 점은, '정책의 부작용' 외에도 '정책 목표 달성 가능성' 측면에서 살펴본 바와 같이, 이러한 정책 수단들로 달성하고자 했던 목표인 "제조업 경쟁력 강화, 재정적자 감소, 달러 저평가 유도"도 달성 가능성이 명확치 않다는 것이다.

자국의 구조적 문제를 해결하기 위한 미국 정부의 대담한 접근 자체는 평가할 만하다. 하지만 미란 보고서(Miran, 2024)에서도 지적했듯이, 이러한 전략을 성공으로 이끄는 일은 매우 좁은 길 Narrow path[18]을 걷는 것과 다름없으며, 정

---

18 "There is a path by which the Trump Administration can reconfigure the global trading and financial systems to America's benefit, but it is narrow and will require careful planning, precise execution and attention to steps to minimize adverse consequences" (Miran, 2024, p.38)

> 책에 대한 국민적 지지 측면에서도 어려움이 따를 것이다. 특히, 제재를 집행하는 국가들이 늘 직면해 왔던 '불확실한 편익과 눈에 보이는 비용'의 딜레마가 여기서도 반복될 가능성이 크다는 점이, 현재 미국 정책 당국자들의 가장 큰 고민일 것으로 예상된다.

그런데 위에서 살펴본 바와 같이, 미국의 정책이 결국 미국의 전반적인 국익이나 효과성 측면에서 불리하게 작용할 가능성이 있다고 하더라도, 이를 근거로 한국 정부가 미국 정부를 설득하거나 정책 수정을 요구하는 것이 반드시 수용되리라는 보장은 없다. 그렇다면 제재 당사자인 미국이 한국 정부의 제안이나 요구를 수용하지 않을 경우, 우리는 어떻게 대응해야 할까?[19]

---

[19] "(2) 미국 제재 정책의 트릴레마를 활용하여 설득하기" 부분에서는 상대의 상황을 파악하는 것이 모든 협상의 기본이므로 어떻게 상황을 파악하는지에 대해 상세히 설명하였다. 그런데, 실제로는 제재 실행시 미국과 같은 실행국에 미칠 수 있는 부작용 등을 제3국이 잘 설득하였다 하여 제재 실행국이 발표한 제재를 철회하는 경우는 흔치 않다. (따라서, 제재 실행국의 상황 정보를 활용하여 제3국이 가진 레버리지로 제재 실행국에 실력 행사를 하거나, 제재를 수용하되 대가를 받는 전략 등에 대해 (3), (4) 부분에서 상세히 논의하려 한다.)

그런데 2025년 4월에는 매우 특이한 사례가 발생하였다. 보통 미국이 제재 정책을 결정하면 그 결정은 거의 변화하지 않지만, 미국 정부가 대규모 무역흑자국가에 대한 추가관세 부과에 대해 90일간 유예기간을 발표한 것이다. 이는 동 정책이 시행될 경우 미국 경제와 금융시장에 미칠 부정적 영향과 이에 대한 대기업 및 금융기관의 우려, 공화당 내부의 반발 등이 영향을 미쳤기 때문이다.

이러한 점은 (2)에서 설명한 "제재 실행국 입장에서 제재가 야기할 수 있는 부작용과 목표 달성 가능성"을 상세히 살펴보는 것이 중요함을 다시 한번 일깨워 준다. 제재가 제재 실행국에게 심대한 타격을 주거나 줄 것이 예상되는 경우에는 실행국 스스로 제재를 철회할 수 있음을 보여 주었고, 미중 양국의 높은 경제적 영향력 등을 고려할 때 향후 이러한 상황의 발생 가능성이 높아졌음을 의미하기 때문이다. 또한 제3국 입장에서도, 어떠한 제재가 과연 신뢰성 있게 유지될 수 있을지 없을지를 미리 파악하는 것이 제재에 대한 협상 시기(예: 지속성이 의문시되는 제재에 대해서는 시간을 두고 협상을 하는 것도 좋은 방법), 제재 실행국에 대한 레버리지, 협상 방식 등을 결정할 때 중요한 요소로 작용할 수 있을 것이다.

이러한 경우, 먼저 한국이 가진 레버리지를 통해 미국에 나름 실력 행사를 하여 미국의 정책 변화를 유도할 수 있을 것이다. 또는 미국의 제재 정책을 준수하는 대가로 다른 것을 받는 딜^{deal}을 시도할 수 있다. 먼저 실력 행사에 대해 살펴보자.

3. 레버리지를 활용하거나 새로 만들어 협상하기

실력 행사를 위해서는 한국이 보유한 레버리지를 명확히 인식하고 이를 잘 활용해야 한다. 이를 위해 제재 실행국인 미국의 입장에서 한국에 아쉬운 부분을 파악하는 것이 중요하다. 아쉬운 부분은 앞서 제시된 트릴레마 상황을 활용하면 더 발견하기 용이할 것이다(예: 제재의 국익상 부작용이나, 제재로 인한 타국 협조 저하를 보완). 예를 들어, 미국은 자국의 제조업 쇠퇴를 우려하고 있으므로, 한국과 협력이 가능한 산업 분야를 찾아 협업을 추진하는 것이 효과적인 방법이 될 수 있다. 대표적인 사례로는 트럼프 대통령이 한국에 협력을 요청한 조선업 분야가 있다. 고비용 구조 등으로 미국이 곤란을 겪고 있는 분야(예: 의료 진단, 유제품 수급 등)에 대한 협력 등도 가능할 것이다.

또한, 한국은 세계 10위권의 외환보유액을 운용하고 있는 국가이다. 따라서, 미국 정부가 중시하는 달러화 기축통화 유지나 달러화 고평가 억제를 위한 정책에 한국 정부의 협조가 중요할 수 있다. 특히, 막대한 재정적자와 그에 따른 부채 및 이자 누증 문제 완화를 위해, 중국과 같은 나라의 중앙은행이 달러 비중을 줄이고 금에 대한 투자를 확대하는 것과는 달리, 한국 정부가 미 국채 투자를 지속하는 조치 등은 중요한 협력 사항이 될 것이다.

미국은 중국 등에 대한 기술 통제와 같은 제재 정책의 실효성 확보나, 첨단 분야의 공급망 구축을 위해 한국과 같은 동맹국의 참여와 협조가 필수적이다. 미 전략국제연구센터^{CSIS}의 2024년 보고서에 따르면, 반도체, 바이오, AI, 양자역학, 통신 등 다양한 첨단 산업 분야에서 미국이 모든 분야에서 글로벌 경쟁 우위를 확보하는 데 한계가 있기에, 동맹국들과의 공동 연구 및 협업은 미국의 필수적 과제이다.

그 외에도, 미국은 경제 구조상 일부 산업에서 해외의 수요가 산업 생존에 중요한 영향을 미친다. 예를 들어, 농업과 가스 산업은 해외 수요에 대한 의존도가 높다. 또한, 대규모 투자 위험을 축소하거나 규모의 경제를 위해 공동 투자를 희망하는 분야도 있을 수 있다. 알래스카 가스전 개발과 같은 프로젝트가 이러한 예일 것이다.

또한, 한국은 주한미군 사령관이 '일본과 중국 사이의 고정된 항공모함'과 같다고 표현할 정도로 지정학적으로 중요한 위치에 있는 국가로서 군사 전략적으로도 미국과 함께 중요한 역할을 수행할 수 있을 것이다.

한편, 한국 단독으로 이러한 레버리지를 활용할 수 있는 여건이 마련되지 않은 상황에서는, 소국이 대국(제재 실행국이 국력이 큰 대국이라는 전제)에게 실력 행사를 하려면 다른 방법을 모색해야 한다. 이를 위해 EU, 일본, 호주, 캐나다, 스위스, 인도, 동남아 등 제3국과의 연대를 통해 공동 대응하는 방법을 고려할 수 있다. 예를 들어, 중국에 대한 첨단 반도체 및 핵심 중간재 수출 금지를 한국과 일본 기업 등에 요구하면서, 미국은 미국 금융기관 자금이 중국 반도체 산업에 흘러 들어가지 않도록 규제하는 데 소극적이라면, 제3국 간 연대를 통해 미국의 제재가 일관성 있고 합리적으로 실행되도록 요구할 수 있을 것이다.

2025년 4월, 미국 정부는 전 세계적인 10% 보편 관세와 함께 각국별 추가 관세 부과를 발표하였다. 이에 대해 EU, 캐나다, 일본 등 전통적인 미국 동맹국들은 심각한 우려를 표명한 바 있다. 이러한 상황은 앞서 제기한 제3국 간 연대의 가능성을 높여주고 있다.

예를 들어, 한국, 일본, EU, 영국, 호주, 캐나다, 스위스 등은 '다자주의' 연대를 형성하여 이들 국가 간 교역을 심화시키거나(미국 수출 감소 충격을 줄이는 효과) AI, 바이오, 양자역학 등 첨단 산업에 대한 공동연구를 진행하고, 중국으로부터 수입 허가를 받지 못한 원자재 상품을 상호 지원하며 안정적인 공급망 동맹을 결성할 수 있을 것이다.

아울러, 국방 협력을 통해 안보 분야에서의 미국 의존도를 줄이는 한편, 국제금융 분야에서도 협력(예: 통화 스왑 체결(한국과 EU 또는 한국과 영국 간 추진), 상호 투자 우대, 미국 국채 운용 관련 협의 등)을 증진시킬 수 있을 것으로 기대된다.

이러한 연대가 성사될 경우, 미국과 개별 국가가 협상하는 것보다 훨씬 더 큰 레버리지를 확보할 수 있을 것으로 예상된다.

또 다른 방법은 미국의 기업들과 연대하는 것이다. 과거 미국 기업들은 제재 정책에 대해 대체로 이의를 제기하지 않았다. 제재 대상 국가들이 주로 소규모 국가이거나 미국과의 교역이 적은 사회주의 혹은 권위주의 국가들이었기 때문에 큰 반발이 없었기 때문이다. 그러나 최근에는 중국처럼 경제 규모가 크거나, 멕시코·캐나다처럼 미국과 교역이 많은 국가에 대한 제재가 주요 이슈로 떠오르면서 미국 기업들의 입장도 달라지고 있다.

특히 미국 반도체산업협회^{SIA}가 2023년, 중국에 대한 추가 수출 제한 조치에 대해 "잠재적인 조치는 명확하고 일관되며, 동맹국과의 조정이 이루어져야 한다"고 공개적으로 밝힌 것은 중요한 전환점을 의미한다. 트럼프 2기 정부에서도 멕시코·캐나다에 대한 추가 관세 부과에 대해 미국 자동차 기업들의 반발로 관세 부과가 한 달간 유예되고, 자동차 품목별 관세에서 일부 예외가 추후에 발표되기도 하였다.

이러한 사례들은 미국 기업들이 제재가 미국 내 경제에 미치는 영향에 대해 보다 신중하게 접근하고 있다는 것을 보여준다.

한국의 많은 기업이 미국 내 현지 생산 확대와 현지 법인 설립을 통해 미국 산업 단체 내에서 활동할 자격을 얻었으며, 이로 인해 미국 내 산업 및 경제적 피해에 대해 반대 목소리를 낼 기회도 많아졌다.

따라서, 제재가 미국 산업의 경쟁력을 약화시키거나 실효성이 불확실한 경우, 한국 기업들은 미국 내 동종 업계 기업들과 협력하여 제재에 반대하는 목소리를 더욱 효과적으로 낼 수 있을 것이다.

또한, 제재 관련 미국 내 법규나 국제법규 위반에 대한 법적 대응도 중요한 전략이 될 수 있다. 일반적으로 미국 법원은 행정부에 광범위한 재량권을 인정하지만, 트럼프 1기 정부 이후 비전통적인 제재 조치들이 다수 실행됨에 따라 사법적 판단에 의존하는 사례가 증가하고 있다.

법 원칙이 위반된 사례로는, 미국 행정절차법에서 금지하는 자의적·비일관적 조치arbitrary and inconsistent 금지 원칙[20] 위반이나, 미 공정거

---

20 미국 행정절차법(APA)은 "독단적, 비일관적, 재량 남용 또는 법을 준수하지 않은(arbitrary, capricious, an abuse of discretion, or otherwise not in accordance with law)" 행정 행위를 정부가 해서는 안된다고 규정하고 있다.

래법상 담합 금지 위반(예: 중국에 대해 업계가 공동으로 판매를 자제), 미국 헌법상 통신이나 언론의 자유 침해(예: 트럼프 1기 정부 당시 위챗 사용 금지와 관련해 법원이 행정명령의 효과를 제한한 가처분 인용), 개인 간 통신을 금지하는 조치 등 재량권 일탈에 해당하는 다양한 제재 정책이 있다.

한국 기업이 미국에 대규모 투자를 진행하면서 미국 법인을 통해 사업을 추진한 경우가 많기 때문에, 미국 법원에서의 원고 적격성 이슈[21]도 상당 부분 완화될 수 있다. 이에 따라 비합리적이고 법적 근거가 부족한 제재에 대해서는 미국 법원의 판단을 적극적으로 구하는 전략을 고려할 필요가 있다.

한편, 국제법규 측면에서도 앞서 언급한 바와 같이, WTO는 안보를 이유로 자유무역을 제한하는 조치를 예외적으로 허용하지만, 그 '안보상 이유'의 합리성 여부는 WTO 패널이 판단할 수 있다는 것이 다수설이다. 실제로 WTO는 이 근거를 바탕으로 미국의 철강 수입 제한 조치가 WTO 규정을 위반했다는 1심 판정을 내린 바 있다. 물론, 미국은 항소기구Appellate Body의 심판관 임명을 지연시킴으로써 최종심 절차를 차단하고 있으나, 이와 같은 1심 판정만으로도 미국이 '동맹국에 대해서는' 일정 부분 제재 유예나 예외 조치를 취할 가능성이 높아지는 것도 사실이다. 실제로 트럼프 1기 정부 당시 철강 관세 부과 시에도 한국, 일본 등 동맹국에 대해서는 일정 수준의 유예와 예외를 허

---

21 외국인이나 외국 법인은 행정절차적 이슈 이외에는 원고 적격성을 인정하지 않는 경향이 있다.

용한 전례가 있다.[22]

이와 관련하여 EU, 일본 등 제3국과 연합해, 국제법적 측면에서 제재의 합리성을 검토하고 심의할 수 있는 별도의 국제 조직을 만드는 방안도 검토해 볼 만하다.

각국에 산재한 사례나 법리적 쟁점을 통합하고, 무역 관련 사항은 WTO, 금융 관련 사항은 국제자금세탁방지기구[FATF], 인도주의적 이슈는 유엔[UN] 또는 국제사법재판소[ICJ] 등 관련 국제기구와의 협력을 추진함으로써, 미·중 양국의 일방적인 제재 집행에 대응하는 '규칙에 기반한 공동 대응 체계'를 마련하는 것이다.

나아가 이러한 협력을 발전시켜, 제재와 관련된 중재나 판정 권한을 가진 국제기구로 제도화해 나가는 것도 가능할 것이다.

물론, 미국은 초기에는 이러한 조직 구성에 반대할 가능성이 크다. 그러나 중국이 미국의 제재에 대응해 핵심 광물에 대한 수출 제한과 같은 공세적 조치를 취할 경우, 미국 역시 국제 중재 기구의 필요성을 인식하게 될 가능성이 있다. 특히, 해당 국제기구에서 미국 또는 미국에 우호적인 국가들이 일정 비율 이상의 이사직을 확보할 수 있다면,

---

22 한편, 2025년 3월 트럼프 2기 정부는 철강 및 알루미늄 제품에 대해 예외 없는 25%의 관세 부과를 결정하였다. 이로써 과거 7년간 한국을 비롯한 일부 국가에 대해 쿼터제 수용 등을 조건으로 부여되었던 예외 조치가 전면 폐지되었고, 사실상 관세 유예 체계가 종료되었다. 그러나 이러한 일괄적 관세 조치에 대해 해당국 정부가 다시 WTO에 제소하고, 비록 최종심의 판정을 받지 못하더라도, 1심 또는 중간 단계에서 WTO 규정 위배라는 판단이 다시 한번 나온다면, 그것만으로도 관련국들의 요구가 국제법적으로 정당하다는 사실을 입증하는 유효한 근거가 될 수 있다.
이러한 WTO의 판단은 단독 카드로 사용하기보다는, 다른 협상 요소들과 결합하여 미국을 설득하는 데 유용한 레버리지로 활용될 수 있다. 특히 철강은 자동차, 기계, 건설 등 다양한 산업에 필수적인 중간재로 활용되므로, 철강 가격 상승은 미국 산업 전반의 생산비용을 증가시키고, 결과적으로 경쟁력 저하로 이어질 수 있다. 따라서, 미국에게 적절한 협상 카드(예: 기술 협력, 투자 확대 등)를 제시한다면, 국제법적 부당성이 있고 "자국 산업 전반의 피해가 발생"할 수 있는 철강 분야 관세 정책에 대한 변화 가능성도 조심스럽게 기대해 볼 수 있을 것이다.

미국도 이러한 국제기구 설립에 대해 긍정적인 검토를 진행할 여지가 있을 것으로 생각된다.

 지경학 인사이트 ⑪ 글로벌 제재의 역설

안보는 미국이, 비용은 동맹이?[23]

제재는 제재 실행국이 자국의 국익을 증진하기 위해 제재 대상국에 가하는 일종의 패널티로서, 이로 인해 얻는 편익은 제재 실행국의 국민에게 돌아가는 재화라 할 수 있다. 이러한 편익은 해당 국가의 국민이라면 누구나 누릴 수 있으며(비배제성$^{Non-exclusive}$), 어떤 국민이 더 많이 누린다고 해서 다른 국민이 누릴 몫이 줄어드는 것도 아니므로(비경합성$^{Non-rivalry}$), 가능한 한 많은 국민에게 편익이 확산되는 것이 경제적으로도 바람직하다.

즉, 제재는 공공재적 특성을 지니며, 민간에만 공급을 맡길 경우 무임승차 등의 문제로 인해 적절하게 공급되기 어려우므로, 공공 조직인 정부가 이를 담당하는 것이 보다 효율적임을 의미한다. 실제로도 대부분의 제재는 각국 정부에 의해 실행되고 있다.

이는 또 한편으로, 특정 산업의 수출 금지와 같은 제재가 해당 산업에는 큰 부담을 주면서도 국민 전체에게 편익을 제공하는 구조라면, 제재의 지속성과 효율성을 위해 그 산업에 대해 정부가 일정한 지원을 제공할 필요가 있음을 시사한다. 반대로, 제재로 인해 일반 국민은 교역 축소로 손해를 보고 일부 산업만 혜택을 입게 되는 경우라면, 이는 공공재로서의 특성이 부족하므로 정부 정책으로 추진하는 데 부적절할 수 있다는 점도 함께 시사한다.

---

23 이는 제재라는 공공재의 특성에 대한 독자들의 이해를 돕기 위해 책 본문의 관련 내용을 발췌하고 저자의 의견을 첨기하여 다시 기술한 것이다.

그런데 이 제재 정책의 공공재적 특성을 글로벌 차원으로 확장해 보면, 비용과 편익의 괴리는 더욱 심화된다. 미국 정부는 기본적으로 자국의 안보를 최우선으로 고려하여 제재 정책을 결정하며, 글로벌 안보를 1차적인 목표로 두지는 않는다. 이러한 상황에서 미국은 자국 제재 정책의 실효성을 높이기 위해 제3국에게도 제재에 동참할 것을 요구하고, 이를 따르지 않으면 2차 제재 등의 방식으로 압박을 가한다. 이로 인해 비용을 부담하는 주체(예: 제3국의 기업)와 편익을 누리는 주체(예: 미국 국민) 사이에 구조적인 불일치가 발생하게 된다.

즉, 미국의 제재가 자국 안보에 직접적으로 기여하는 경우를 제외하면, 제3국의 입장에서는 글로벌 차원의 제재가 과잉 공급되어 오히려 피해가 발생하는 셈이다. 따라서 테러리즘 억제나 반인권적 행위 근절과 같은 명확한 대의가 없는 경우, 제3국이 미국에 제재 예외를 요청하는 것은 글로벌 제재 공급의 적정성을 유지하는 차원에서도 합리적이라 할 수 있다.

한편, 이러한 비용과 편익의 불일치 문제는 미국의 해외 국방비 지출에서도 나타난다. 미국은 많은 동맹국들이 자국의 국방비를 충분히 지출하지 않고, 미국의 군사력에 무임승차하고 있다고 판단하며 이들에게 방위비 증액을 요구하고 있다.

그런데 동맹국의 입장에서는 미국의 제재 정책에 협력하는 과정에서 자국 산업과 고용에 상당한 피해를 입는 경우가 많다. 결과적으로 동맹국들은 제재 동참을 통해, 미국이 요구하는 국방비에 대한 분담을 어느 정도 실천하고 있는 것으로 인식하고 있다. 따라서 제재와 방위비 문제 모두를 균형 있게 고려해, 당사국 간에 적절한 협상과 조율이 이루어질 필요가 있다.

4. 제재에 동참하되, 대가 받기

이러한 실력 행사조차 효과를 거두지 못할 경우, 한국은 자국의 국익이 훼손되는 상황에서 미국의 정책을 일방적으로 따르기보다는 그에 상응하는 대가를 확보하는 방향으로 전략을 수정할 필요가 있다. 특히, 미국의 제재에 동참함으로써 한국의 안보 상황이 악화되거나 대내외 경제 여건이 나빠질 가능성이 높아지는 경우에는 더욱 그러하다. 다음은 이에 관한 예이다.

- 중국에 대한 미국의 제재에 한국이 동참함으로써 중국이 북한에 대한 원조 및 교역을 강화
- 한반도의 지정학적 긴장이 고조되어 외국인 투자자 유출이 발생
- 한국의 우크라이나 지원에 대한 보복으로 러시아가 북한의 핵미사일 고도화를 지원
- 미국 시장의 관세 부담 회피를 위해 한국 기업들의 대미 투자가 늘어나 국내 투자 및 고용 감소

이에 대한 대응 및 보완 방안을 미국과 적극 협의해 나가야 할 것이다.
예를 들어, 북한의 핵 위협에 대응해 일본이나 EU와 유사한 수준의 군사 역량 강화 지원을 요구하거나, 외국인 투자자 이탈에 대비해 한미 간 통화 스왑을 상설화하고, 미국에 투자하는 한국 기업에 대해 한국인 고용비자를 확대하며, 미국 기업의 한국 내 투자 확대를 유도하는 등의 조치를 제안할 수 있을 것이다. 다만, 군사적 역량 강화와 관련된 사항은 추진 방식에 따라 핵확산금지조약^{NPT} 위반이나 국제 제재 대상이 될 수 있으므로 매우 신중히 접근해야 한다. 예컨대, 북한

의 핵미사일 고도화에 대응하거나, 러시아의 침략 행위에 대응하기 위해 일본과 EU가 각각 핵 위협에 대응하는 군사력 강화를 추진하는 만큼, 이들과 유사한 방식 또는 공동 협상 경로를 통해 미국의 지지[24]를 얻고, 국제 제재 리스크를 없애는 것이 바람직하다.

한편, 미국의 제재에 한국이 동참할 경우, 그로 인한 부작용을 완화하는 조치 이외에도 다른 분야에서 대가를 요구할 수 있다. 예컨대, 미국의 대(對)한국 비우호적 조치를 완화하거나 예외를 인정받는 것이다.

구체적으로 주한미군 주둔 비용 협상 시 한국의 부담을 산정할 때 단순한 주둔 비용뿐만 아니라, 제재 동참으로 발생하는 경제적 손실을 포함시키는 방식이 있을 수 있다. 예를 들어, 한국 반도체 산업이 미국 제재에 동참함으로써 중국 매출이 감소하고, 이에 따라 법인세 수입이 줄어들었다면, 이는 한국 정부가 부담한 실질적 제재 비용으로 간주할 수 있다. (이러한 법인세 감소를 미국 안보 지원 비용으로 인식하여 이부분은 주한미군 주둔 비용에서 줄여줄 것을 요구할 수 있을 것이다.) 또한, 미국이 부과한 관세에 대해 제재에 동참한 국가에 대해서는 관세를 인하하거나 예외 품목을 확대해 줄 것을 요청할 수도 있다.

---

[24] 이때도, 동맹인 한국의 안보 리스크 증대에 대한 미국의 지원 개념보다는, 한국의 대응 역량 강화가 미국 국익을 위해 긴요하다는 점을 설득할 필요가 있을 것이다. 예를 들어, 중국이나 러시아가 북한의 핵개발을 적극 지원하는 데 반해, 미국은 한국의 군사적 대응 역량 강화 관련 옵션을 제약하는 것에만 치중할 경우, 중국이나 러시아는 자신들이 제일 꺼려하는 한반도 내 한국 또는 미군의 군사적 대응 역량 증진이라는 걱정 없이 편안한 상태에서 북한의 핵미사일 고도화를 지원할 수 있게 되어, 종국적으로는 미국의 국가안보에도 큰 위협이 초래될 수 있는 점 등을 미국 정부와 관련 전문가 등에 설득할 필요가 있을 것이다.

이와 관련해, 앞서 언급한 미란(Miran, 2024)의 보고서에 따르면, 미국은 '우호국Friend Group'에 대해 낮은 관세, 안보 우산 제공, 위기시 달러 유동성 공급 등 다양한 혜택을 제공할 수 있다고 적시하고 있다.

따라서, 앞서 제시한 요구 사항들이 이러한 혜택 범주에 포함되는지 여부를 면밀히 검토할 필요가 있다. 만약 포함된다면, 한국은 미국과의 협상에서 보다 유리한 위치를 점할 수 있을 것이다.

나아가, 미국의 방향과 의도를 면밀히 분석한다면, 추가로 협상 가능한 어젠다를 더 발굴할 수도 있을 것이다. 예를 들어, 한국 기업 입장에서는 대미 관세 부담을 줄이기 위해 미국 내 투자가 불가피하지만, 정부 입장에서는 그로 인해 국내 투자와 고용이 줄고 산업 공동화 현상이 심화될 수 있어 큰 부담이 된다. 실제로 제조업 공동화에 대한 국민적 우려도 적지 않다.

이와 관련해 제안해 볼 수 있는 한 가지 방안은, 미국에 대한 투자를 활발히 해온 한국과 같은 국가에 대해, 미국 기업이 해당 국가에 투자할 경우 미국 정부가 인센티브를 제공하는 제도를 마련하는 것이다. 특히, 미국 기업이 노동력 확보, 기술 생태계 접근성 등 여러 제약으로 인해 자국 내 생산이 어렵고 해외 생산을 선택해야 하는 상황이라면, 미국 정부 입장에서도 자국에 전략적으로 중요한 투자를 해온 국가 — 예를 들어 한국 — 에 인센티브를 제공하는 것이 합리적일 수 있다.

일례로, 조선업과 같이 한국에 산업 생태계가 잘 갖추어진 분야에 미국 기업이 한국에 투자하여 한국에서 생산한 제품을 미국으로 수출할 경우, 해당 물품에 대해 관세를 감면하거나 면제해주는 방식이 있을 수 있다. 이는 다음과 같은 긍정적인 효과를 기대할 수 있다.

- 한국에게는 국내 고용과 투자 확대 및 한국 기업의 미국 투자 확대에 대한 여론 악화 완화(또한, 조선업과 같이 미국의 방위력 증진에 핵심인 미국 기업이 한국 진출 시, 미국의 한국에 대한 방위력 지원 및 안보 연대가 한층 강화될 것으로 기대)
- 미국에는 핵심 산업에 속하는 미국 기업의 경쟁력 증진[25] 및 대미 투자 확대에 따른 인센티브 부여로 더 많은 국가가 미국에 투자할 유인 제공

결국, 어느 한쪽만 일방적으로 손해를 감수하는 방식보다는, 양국이 상호 윈-윈할 수 있는 이슈들을 적극적으로 발굴/협의해 나가고 제도적으로 뒷받침하는 것이 바람직하다. 사업이든 협상이든 상대가 원하는 것에 수동적으로 맞추어가는 것보다, 상대가 미처 생각하지 못했으나 필요로 할 수 있는 아이템을 찾아내어 이러한 분야에 상호 이익이 되는 상황을 이끌어내는 것이 더 효과적인 경우가 많다. 전 세계 산업, 교역, 안보 등의 균형점이 격변하는 현 상황에서는 이러한 노력이 더욱 중요할 것이다.

5. 제재 대상국(예: 중국)으로부터의 보복 제재 회피하기

미국의 중국에 대한 제재에 동참하는 경우, 한국은 자국의 국익 훼손을 최소화하기 위해 중국이 한국에 심각한 수준으로 보복하는 상황

---

25 미국 조선업 부활을 위해 한국의 관련 기업들이 미국 내 투자를 확대하고 있으나, 숙련 인력 및 인프라 부족 등으로 어려움을 호소하고 있는 실정이다. 따라서 역발상으로 조선업 생태계가 이미 잘 조성된 한국에 미국 기업이 진출하게 될 경우 성공 가능성이 배가될 것으로 예상된다.

에 이르지 않도록 중국과의 관계를 신중하게 관리해야 할 것이다. 중국은 제3국이 중국의 핵심 이익이나 가치 등을 지속적으로 훼손하거나, 중국의 정책과 관계없이 일방적으로 미국 편에 서는 경우를 제외하고는 제3국에 대해 전면적이고 대규모의 제재를 시행할 실익이 적다.

만약 중국이 제3국에 대해 대규모 제재를 실행할 경우, 해당 국가는 중국과의 교역이 크게 축소되며, 이를 만회하기 위해 중국 이외의 국가와의 교역을 증대하려 할 것이다. 이때, 미국 시장은 가장 쉽게 접근할 수 있는 대안이 될 수 있다. 더 나아가, 교역 외에도 해당 국가가 미국이 주도하는 반중국 그룹에 참여하거나, 중국의 경쟁국인 인도 등의 시장으로 진출할 가능성도 존재한다.

따라서 중국의 제3국에 대한 심각한 제재는 결과적으로 미국 등 반중국 그룹과 제3국 간 교역과 협력을 증대시켜, 미국에 이익이 되는 결과를 초래할 수 있다. 이러한 중국의 전략적 입장을 고려할 때, 한국은 미국의 제재 동참 시 각 사례에 맞는 탄력적인 대응이 필요하다. 또한, 중국의 핵심적인 어젠다에 대해서는 불필요한 마찰이 발생하지 않도록 신중하게 관리해 나가야 할 것이다.

6. 중장기 전략 수립하고 지속적으로 실행하기

중장기적으로 미·중 갈등이 지속적으로 악화될 경우, 제재를 빈번히 시행할 수 있는 국가들에 대한 과도한 의존성을 줄여 나가는 것이 필요하다. 예를 들어, EU, 일본, 영국, 캐나다, 인도, 베트남, 중남미 등과의 교역을 강화하여 제재 불확실성이 낮은 상품을 중심으로 한 '제재 프리존FREE ZONE(가칭)'을 형성하는 방안을 고려할 수 있다. 이는 미국과 중국의 제품 중 제재 불확실성이 높은 제품을 배제한 상품(예: EAR^{Export Administration Regulations} free product)의 생산, 유통, 교역, 거래 대금 지급 등을 포함한다.

실제로, 최근 글로벌 무역에서 미국이나 중국보다는 EU의 비중이 꾸준히 증가하고 있어, 이러한 중장기 전략 수립의 필요성을 뒷받침한다. 또한 한 연구[26]에 따르면, 국가안보나 전략적 중요성으로 인해 지속적으로 제재의 대상이 될 가능성이 높은 제품(예: 반도체, AI, 전기차, 핵심 광물, 석유 및 가스 등)은 글로벌 GDP에서 약 25%를 차지하지만, 이와 관련이 적은 제품(예: 섬유, 의류, 사치재, 소비 가전, 여행, 엔터테인먼트, 아웃소싱되는 IT 및 전문 서비스 등)은 75%를 차지한다고 한다.

Source: Deutsche Bank, Haver Analytics

---

26 『A New Era of Globalization: Shifting Opportunities in a Dual-Track World』, (PGIM, 2025)

2025년 3월 《Financial Times》[27]에 따르면, 미·중 무역 마찰을 피하기 위해 양국을 배제한 지역 및 양자 간 무역협정이 증가하고 있다고 한다. 예를 들어, 2025년 3월 현재 EU와 중남미, 호주, UAE 간의 협정은 체결이 완료되었고, EU와 걸프국가연합 Gulf Cooperation Council, 영국과 인도 간의 협상은 진행 중이다. 한국은 미·중과의 교역 규모가 매우 크기 때문에 이러한 협정들이 미중과의 교역 규모를 대체할 수는 없겠지만, 리스크 관리 측면에서 버퍼Buffer zone(완충) 역할을 할 수 있을 것이다.[28]

교역 외에도 안보 측면에서 장기적으로 북한의 핵 위협에 대응할 수 있는 수준의 군사력 증진과 전술/전략 운용 역량 향상이 필요하다. 최소한 일본의 대북 억제력 확보 수준에 상응하는 군사력을 마련해야 하며, 이는 미국에 대한 안보 의존도를 적정 수준에서 관리할 수 있도록 돕는다. 또한, 중국에 대해서는 미국 등 서방 우호국 및 자원 보유국과의 대체 공급망 구축을 진전시켜 핵심 중간재나 원료에 대한 의

---

27 Tej Parikh, 『Globalisation will triumph over Donal Trump: Economic incentives outweigh politics in the long run』, (《Financial Times》, 2025)

28 한 연구(Evenett, 2024)에 의하면, 미국이 2025년 모든 수입을 금지할 경우, 각국이 미국 시장 이외의 수출만으로 기존의 미국 수출 규모를 회복하는 데 걸리는 기간을 측정한 결과(단, 이는 연구 당시의 미국 외 시장으로의 수출 증가율이 계속 유지된다는 전제를 기반으로 한다), 한국은 2038년에야 회복이 가능한 것으로 나타났다. 이는 스위스, 영국, 프랑스 등과 유사한 수준이다. 그런데 다른 국가들의 경우, 69개국(예: 호주)은 1년 이내, 2027년까지는 92개국(예: 중국), 2030년까지는 114개국(예: 인도, 독일, 이탈리아, 브라질, 인도네시아, 사우디아라비아 등)이 회복할 것으로 예측되고 있다. 이는 한국이 미국 시장과 단절되기 어려운 구조적 특성을 지니고 있음을 의미하면서도, 장기적으로는 미국의 수입 축소 정책에 따른 충격이 상대적으로 덜한 지역 및 국가들과의 교역 확대에 더욱 힘쓸 필요가 있음을 함의한다.

  Simon Evenett, 『America's Trade Policy Reversal: Quantifying Trading Partner Exposure To Abrupt Losses of Goods Market Access』, (Global Trade Alert, Zeitgeist Series Briefing, 2024)

존도를 줄여 나갈 필요가 있다.

　미·중에 대한 의존도를 낮추는 것 외에도, 이 국가들의 한국에 대한 의존도를 높일 수 있는 레버리지를 발굴하고 강화하는 것이 중요하다. 예를 들어, 거시적으로 G7+α 그룹 형성을 적극 추진하고 이에 가입하여 미국, 중국 등이 외교정책을 추진함에 있어 한국의 협조가 긴요한 프레임을 구축하거나, 아세안, CPTPP, RCEP 등 다양한 그룹에서의 활동을 강화하고, 필요시 새로운 국제협의체를 설립하는 방법도 검토할 수 있다. 예를 들어, 미국의 재정 적자나 국채시장의 변동성 등에 공동 대응할 수 있는 미 국채 주요 투자국 모임('Bond Vigilante' 공식화) 등을 구성할 수 있다.

　미시적으로는, 앞서 언급한 미국 해군 함정 건조 역량 쇠퇴 등으로 한국의 조선업에 대한 미국 정부의 협업 요청 사례에서 알 수 있듯, 한·미 양국의 핵심 국익 및 산업 역량과 관련된 산업과 기업을 육성해야 한다. 특히, 미·중 간 갈등이 장기화될 가능성에 대비하여, 이러한 국제 정세가 오히려 매출 확대 등으로 유리하게 작용할 수 있는 산업에 대한 지원과 육성도 필요하다. 예를 들어, 지정학적 갈등이나 제재 등과 관련성이 적거나 예외가 적용되는 상품(예: 의료, 보건, 식품 등 인도주의적 교역 관련 품목이나 엔터테인먼트, 문화, 소비자 가전, 화장품 등)에 대한 비중을 확대하거나, 미·중 양국과 교역을 활발히 하거나, 미국의 관세율이 낮은 국가[29]에 중간재 공급 등 무역 확대를 꾀할 수 있다. 또한, 방산, 조선, 사이버 보안, 정보 컨설팅 등 지정학적 갈등 시 수요

29　현재 진행되고 있는 미국과 다른 국가들 간의 관세 협상이 마무리되는 시점 이후 어떠한 나라가 이에 해당되는지 보다 명확히 판단할 수 있을 것이다.

가 높은 산업에 대한 지원을 늘리는 것도 좋은 방안이 될 것이다.

한편, 중장기적으로 고민해야 할 중요한 주제 중 하나는 미국으로의 투자 등이 쏠리면서 한국의 산업 기반 약화와 일자리 감소가 초래할 위험에 대한 대응책 마련이다. 앞서 제시한 지정학적 갈등에 영향이 적거나 오히려 지정학적 갈등이 산업적으로 기회로 작용할 수 있는 분야를 육성하는 것도 중요한 대책 중 하나이다. 이와 연계하여, 변화된 국제 정세 아래 한국이 자체적으로 가진 지경학적 레버리지geoeconomic leverage가 무엇일지 살펴보는 것도 흥미로운 방안을 이끌어낼 단초가 될 수 있다. 예를 들어, 한국이 미국과 협상을 한 후, 미국의 우호 그룹에 속하게 되면서 미국에서 부과되는 관세가 다른 나라보다 적을 경우[30], 다른 나라의 기업들이 한국에 공장 등을 세워 미국에 수출하는 전략을 취할 가능성이 있다. 이 경우, 한국 정부는 이러한 노력을 지원할 필요가 있다. 물론, 미국이 우회 수출을 문제 삼을 가능성이 있는 케이스는 사전에 점검하고 대비해야 할 것이다. 이와 더불어, 미국 기업들이 미국을 제외한 시장, 특히 중국에 판매할 물건을 생산하는 기지로 한국을 선택하도록 제도적 및 환경적 여건을 개선하는 방법을 고려할 수 있다. 미국의 관세는 미국 기업의 경쟁력을 약화시킬 수 있으며, 특히 수출이 많은 기업은 중간재에 부과된 관세나 물가 상승 등으로 인해 수출 경쟁력이 저하될 수 있다. 또한, 미국의 관세 부과에 대해 중국이 보복하려는 경우, 미국 기업이 필요로 하는 중간재나 원

---

30 2025년 4월 발표된 미국 정부의 관세 조치에서, 한국은 결코 작지 않은 수준인 25%의 관세를 부과받았다. 그러나 향후 한국 정부가 협상을 통해 이 관세 수준을 다른 국가들에 비해 상당히 낮추는 데 성공할 가능성도 존재한다. 이하의 논의는 그러한 협상 가능성을 전제로 한 시나리오를 상정하고 작성한 것임을 밝혀 둔다.

료(예: 희토류)의 공급을 축소하거나, 미국 수출기업의 중국 시장 진입을 저해하는 조치를 취할 수 있다. 이러한 상황을 극복하기 위해, 해외 매출 비중이 높은 미국 기업들은 미국 내 판매를 위한 생산시설은 미국에 두고, 나머지 글로벌 시장 판매를 위한 생산기지는 다른 지역에 두려 할 것이다. 이때, 한국을 이러한 생산기지로 선택하도록 정책적 노력을 기울이는 것이 중요하다. 물론, 한국의 높은 인건비는 불리한 요인이 될 수 있지만, 한국에 글로벌 경쟁력을 지닌 산업들이 적지 않기 때문에 이와 연계한 미국 기업의 진출 가능성은 충분히 있을 것이다.

또한, 한국은 중국과 자유무역협정을 체결하고 있어 중국 시장에 대한 접근성이 높으며, 중국의 많은 기업이 한국 시장에 진출하고 있어 중국 정부와의 협상력이 존재할 수 있다는 점도 장점이 될 수 있다. 물론, 미국 수출기업이 한국에 생산기지를 두고 중국에 물건을 팔 경우, 마치 미국이 멕시코를 통해 우회적으로 미국 시장으로 들어오는 중국 제품에 관세를 부과하려 하듯, 중국 정부도 이러한 미국 수출기업의 한국 생산 제품에 관세를 부과하려 할 수도 있다. 그러나, 많은 중국 기업이 한국 시장에 진출하고 있고 이 중 일부는 다시 미국에 수출되고 있으므로, 한국에 진출한 미국 기업에 관세를 부과하여 중국 자국 기업의 한국 진출이 제약되는 상황이 발생하는 것을 원하지 않을 수 있다. 한편, 앞에서 설명한 대로, 만약 미국 정부가 자국에 대규모 그린필드형 투자를 통해 고용 및 산업 발전에 기여한 한국에 대한 인센티브 성격으로 미국 기업의 한국에 대한 투자 등을 장려하는 정책을 시행할 경우, 이러한 계획은 더욱 탄력을 받을 수 있을 것이다.

이는 미국으로부터 우호 그룹으로 분류되면서도, 중국과는 자유무역협정을 통해 정상적인 교역을 유지하는 국가로서의 이점을 최대한 활용하는 방안이 될 것이다. 이러한 전략이 성공할 경우, 한국은 미·중 교역의 플랫폼 역할을 할 수 있으며, 외국 기업의 한국 투자 확대로 인해 '한국의 산업을 한 단계 업그레이드할 수 있는 기회'를 맞이할 수도 있을 것이다.

물론, 이 방안은 여러 전제조건들이 충족되어야 하므로 실현이 용이하지는 않을 수 있다. 그러나 저출산과 산업구조 고도화 지연 등으로 저성장의 고착화가 우려되는 상황에서 무역 질서 급변으로 인한 교역 축소와 산업 공동화라는 추가적인 리스크를 줄일 수만 있다면, 창의적인 여러 방안에 대해 더욱 적극적인 검토와 실행을 고민해 봐야 할 시점이 아닌가 생각된다.

그런데, 한편으로는 미국과 중국 양국이 제재 전쟁으로 상호 시장 접근성이 제약되고 손실이 발생하는 상황을 미국과 중국이 직접 협상하여 풀지 않고, 위와 같이 한국을 매개로 한 해법을 활용해야 하는 상황이 장기적으로 지속된다는 것은 다소 어색해 보인다.

미·중 간의 상호 손실을 야기하는 대립적 국제 정세와 미·중 갈등이 언제까지 지속될까? 에필로그에서 논의해 보려 한다.

에필로그

미·중 제재의 새로운 균형:
자유주의의 귀환?

"일방적인 제재 정책의 부작용에 대한 미국의 무관심은,
미국의 제재에 대항하기 위해 동맹국과 적대국을 단결시키는 결과를 초래하였다.
미국 정책 담당자들에게, 전지전능한 제재라는 무기를 상실(Loss)하게 된다는 것은
크나큰 변화를 의미할 것이다."
Washington's lack of interest in the side effects of its unilateral policies also
united both friends and enemies against U.S. sanctions.
For American policy makers, the loss of the previously all-powerful sanctions
weapon will be a seismic change.

― Agathe Demarais, 『Backfire: How Sanctions reshape the World Against U.S. Interests』,
(New York, Columbia University Press, p.200, 2024)

아담 스미스 이후 경제학에서는 무역과 투자가 거래의 한쪽 당사자에게 일방적인 이익을 가져다주는 것이 아니라, 거래 주체의 경제적 규모나 기술력에 따라 그 이익의 크기는 달라질 수 있지만, 기본적으로 양측 모두에게 이익이 된다고 알려져 있다. 따라서 이러한 거래를 제한하는 제재는 제재 대상국뿐만 아니라 제재를 실행하는 국가에게도 경제적 피해를 가져오게 된다. 그럼에도 불구하고, 1차 대전 이후 현재까지 제재는 계속해서 활용되고 있다. 조사기관과 시점에 따라 다를 수 있지만, 전 세계 인구의 최소 50% 이상이 제재의 직·간접적

인 영향을 받고 있다고 한다.(2025년 4월에는 트럼프 정부가 전 세계를 상대로 보편적 관세를 부과하였으므로, 이제 거의 모든 인구가 영향을 받고 있다고 할 수 있다.)

국가의 정책은 경제적 측면 외에도 국가안보나 공동체 유지 등의 이유로 실행될 수 있기 때문에, 무역이나 투자 제한으로 인한 경제적 비용이 존재하더라도 제재가 집행될 수는 있을 것이다. 그러나 문제는 제재가 실제로 이러한 목표를 달성할 수 있는지 의문이 제기된다는 점이다. 특히, 미·중 간의 제재는 상호 의존성과 높은 경제적 비중 등으로 인해 글로벌 경제와 미·중 양국 모두에게 수용 가능한 범위를 넘어선 경제적 피해를 초래할 가능성이 커지고 있다.

언제까지 '확실한 비용과 불확실한 편익'을 야기하는 제재 정책이 지속될 수 있을까? 미국의 입장에서는 제재가 중국을 견제하고 글로벌 패권을 유지하는 데 효과적인 한 이를 지속하려 할 것이다. 그러나 미국이 제재 효과성을 높일 수 있었던 조건인 세계 1위의 경제력과 군사력, 첨단기술 수준, 산업 경쟁력, 그리고 달러화의 기축통화로서의 위상은 과거 2차 대전 이후와 비교하여 많이 약화되었다. 반면, 중국이나 미국에 우호적이지 않은 다른 국가들의 경제력은 확대되고 있다.

따라서 언젠가는 미국이 처한 객관적 여건(역량 감소)과 주관적 선호(국민들의 대중 제재 선호)가 일치하지 않는 딜레마에 직면하게 될 수 있다. 중국 역시 마찬가지일 수 있다. 이러한 상황에서 양국은 어떤 선택을 할 것이며, 미·중 외의 주요국 또는 전 세계는 어떤 방향으로 양국을 설득해야 할까?

가능하다면 상호 제재와 보복 제재가 계속되는 악순환이 결국 양국의 경쟁력을 손상시키고, 서로에게 손해라는 인식을 자각하게 되어, 미·중 양국이 갈등을 해결할 다른 방법을 찾도록 유도할 수 있다면 바람직할 것이다. 특히, 미국 국민이나 기업들도 제재 전쟁이 확산되고 중국이 적극적 대응 조치 등을 시행함에 따라, 경제적 피해를 체감하게 되면서 제재라는 것이 실효성에 비해 비용이 큰 도구라는 것을 점차 인식하기 시작하였다.

따라서 마치 상호 원자폭탄을 보유한 국가들이 전쟁을 자제하듯, 상당한 파괴력을 가진 제재 수단(예: 시장 접근 제한)을 보유한 미국과 중국은 상호 충돌을 자제하는 것이 합리적일 수 있다. 이러한 합리적 선택을 유도할 수 있는 상황적 조건의 예로는, 중국이 미국보다 우위에 있는 산업 및 핵심 원자재 경쟁력을 다수 확보하고 있어 미국에 제재 위협을 가할 수 있으며, 미국은 금융 분야에서의 경쟁력을 바탕으로 달러 기축통화의 지위를 활용해 중국이 금융 제재를 두려워하게 만들 수 있다는 점이 있다. 이와 같은 경우 실물(중국)과 금융(미국) 간의 제재 균형이 이루어질 수 있다.

더 효과적인 해결책은 제재를 넘어서 상호 협력의 길을 찾는 것이다. 상호 협력할 경우 서로에게 이익이 되는 방안을 강구해 볼 수 있다. 예를 들어, 미국이 제재를 자제하면, 중국은 미국 관료가 참여하는 독립적인 기술 도용 조사 위원회를 가동하거나, 미국에 대한 무역 흑자를 자발적으로 줄일 수 있을 것이다. 아울러, 중국이 대만을 무력을 동원하여 점령하지 않겠다고 약속한다면, 미국은 핵심 안보 이익을 훼손하지 않는 선에서 중국의 태평양 진출에 일정 범위의 해로를 보장하는 등 상호 윈-윈할 수 있는 조치가 가능할 것이다.

한편, 이러한 이상적인 상황은 미국과 중국이 상호 제재의 폐해를 명확히 인식하고 변화를 모색하는 과정이 전제되어야 하는데, 제3국이 이를 직접적으로 유도할 방법은 없다고 생각할 수 있다. 그러나 역설적으로, 제3국이 앞서 설명한 방식으로 설득과 레버리지 활용, 그리고 공동 대응 등을 통해 자국의 이익을 지속적으로 증진시키면 이러한 과정을 앞당길 수 있다. 예를 들어, 제3국들이 스마트하게 대응하여, 결국 미국이 아닌 EU나 일본, 그리고 중국이 아닌 인도가 미·중 갈등에서 반사이익을 누리게 된다면, 이들 국가들이 산업 경쟁력과 첨단기술 확보 등에서 미국이나 중국을 앞서 나갈 수 있다. 즉, 미국과 중국 간 서로 패권을 차지하려는 제재 전쟁이 자신들의 또 다른 경쟁자들에게 유리한 상황을 만들 수 있다는 것이다. 이로 인해 두 나라는 제재의 존재 의의에 대해 다시 생각해 볼 것이다.[1]

특히 제재 전쟁의 격화로 인해 물가 상승, 경기 침체, 고용 감소, 기업 경쟁력 하락 등이 미국과 중국에서 실제로 발생하고, 이로 인해 제재의 부작용을 미·중 국민이 실감하게 될 경우, 이러한 전망이 현실화될 가능성은 더욱 높아질 것으로 보인다.

결국, 이는 힘에 의한 안보를 중시하는 현실주의적 견해 Realist View가 지배하는 시대를 지나, 무역과 교류를 통한 상호 의존성 심화가 글로

---

[1] 이러한 장기적인 역사 흐름을 바꾸기 위한 노력 외에도, 중기적으로는 국제사회, 특히 미·중 양국이 일정 부분 합의할 수 있는 현실적인 의제들이 존재한다고 본다. 무제한적인 제재 경쟁은 결국 미·중 양측 모두에게 실질적인 피해를 초래할 수밖에 없기 때문에, 다음과 같은 사항들에 대해서는 점진적인 공감대 형성과 제도화 가능성이 열려 있다고 판단된다.
 1. 인도주의적 목적의 교류는 제재 예외로 허용하고, 관련 조치는 신속하고 명확하게 결정
 2. 민간 경제 활동을 지나치게 제약할 수 있는 제재 법령의 과도한 추상성과 재량 부여는 지양
 3. 제재의 전통적 목적(국가안보, 인권 보장 등)과 직접적 관련성이 적은 산업 진흥, 패권 확대 등을 위한 제재는 자제
 4. 제재 이외의 행위 변화에 따라, 제재 대상국이 받을 수 있는 인센티브도 함께 설계하는 '포괄적 정책'을 시행
 5. 제재 관련 자료를 수집·분석하고, 분쟁을 중재할 수 있는 국제기구 설립 검토

벌 안보를 증진한다는 자유주의적 견해Liberalist View가 재등장할 수 있음을 의미한다.

과연, 역사는 반복될 것인가?

 지경학 인사이트 ⑫ 미·중 제재의 미래

현실주의적 견해Realist View vs. 자유주의적 견해Liberalist View2

국익National Interest은 경제적 이익, 국가안보, 공동체 유지라는 관점에서 설명될 수 있다. 그런데 이 중 경제적 이익과 국가안보라는 두 가지 주요 구성 요소 중 어느 쪽에 우선순위를 둘 것인가에 대해 국제정치 이론에서는 서로 상반된 두 가지 시각이 존재한다.

우선, 현실주의Realist 학파는 영토의 보호와 국민의 안전 확보를 국가의 존재 의의로 간주하며, '국가안보'를 절대적인 국익으로 본다. 반면, 자유주의Liberal 학파는 개별 국민의 경제적 복지 향상이 국가 전체 이익의 총합이자 국익의 핵심 요소라고 보고, '경제적 번영'이야말로 외교와 안보 전략의 중심이 되어야 한다고 주장한다. 이 같은 이론적 대립은 실제 외교 및 안보 정책의 방향에서도 자주 드러난다.

현실주의 계열은 국제관계를 약육강식의 무정부적 세계로 인식하며, '힘에 의한 평화 유지'를 강조한다. 반면, 자유주의 학파는 자유로운 교역과 경제적 상호 의존성이 갈등을 억제하는 기반이 된다고 보고, 국가 간 호혜적 교류를 통해 경제 번영과 평화의 선순환을 추구한다.

---

2 이는 에필로그에서 언급된 현실수의 견해와 자유주의 견해에 대한 독자들의 이해를 돕기 위해 책 본문의 관련 내용을 발췌하고 저자의 의견을 첨가하여 기술한 것이다.

냉전기였던 1990년대 이전까지는 현실주의적 시각이 국제정치와 외교정책의 우위를 점해왔다. 그러나 냉전 종식 이후 자유주의 학파의 영향력이 급속히 확대되었고, 특히 경제 교류 활성화가 평화로 이어진다는 '상호의존 이론 Interdependence Theory'이 국제정치경제 분야의 정설로 자리 잡기 시작했다.

이 이론은 다음과 같은 가설을 전제한다. 국가 간 경제 교류가 심화될수록, 각국 내부에는 교류에 의존하거나 이를 통해 이익을 얻는 다수의 이해관계자들이 형성된다. 이는 전쟁이나 갈등으로 인해 교류가 단절될 경우 치러야 할 정치적·경제적 기회비용이 높아짐을 의미하고, 결국 이러한 구조는 국제적 평화를 촉진하는 기반이 된다는 것이다.

실제로 1990년대 이후, 이러한 자유주의적 시각은 글로벌 경제 외교의 중심 이론으로 채택되었으며, 무역·투자를 중심으로 한 외교정책이 안보와 전략 정책의 핵심축으로 부상하게 되었다. 바야흐로 '경제 외교 Economic Diplomacy'가 대외정책의 주류로 자리 잡은 것이다.

그 대표적인 사례가 WTO 체제를 통한 글로벌 자유무역 거버넌스의 강화와 중국의 WTO 가입에 대한 미국의 적극적 지지 정책이었다. 실제로 1990년대 미국 의회에서 발간된 공식 보고서에는 "미국 국익 차원에서 가장 중요한 외교정책 목표 중 하나는 중국의 개혁·개방을 유도하고 WTO에 가입시키는 것"이라고 명시되어 있었다. 그러나 아이러니하게도, 이러한 클린턴 행정부의 대중 정책은 중국의 글로벌 시장 접근성을 비약적으로 확대시켰고, 이는 중국의 급격한 경제 성장을 가능케 하여 오늘날 미국과 패권을 다투는 강대국으로 부상하는 기반이 되었다.

이러한 중국의 성장으로 인해, 미국 내에서는 자유무역을 통한 경제 번영과 안보 위험 감소라는 기존 전략에 대한 근본적 재검토의 필요성이 강하게 제기되기 시작했다. 이러한 인식은 트럼프 1기 행정부를 거쳐 바이든 행정부에 이르기까지 초당적으로 유지되었으며, 소위 '워싱턴 컨센서스'에 기반한 세계화 정책의 전면적 수정이 본격적으로 시도되었다. 대표적인 사례로, 바이든 행정부의 국가안보보좌관 제이크 설리번Jake Sullivan은 2023년 4월 브루킹스연구소Brookings Institution 연설에서 다음과 같이 지적한 바 있다.

"워싱턴 컨센서스를 바탕으로 한 세계화 정책은 탈빈곤, 생산비 절감, 경제성장 등 분명한 편익을 가져왔지만, 지나치게 단순화된 시장 효율성 중심 논리Oversimplified Market Efficiency는 결과적으로 미국 제조업의 공동화, 중산층 붕괴, 빈부 격차 확대, 전략 물자의 해외 생산 및 의존 심화라는 문제를 초래했으며, 세계 평화 유지라는 측면에서도 중국의 팽창주의나 러시아의 우크라이나 침공을 막지 못했다."

물론, 세계화나 개방적 무역 정책이 미국의 국익을 장기적으로 훼손했는지 여부는 보다 정밀한 분석이 필요한 과제다. 그러나 미·중 간 패권 경쟁이 격화되는 현실 속에서 미국의 대외정책 기조가 자유로운 교역과 시장 개방 중심에서 국가안보 중심 및 전략산업 보호·육성으로 빠르게 재편되고 있는 점은 분명해 보인다. 하지만 앞서 살펴본 것처럼, 안보 우위를 강조하는 현실주의적 정책은 장기적으로 패권국의 경쟁력 약화, 제3국 세력의 부상, 그리고 자국 산업계 및 시민사회의 반발을 초래할 수 있다. 이러한 점에서, 이 흐름이 제재 정책의 후퇴와 다시금 협력 중심 체제로의 전환을 야기할 가능성 또한 존재한다.

결국, 이는 형태만 달라졌을 뿐, 자유주의 철학이 새로운 시대적 맥락 속에서 다시 부활하는 역사적 반복의 시작을 의미하는 것일지도 모른다.

과연, 그런 시대가 다시 올 수 있을까?

참고문헌

- Carnegie, Dale 『How to Win Friends & Influence People』, (Dale Carnegie Books, 1998)

- CBO(Congressional Budget Office) 『Re: Effects of Illustrative Policies That Would Increase Tariffs』, (Dec. 2024). https://www.cbo.gov/system/files/2024-12/61112-Tariffs.pdf

- Chorzempa, Martin 『How U.S. Chip Controls on China Benefit and Cost Korean Firms』, (PIIE, 2023)

- Clausing, Kimberly and Lovely, Mary E. 『Why Trump's tariff proposals would harm working Americans』, (PIIE, 2024)

- Congressional Research Service 『U.S. Sanctions: Overview for the 118th Congress』, (2024)

- Congressional Research Service 『The International Emergency Economic Act: Origins, Evolution, and Use』, (2024)

- Cox, Lydia 『The Long-Term Impact of Steel Tariffs on U.S. Manufacturing』, (2022). https://economics.princeton.edu/wp-content/uploads/2022/06/cox_steel_20220601.pdf

- Demarais, Agathe 『Backfire: How Sanctions Reshape the World Against U.S. Interests』, (New York, Columbia University Press, 2022)

- Elliott, Kimberly Ann 『Evidence on the Costs and Benefits of Economic Sanctions. Sub-committee on Trade, Committee on Ways and Means, U.S』, (House of Representatives. October 23, 1997). https://www.piie.com/commentary/testimonies/evidence-costs-and-benefits-economic-sanctions

- Evenett, Simon 『America's Trade Policy Reversal: Quantifying Trading Partner Exposure to Abrupt Losses of Goods Market Access』, (Global Trade Alert, Zeitgeist Series Briefing #41, Nov 2024)
- Filipenko, Anton; Bazhenova, Olena and Stakanov, Roman 『Economic Sanctions: Theory, Policy, Mechanisms』, (Baltic Journal of Economic Studies, Vol. 6, No. 2, 2020)
- Hanania, Richard 『Ineffective, Immoral, Politically Convenient: America's Overreliance on Economic Sanctions and What to Do About It』, (CATO Institute, 2020). https://www.cato.org/sites/cato.org/files/2020-02/pa-884-updated.pdf
- Hirschman, Albert O. 『National Power and the Structure of International Trade』, (University of California Press, 1945)
- Hufbauer, Gary Clyde; Elliott, Kimberly Ann; Cyrus, Tess and Winston, Elizabeth 『U.S. Economic Sanctions: Their Impact on Trade, Jobs and Wages』, (PIIE, 1997). https://www.piie.com/publications/working-papers/us-economic-sanctions-their-impact-trade-jobs-and-wages
- Jalapour, Ahmad 『The U.S. Sanctions on Iran Are Causing a Major Humanitarian Crisis』, (The Nation, Jan. 21, 2020)
- Kerstens, Emille and Reinsch, William Alan 『The WTO Panel Report on Chinese Tariffs: Consequences of a Broken Appellate Body』, (CSIS, 2023). https://www.csis.org/analysis/wto-panel-report-chinese-tariffs-consequences-broken-appellate-body
- Kerry, Cameron F.; Lovely, Mary E.; Singh, Pavneet; Tobin, Liza; Hass, Ryan; Kim, Patricia M.; Kimball, Emilie 『Is U.S. Security Dependent on Limiting China's Economic Growth?』, (Brookings Institute, 2023). https://www.brookings.edu/articles/is-us-security-dependent-on-limiting-chinas-economic-growth/

- Kessler, Ethan 『How Economic Sanctions Are Used in U.S. Foreign Policy』, (Chicago Council on Global Affairs, 2022)

- Kruger, A. O. (ed.) 『The Political Economy of American Trade Policy』, (Chicago: University of Chicago Press, 1996)

- Ksrmpgrt, W. H. and Lowenburg, A. D. 『International Economic Sanctions: A Public Choice Perspective』, (Boulder: Westview Press, 1992)

- Medeiros, Evan S. and Polk, Andrew 『China's New Economic Weapons』, (The Washington Quarterly, 48:1, pp. 99-123, 2025)

- Miran, Stephen 『A User's Guide to Restructuring the Global Trading System』, (Hudson Bay Capital, Nov 2024). https://www.hudsonbaycapital.com/documents/FG/hudsonbay/research/638199_A_Users_Guide_to_Restructuring_the_Global_Trading_System.pdf

- Morgan, T. Clifton; Syropoulos, Constantinos and Yotov, Yoto V. 『Economic Sanctions: Evolution, Consequences, and Challenges』, (Journal of Economic Perspectives, 37(1), Winter, pp. 3-30, 2023)

- Ostrom, Elinor; Gardner, Roy and Walker, James 『Rules, Games, and Common-Pool Resources』, (University of Michigan Press, 1994)

- PGIM(Global Asset Management) 『Megatrends: A New Era of Globalization: Shifting Opportunities in a Dual-Track World』, (Spring/Summer, 2025)

- Reinsch, William Alan; Denamiel, Thibault and Schleich, Matthew 『Optimizing U.S. Export Controls for Critical and Emerging Technologies: Working with Partners』, (CSIS, 2024)

- Rodriguez, Francisco R. 『The Human Consequences of Economic Sanctions』, (Center for Economic and Policy Research, April 28, 2023)

- Sabatini, Christopher 『America's Love of Sanctions Will Be Its Downfall』, (Foreign Policy, 2023)

- Schmidt, Julia 『The Legality of Unilateral Extra-territorial Sanctions under International Law』, (Journal of Conflict & Security Law, Vol. 27 No. 1, pp. 53-81, 2022)

- U.S. Congress 『A Brief History of Emergency Powers in the United States』, (1974)

- U.S. Department of Commerce 『US Space Industry 'Deep Dive' Assessment: Impact of the U.S Export Controls on the Space Industrial Base』, (pp. 35-36, February 2014). https://www.bis.doc.gov/index.php/documents/technology-evaluation/898-space-export-control-report/file

- Wilson, Woodrow 『Woodrow Wilson's Case for the League of Nations』, (Princeton, NJ: Princeton University Press, 1923)

- Wolf, Charles Jr. 『A Theory of Nonmarket Failure: Framework for Implementation Analysis』, (Journal of Law and Economics, 22(1), pp. 107-139, 1979)

- Wolff, Alan Wm. 『Would Trump's Threats of New Tariffs Survive Legal Challenge in the Supreme Court?』, (PIIE, 2024)

- Wu, Charles Chong-Han 『Understanding the Structures and Contents of National Interests: An Analysis of Structural Equation Modeling』, (The Korean Journal of International Studies, 15(3), pp. 391-420, 2017)

- Xing, J. and Li, M. 『Moving to Formality and Openness? An Analysis of China's New Two-Tiered Sanctions Policy』, (The China Review)

- York, Erica 『Separating Tariff Facts from Tariff Fictions』, (CATO Institute, 2024)

- 스기타 히로키 지음, 이용빈 옮김, 『미국의 제재 외교: 피 흘리지 않는 전쟁, 그 위력과 어두운 이면』, (한울출판사, 2021)

- 최원석, 문지영, 김영선, 『최근 중국의 경제 안보 대응조치와 시사점』, (대외경제연구원, 2023)

지경학의 부활

미국 제재 정책의 트릴레마와 한국의 선택

지경학의 부활

미국 제재 정책의 트릴레마와 한국의 선택

발행 · 2025년 5월 29일

지은이 · 주현준

발행인 · 옥경석
펴낸곳 · 주식회사 에이콘온

주소 · 서울시 양천구 국회대로 287 (목동)
전화 · 02)2653-7600 | **팩스** · 02)2653-0433
홈페이지 · www.acornpub.co.kr | **독자문의** · www.acornpub.co.kr/contact/errata

부사장 · 황영주 | **편집장** · 임채성 | **책임편집** · 임승경 | **편집** · 강승훈, 임지원 | **디자인** · 윤서빈
마케팅 · 노선희 | **홍보** · 박혜경, 백경화 | **관리** · 최하늘, 김희지

함께 만든 사람들
전산편집 · 장진희

에이콘온(ACON-ON) - 에이콘온은 'ON'이라는 단어처럼,
사람의 가능성에 불을 켜는 콘텐츠를 지향합니다.

인스타그램 · instagram.com/acorn_pub
페이스북 · facebook.com/acornpub
유튜브 · youtube.com/@acornpub_official

Copyright ⓒ 주식회사 에이콘온, 2025, Printed in Korea.
ISBN 979-11-9440-989-2
http://www.acornpub.co.kr/book/9791194409892

책값은 뒤표지에 있습니다.